ÄGYPTOLOGISCHE ABHANDLUNGEN

HERAUSGEGEBEN VON WOLFGANG HELCK

BAND 31

ROSEMARIE DRENKHAHN

DIE HANDWERKER
UND IHRE TÄTIGKEITEN IM ALTEN ÄGYPTEN

1976

OTTO HARRASSOWITZ · WIESBADEN

DIE HANDWERKER
UND IHRE TÄTIGKEITEN IM ALTEN ÄGYPTEN

von

ROSEMARIE DRENKHAHN

1976

OTTO HARRASSOWITZ · WIESBADEN

CIP-Kurztitelaufnahme der Deutschen Bibliothek

Drenkhahn , Rosemarie
Die Handwerker und ihre Tätigkeiten im alten Ägypten.
(Ägyptologische Abhandlungen ; Bd. 31)
ISBN 978-3-447-01745-9

 Als Habilitationsschrift auf Empfehlung des Fachbereiches Orientalistik der Universität Hamburg gedruckt mit Unterstützung der Deutschen Forschungsgemeinschaft.

Otto Harrassowitz GmbH & Co. KG
Kreuzberger Ring 7c-d, D-65205 Wiesbaden,
produktsicherheit.verlag@harrassowitz.de

INHALTSVERZEICHNIS

	Vorwort	IX
	Abkürzungen	XI
	Einleitung	1
	Teil 1 : Die Handwerkertätigkeiten	
	Vorbemerkung	5
1.1	Kap. I : Lederhandwerk	
1.1.1	Zusammenstellung der Szenen (Abb. 1-4)	7
1.1.2	Lederverarbeitung	9
1.1.2.1	Aufbereitung des Rohstoffes	9
1.1.2.2	Verarbeitung des Leders zu Produkten	12
1.1.3	Bezeichnungen von Arbeitern des Lederhandwerks	13
1.2	Kap. II : Metallhandwerk	
1.2.1	Zusammenstellung der Szenen (Metall- und Schmuckarbeiter, s. Kap. III; Abb. 5-18)	18
1.2.2	Metallbearbeitung	29
1.2.3	Bezeichnungen des Werkstoffes „Metall“	36
1.2.4	Die Metallhandwerker	36
1.2.4.1	Die Gruppe mit der Schreibung	38
1.2.4.2	Die Gruppe mit der Schreibung	40
1.2.4.3	„Goldarbeiter”	42
1.3	Kap. III : Schmuckhandwerker	43
1.3.1	Gruppe 1	
1.3.1.1	Herstellung von Halsschmuck (Zusammenstellung der Szenen, s.u. Abschnitt 1.2.2)	43
1.3.1.2	Bezeichnung der Schmuckhandwerker	45
1.3.2	Gruppe 2	
1.3.2.1	Zusammenstellung der Szenen (Abb. 19)	46
1.3.2.2	Herstellung von Steinperlen	47
1.3.2.3	Bezeichnung der Schmuckhandwerker	49
1.3.3	Gruppe 3 (Handwerker des Königsschmucks)	49
1.4	Kap. IV : Statuenherstellung	
1.4.1	Zusammenstellung des Szenen (Bildhauer u. Maler, Abb. 20-21)	52
1.4.2	Vorbemerkung	55
1.4.3	Die Herstellung von Statuen	56
1.4.3.1	Handwerkliche Tätigkeiten	57
1.4.3.2	Der Werkstoff	58
1.4.4	Die Bildhauer	
1.4.4.1	Die Lesung von	62
1.4.4.2	Der Titel (Abb. 22)	62
1.4.4.3	Aufgabenbereich der Bildhauer	65

1.4.4.4	Rangfolge und Status der Bildhauer	65
1.4.5	Die Maler	
1.4.5.1	Die Berufsbezeichnungen	69
1.4.5.2	Die gesellschaftliche Stellung der Maler	71
1.4.6	Anhang : Bemalung eines (*ḥn*)	72
1.5	Kap. V : Die Herstellung von Steingefäßen	
1.5.1	Zusammenstellung der Szenen (Abb. 23)	73
1.5.2	Steingefäßherstellung	74
1.5.3	Handwerker mit der Bezeichnung *ḥmw.tj*	75
1.5.3.1	*Ḥmw.tj* als allgemeine Bezeichnung für „Handwerker" (Abb. 21)	75
1.5.3.2	Spezielle Angaben und Hinweise zur Tätigkeit der *ḥmw.tj*-Handwerker	78
1.5.4	Exkurs : Bedeutung von *imj-ḫt*	81
1.5.5	*Ḥmw*-Handwerker (im Neuen Reich)	83
1.6	Kap. VI : Die Herstellung von Tongefäßen	
1.6.1	Zusammenstellung der Szenen (Abb. 25-26)	85
1.6.2	Vorbemerkung	86
1.6.3	Handwerkliche Tätigkeiten	87
1.6.4	Bezeichnung für „Töpfer"	89
1.6.5	Exkurs : Die Rangstufen in der Laufbahn von „Königl. Architekten"	89
1.7	Kap. VII : Anfertigung von Steinmessern	
1.7.1	Zusammenstellung der Szenen (Abb. 27-28)	96
1.7.2	Herstellung von Steinmessern	96
1.8	Kap. VIII : Holzhandwerk	
1.8.1	Vorbemerkung	97
1.8.2	Produkte	
1.8.2.1	Bett (Abb. 29)	98
1.8.2.2	Sitzmöbel (Abb. 30-31)	100
1.8.2.3	Schrein (Abb. 32)	102
1.8.2.4	Sarkophag (Abb. 33)	103
1.8.2.5	Kästen	105
1.8.2.6	Zepter	106
1.8.2.7	Türflügel (Abb. 34)	107
1.8.2.8	Türriegel (Abb. 35-37)	108
1.8.2.9	Türrahmen (Abb. 38-39)	110
1.8.2.10	Säulen (Abb. 40)	111
1.8.2.11	„Stöcke biegen" (Abb. 41-42)	112
1.8.3	Tätigkeiten/Werkzeuge	
1.8.3.1	Sägen (Abb. 43-48)	115
1.8.3.2	Brett mit dem Dechsel bearbeiten (Abb. 49)	118
1.8.3.3	Schärfen der Dechselklinge (Abb. 50)	118
1.8.3.4	Brett mit der Axt behauen (Abb. 51)	119
1.8.3.5	Schlagen mit Hammer und Meißel (Abb. 52-53)	119
1.8.4	Bezeichnungen der Holzhandwerker	120
1.8.4.1	*mḏḥ*	121
1.8.4.1.1	Exkurs : *wḫr.t* und die mit *wḫr.t* verbundenen Personalbezeichnungen	123
1.8.4.2	*fnḫ*	124
1.8.4.3	*zšp*	125
1.8.4.4	*ḥmw.tj*	126

1.8.4.5 *sʿnḫ* . . . 126
1.9 Kap. IX: Wagen- und Waffenproduktion
1.9.1 Zusammenstellung der Szenen (Abb. 54-57) . . . 128
1.9.2 Vorbemerkung . . . 130
1.9.3 Wagenbau . . . 130
1.9.4 Waffen . . . 131
1.9.5 Historischer Hintergrund . . . 131

Teil 2: Die Handwerker als Berufsgruppe. Ihre Eingliederung und Zuordnung innerhalb der gesellschaftlichen Zusammensetzung.
2.1 Vorbemerkung . . . 133

2.2 Handwerker im Dienst von Privatpersonen . . . 135
2.2.1 Gruppe 1: Handwerker als Haushaltsangehörige . . . 136
2.2.2 Gruppe 2: „Staatliche" Handwerker im Dienst eines Privatmannes . . . 138
2.2.3 Gruppe 3: Lohnarbeiter . . . 140
2.3 Handwerker im Dienst des Staates (Königs) . . . 142
2.3.1 Gruppe 1: Handwerkerbezeichnung + *pr-ʿ3* . . . 141
2.3.2 Gruppe 2: Handwerkerbezeichnung + *pr-nswt* . . . 145
2.3.3 Gruppe 3: Handwerkerbezeichnung + *nswt* . . . 145
2.3.4 Gruppe 4: Handwerkerbezeichnung + *wʿb.t* . . . 147
2.3.4.1 Exkurs: Bedeutung und Lokalisierung von *ḏ3dw* . . . 151
2.3.5 Gruppe 5: Handwerkerbezeichnung + „Tempelwerkstatt" . . . 154

3 Schlußbetrachtung . . . 156

4 Liste: Quellennachweise zu den Handwerkerszenen . . . 163
4.1 Liste AR (Nr. 1-27) . . . 163
4.2 Liste MR (Nr. 1-9) . . . 164
4.3 Liste NR (Nr. 1-27) . . . 164

5 Zitierte Werke . . . 167

VORWORT

Die vorliegende Arbeit wurde im August 1973 dem Prüfungsausschuß des Fachbereichs Orientalistik der Universität Hamburg als Habilitationsschrift eingereicht und mit der vollzogenen Habilitation im Februar 1974 angenommen. Für freundliche Hilfe danke ich Frau Erika Schott, die mir Photos aus dem unveröffentlichen Grab des *Mnṯw-ijwj* (Theben Nr. 172) zur Verfügung gestellt hat, und Herrn Professor Hartwig Altenmüller, der mich sein Skizzenbuch sowie Photos aus dem Grab des *Ḫnm-ḥtp* and *Nj-ʿnḫ-Ḫnm* (Saqqara) benutzen ließ. Herrn Professor Gerhard Fecht und Herrn Professor Wolfhart Westendorf danke ich für wertvolle Hinweise. Herrn Professor Wolfgang Helck danke ich besonders herzlich für das ständige Interesse, das er meiner Arbeit entgegengebracht hat, für seinen Rat und seine Hilfe. Großen Dank schulde ich auch der Deutschen Forschungsgemeinschaft, die mir ein Habilitandenstipendium für zwei Jahre gewährte und eine Druckbeihilfe zur Verfügung stellte. R. D.

ABKÜRZUNGEN

ÄgFo	=	Ägyptologische Forschungen. Glückstadt, Hamburg, New York. 1936ff.
ÄgAbh	=	Ägyptologische Abhandlungen. Wiesbaden 1960ff.
AHAW	=	Abhandlungen der Heidelberger Akademie der Wissenschaften. Philosophisch-historische Klasse.
Amarna	=	Davies, Norman de Garis. The Rock Tombs of El Amarna. 6 Bde. ASE 13-18. London 1903-08.
APAW	=	Abhandlungen der Preußischen Akademie der Wissenschaften. Philosophisch-historische Klasse. Berlin.
AR	=	Altes Reich.
ASAE	=	Annales du Service des Antiquités de l'Égypte. Kairo 1900ff.
ASE	=	Archaeological Survey of Egypt. London.
Atlas I-III	=	Wreszinski, Walter. Atlas zur altägypt. Kulturgeschichte, 3 Bde. Leipzig 1923-38.
„Bauer"	=	Gardiner, Alan H. und Vogelsang, F. Hieratische Papyrus des Berliner Museums. Bd.4. Leipzig 1908.
Beni Hasan	=	Newberry, P.E. Beni Hasan. Bd. 1 u. 2. ASE 1-2. London 1893, 1894. Griffith, F.Ll. Beni Hasan. Bd. 3. ASE 5. London 1896. Beni Hasan. Bd. 4. Hg. v. Griffith. ASE 7. London 1900.
El Bersheh	=	Newberry, El Bersheh. Bd. 1. ASE 3. London 1895. Newberry, Griffith, El Bersheh. Bd. 2. ASE 4. London 1895.
BiAeg	=	Bibliotheca Aegyptiaca. Brüssel 1932ff.
BIFAO	=	Bulletin de l'Institut Français d'Archéologie Orientale. Kairo 1901ff.
BMFA	=	Bulletin of the Museum of Fine Arts. Boston.
Caminos, LEM	=	Caminos, R. A. Late-Egyptian Miscellanies. London 1954.
DeM	=	Catalogue des ostraca hiératiques non littéraires de Deir el-Médineh.
Deshasheh	=	Petrie, W.M.Fl., Griffith, F.Ll. Deshasheh. EEF 15. London 1898.
EEF	=	Egypt Exploration Fund. London.
Exc. Giza	=	Hassan, Selim. Excavations at Giza. 10 Bde. Oxford u. Kairo 1929-1960.
Gardiner, AEO	=	Gardiner, A.H. Ancient Egyptian Onomastica. 3 Bde. London 1947.
GČ	=	Gardiner, A.H. and Černy, J. Hieratic Ostraca. Bd. 1. Oxford 1957.
Gebrawi	=	Davies, Norman de Garis. The Rock Tombs of Deir el Gebrawi. 2 Bde. ASE 11 u. 12. London 1902.
JEA	=	Journal of Egyptian Archaeology. London 1914ff.
JNES	=	Journal of Near Eastern Studies. Chicago 1942ff.
Kairo (+ Nr.)	=	Ägypt. Museum in Kairo. Zitat nennt Nummer des Catalogue général des antiquités du Musée du Caire.
Kaplony, IÄF	=	Kaplony, Peter. Die Inschriften der ägyptischen Frühzeit. 3 Bde. ÄgAbh 8. Wiesbaden 1963.
Kêmi	=	Kêmi. Revue de Philologie et d'Archéologie Égyptiennes et Coptes. Paris.
LD	=	Lepsius, Carl Richard. Denkmäler aus Aegypten und Aethiopien. 12 Bde u. Ergänzungsbd. Berlin 1849-58, Leipzig 1913.
MÄS	=	Münchner Ägyptologische Studien, Berlin.
MDIK	=	Mitteilungen des Deutschen Archäologischen Instituts, Abteilung Kairo (bis 1944: Mitteilungen des Deutschen Instituts für Ägyptische Altertumskunde in Kairo). Berlin u. Wiesbaden.

Meir	=	Blackman, A. M. The Rock Tombs of Meir. 6 Bde. ASE 22-25, 28-29. 1914-1953.
MIFAO	=	Mémoires publiés par les Membres de l'Institut Français d'Archéologie Orientale du Caire. Kairo 1902ff.
MIO	=	Mitteilungen des Instituts für Orientforschung. Berlin 1953ff.
MM	=	Mariette, A. Les Mastabas de l'Ancien Empire. Fragment du dernier ouvrage de A. Mariette, publié d'après le manuscrit de l'auteur par G. Maspero. Paris 1889.
MR	=	Mittleres Reich.
NR	=	Neues Reich.
PM	=	Porter, B. and Moss, R.L.B. Topographical Bibliography of Ancient Egyptian Nieroglyphic Texts, Reliefs and Paintings. 7 Bde. Oxford 1927-1952, ^{2}1960ff.
PMMA	=	Publications of the Metropolitan Museum of Art. Egyptian Expedition. New York.
RPTMS	=	Robb de Peyster Tytus Memorial Series. PMMA, New York.
„Sinuhe"	=	Grapow, H. Untersuchungen zur ägypt. Stilistik, I. Der stilistische Bau der Geschichte des Sinuhe. Berlin 1952.
Smith, HESP	=	Smith, W. St. A History of Egyptian Sculpture and Painting in the Old Kingdom. 2nd Edition. Oxford 1949.
SÖAW	=	Sitzungsberichte der Österreichischen Akademie der Wissenschaften in Wien. Philosophisch-historische Klasse.
Urk.	=	Urkunden des ägyptischen Altertums, Leipzig und Berlin 1903ff.
Wb	=	Wörterbuch der ägyptischen Sprache. Hg. von A. Erman und H. Grapow. Leipzig und Berlin 1926-1963.
WZKM	=	Wiener Zeitschrift für die Kunde des Morgenlandes. Wien 1886ff.
ZÄS	=	Zeitschrift für ägyptische Sprache und Altertumskunde. Leipzig und Berlin 1863ff.

EINLEITUNG

Die vorliegende Arbeit befaßt sich mit der Betrachtung von Handwerkern und ihren Tätigkeiten anhand von Darstellungen aus dem Alten, Mittleren und Neuen Reich. Sie soll einerseits über den Handlungsablauf im Entstehungsprozeß von Produkten informieren, wobei die Bezeichnungen von Werkstoffen, Werkzeugen, Tätigkeiten und Handwerkern einbezogen werden, und andererseits die Handwerker als eine Berufsgruppe, ihre Struktur, ihr Dienstverhältnis und ihre Einordnung in die Gesellschaft untersuchen.

Eine kurze Zusammenstellung über bisherige Veröffentlichungen zu diesem Thema zeigt, daß jeweils nur Teilgebiete unter einem bestimmten Aspekt behandelt worden sind, eine Gesamtbetrachtung jedoch fehlt:

Eine Beschreibung von Handwerkerszenen aus einzelnen Gräbern findet sich in den entsprechenden Publikationen (s. Quellenliste zu den Darstellungen) und bei W. Wreszinski [1], während L. Klebs [2] aus zahlreichen Darstellungen die verschiedenen Tätigkeiten thematisch zusammengestellt hat und abschnittsweise für das AR, MR und NR behandelt. — Neben einer allgemeinen Betrachtung über handwerkliche Verrichtungen [3] gibt es Monographien, die sich entweder speziell mit einer technologischen Untersuchung bei der Verarbeitung von Metall bzw. Schmuck [4] oder mit zahlreichen verschiedenen Produkten und ihrer Herstellung befassen [5]. Auf Beischriften in den Handwerkerszenen, die Zurufe oder Erläuterungen zur Handlung enthalten, ist zuerst A. Erman [6] eingegangen und danach P. Montet [7]. Letzterer untersucht einen größeren Teil von Beischriften aus Gräbern des AR und MR, denen er die Tätigkeiten unterordnet. — Über die Handwerker als eine Berufsgruppe haben sich H. Kees [8] und P. Kaplony [9] geäußert. Einzeluntersuchungen zu den Berufsbezeichnungen von Handwerkern, verbunden mit der Einschätzung als „Künstler", jedoch ohne auf die Ausübung ihres Berufes anhand von Darstellungen einzugehen, wurden von Junker vorgenommen [10].

Diese punktuellen Betrachtungen haben aber kein einheitliches bzw. sich ergänzendes Bild ergeben können. Dabei bildet die Beschränkung auf eine bestimmte Fragestellung und die damit verbundene schmale Basis des jeweils untersuchten Materials einen nicht zu unterschätzenden Unsicherheitsfaktor für die zu ziehenden Folgerungen. Auch sind häufig Voraussetzungen eingeführt worden, die den Untersuchungen von vornherein eine bestimmte Richtung und Färbung gegeben haben. So führen mehrere der genannten Veröffentlichungen das Wort

[1] W. Wreszinski, Atlas zur altägypt. Kulturgeschichte, Teil I u. III, 1923/40.

[2] L. Klebs, Die Reliefs und Malereien des AR, MR und NR, 3 Bde., 1915-1934.

[3] Z.B. in: A. Erman u. H. Ranke, Ägypten u. ägypt. Leben im Altertum, 1923³, 18. Kap.: Das Handwerk.

[4] E. Vernier, La bijouterie et la joaillerie égyptiennes, 1907. G. Möller, Die Metallkunst der Alten Ägypter, 1924.

[5] W. M. Flinders Petrie, The Arts and Crafts of Ancient Egypt, 1909. H. Kayser, Ägyptisches Kunsthandwerk, 1969.

[6] A. Erman, Reden, Rufe und Lieder auf Grabbildern des alten Reiches, 1919.

[7] P. Montet, Les scènes de la vie privée, Kap. 9, 1925.

[8] H. Kees, Kulturgeschichte des Alten Orients, I. Ägypten, 1933, 162ff. („Handwerker und Künstler").

[9] P. Kaplony, Die Handwerker als Kulturträger Altägyptens, in: Asiatische Studien 20, 1966, 101ff.

[10] H. Junker, Weta und das Lederkunsthandwerk im Alten Reich, 1957. Ders., Der Maler Irj, 1956. Ders., Die gesellschaftliche Stellung der ägyptischen Künstler im Alten Reich, 1959.

„Kunst" oder „Künstler" in ihren Titeln, wodurch die Darstellung bereits von Anfang an mit einer Wertung belastet wird, die um so gefühlsmäßiger sein dürfte, als nicht der Versuch gemacht wird, „Kunst" wie „Künstler" für den Bereich der altägyptischen Kultur zu definieren. In der vorliegenden Untersuchung werden diese Worte bewußt nicht verwendet; einmal weil eine ästhetische Wertung der angefertigten Gegenstände nicht zum hier behandelten Thema gehört, und andererseits, weil ein „Künstler", verstanden als eine aus sich heraus und in persönlicher Freiheit schöpferisch gestaltende Persönlichkeit, nicht nachzuweisen ist. Dies wird einmal durch die Darstellungen der Handwerkerszenen deutlich, in denen eine Anzahl von Handwerkern in Form der Arbeitsteilung am gemeinsamen Produkt arbeiten, und zum anderen Mal durch die Berufsbezeichnungen, die eine weitgehende Berufsdifferenzierung zum Ausdruck bringen. Die Auseinandersetzung mit dieser Frage soll dem Schlußkapitel vorbehalten werden. Zunächst soll jedoch durch eine detaillierte Untersuchung der handwerklichen Tätigkeiten und der sie ausführenden Personen die Grundlage dafür erarbeitet werden.

Das Material, von dem auszugehen ist, besteht in geringerem Maße aus Inschriften, die Hinweise auf Handwerker und ihre Tätigkeiten enthalten, hauptsächlich aber aus den Handwerkerdarstellungen aus den Gräbern des AR, MR und NR. Da eine Handwerkerszene immer mehrere Handwerkszweige umfaßt, ist die Abgrenzung auf die aus den Darstellungen zu entnehmenden Werkstoffe (Leder, Metall, Stein, Ton, Holz) und die von mehreren Arbeitern erstellten Produkte (Sandalen, Gefäße, Schmuck, Statuen, Mobiliar) festgelegt. Anhand dieser Darstellungen sollen die Arbeiter, ihre Tätigkeiten sowie die angefertigten Gegenstände während des Zeitraums vom AR bis einschließlich des NR betrachtet werden (s. Teil 1).

Allerdings ist der wirtschaftlich-soziale Hintergrund zu diesen Szenen in den einzelnen Epochen nicht der gleiche; denn das Material spiegelt zwei verschiedene wirtschaftliche Bereiche wider, deren Einschnitt zwischen dem AR/MR und dem NR liegt. Dies wird deutlich, wenn man den Personenkreis, der Handwerkerszenen in seinen Gräbern hat darstellen lassen, sowie die Zweckgebundenheit einiger Produkte betrachtet:

In den Szenen des AR und MR handelt es sich um die Fertigstellung der für eine Grabausrüstung notwendigen Gegenstände. Es werden neben Mobiliar, Gefäßen und Schmuck auch Statuen und Särge hergestellt. Auftraggeber und „Verbraucher" ist der Grabinhaber, in dessen Haushalt diese Dinge angefertigt werden. Er verfügt über entsprechende „Produktionsfaktoren", d.h. eigene Rohstoffe und Handwerker, die für ihn im Sinne der Hauswirtschaft produzieren.

Wie aus der Quellenliste zu den Darstellungen zu entnehmen ist, stammen die frühesten Handwerkerszenen aus dem Ende der 4. Dynastie und befinden sich in den Gräbern von Angehörigen der königlichen Familie (Liste AR Nr. 1-3). Mit der 5. Dyn. erscheint das Thema bei Personen nicht-königlicher Herkunft in Giza, in Saqqara und in der Provinz (Scheich Said; in der 6. Dyn.: Deshasheh, Gebrawi, Meir; in der 11./12. Dyn.: Beni Hasan). Die Grabinhaber sind durchweg höhere Beamte: Vezire (Liste AR Nr. 16, 18-20), Königl. Architekten (Nr. 7, 10) und Gauverwalter bzw. -fürsten (AR Nr. 12, 21-27; MR Nr. 2, 3, 5-9). Oft haben sie ein Amt im Zusammenhang mit einem königlichen Baudenkmal: als Priester an einer Pyramide (Liste AR Nr. 8, 18-20, 24, 25) oder als Vorsteher (Nr. 11, 19).

Da sich die Handwerkerdarstellungen zuerst bei Angehörigen des Königshauses nachweisen lassen, kann man daraus schließen, daß sie – nächst dem König – einen eigenen Haushalt besitzen. Dieser Personenkreis erhält aufgrund seiner familiären Beziehung zur Person des Königs Zuwendungen aus dem Königs-Oikos, in dem alle Einkünfte (Steuern, Abgaben, Rohstoffe) zusammenfließen. Mit Beginn der 5. Dyn., also mit dem Erscheinen der Handwerkerszenen in den Gräbern nicht-königlicher Personen, muß sich der Besitz von Land, Vieh, Personal und Rohstoffen (alles, was zu einem „Haushalt" gehört) auch auf Personen erstreckt haben, die nicht zur königlichen Familie gehören. Dabei könnte diese Entwicklung konform gehen mit der Tendenz, die sich zu dieser Zeit bei der Ämterverteilung ablesen läßt: Was vorher nur Prinzen an Amt (z.B. Vezirat) und Würde vorbehalten war, kann nun mit der 5. Dyn. auch auf Personen nicht-königlicher Herkunft übertragen werden[11]. Ihnen wird vom König mit dem Amt ein Besitzstand zugeteilt (*pr-ḏ.t*, s. Abschnitt 2.2.1), so daß ein Teil der Bevölkerung eigene Haushaltungen (Wirtschaftsbetriebe) besitzt. Dieser Privathaushalt umfaßt alle Bereiche des täglichen Lebens und somit auch die Herstellung handwerklicher Produkte. Die dargestellten Handwerker in den Gräbern von Angehörigen der königlichen Familie, Beamten und Gaugrafen aus dem AR und MR produzieren lediglich für den Eigenbedarf des Haushalts inklusive Grabausrüstung des Besitzers.

Die Darstellungen in den thebanischen Gräbern aus dem NR zeigen hingegen Tempelwerkstätten, in denen vorwiegend Erzeugnisse für den Bedarf des Tempels hergestellt werden: Kultgerät, Prunkgefäße, sog. Weihgeschenke, Schreine, Königsstatuen. Es überrascht allerdings, daß Wagenbau und Waffenherstellung, die aufs engste zusammengehören, hier einen so breiten Raum einnehmen; denn sie sind für Kult und Ritus ohne Bedeutung. Das Fehlen von Darstellungen und Nachrichten über private Werkstätten (Haushalt) in dieser Zeit sowie die wenigen Hinweise auf „staatliche" Werkstätten erschweren eine Erklärung. Möglicherweise werden aber in den Tempelwerkstätten auch Gegenstände angefertigt, die über den eigenen Bedarf hinausgehen (z.B. für den Besuch des Königs entsprechende Dinge herzustellen, s. Abschnitt 1.9.5). Die Darstellungen erscheinen vorwiegend in den Gräbern von Personen, die entweder Hoherpriester am Amuntempel von Karnak (s. Liste NR Nr. 1, 4, 5, 10, 12) oder Vezir und Bürgermeister von Theben (Liste MR Nr. 1, 4; NR Nr. 7, 11, 18) sind. Diese Amtsträger haben mehr oder weniger direkt mit der Verwaltung und den Eingängen von Rohstoffen für den Tempel zu tun, aus dessen Magazinen das Material zur Verarbeitung an die tempeleigenen Werkstätten weitergegeben wird. Die Darstellungen zeigen also einen Ausschnitt aus der beruflichen Laufbahn dieser Personen. In diesem Sinne sind auch die Handwerkerszenen in den Gräbern von Handwerkern aufzufassen (s. Liste NR Nr. 14, 15, 20), von denen zwei (Nr. 21, 22) dem König unterstellt sind und deren Gräber in Memphis liegen (s. Abschnitt 1.9.5).

Aus dieser Verschiedenheit des vorhandenen Materials (Zeugnisse für Hauswirtschaft im AR und MR — Tempelwirtschaft im NR) resultiert die Schwierigkeit, umfassende und für den gesamten Zeitraum allgemein gültige Aussagen zu machen. Nur durch die Betrachtung von Handwerkerbezeichnungen sind Rückschlüsse auf Aufgabenbereich, Organisation und Zugehörigkeit über die Darstellungen hinaus möglich. Dadurch wird es notwendig, die verschiedenen Beifügungen zu der Berufsangabe (Handwerkerbezeichnung + *pr-ḏ.t*, + *pr-ꜥꜣ*, + *nswt* usw.) zu untersuchen und ihre Abgrenzung zueinander aufzuzeigen (s. Teil 2).

Damit sollen Ziel und Ablauf der folgenden Untersuchung abgesteckt sein: Um die Stellung der Handwerker in der altägyptischen Gesellschaft und ihre Wertung erkennen zu können, müssen zuerst die Organisationsformen ihrer Tätigkeit und deren technische Voraussetzungen untersucht werden; weiterhin die Struktur der Handwerker als ein Berufsstand, seine verschiedenen Gruppierungen, die bestimmt sind von der Organisation der Tätigkeit her, und der hierarchische Aufbau innerhalb einzelner Gruppen sowie ihre Verteilung auf spezifische Wirtschaftseinheiten.

[11] W. Helck, Beamtentitel, 132.

Teil 1: Die Handwerkertätigkeiten

VORBEMERKUNG

Der Teil 1 besteht aus neun Kapiteln, welche die verschiedenen Handwerkszweige und deren Tätigkeiten behandeln. Die zwischen Werkstoff (Leder: Kap. I; Metall: Kap. II; Holz: Kap. VIII) und Produkt (Schmuck: Kap. III; Statuen: Kap. IV; Steingefäße: Kap. V; Tongefäße: Kap. VI; Flintmesser: Kap. VII; Wagen und Waffen: Kap. IX) wechselnde Einteilung ist gewählt worden, weil sie sich am besten den Darstellungen der Handwerkerszenen anpaßt. Denn in den einzelnen Bereichen ist der Akzent hinsichtlich der Darstellungsweise unterschiedlich gesetzt, d.h. entweder ist der Bearbeitungsprozeß eines Werkstoffes ausführlich wiedergegeben und steht somit im Vordergrund (z.B. Metall), oder es sind die verschiedenen Tätigkeiten an einem Endprodukt (z.B. Statuen) dargestellt.

Jedem Kapitel geht eine Zusammenstellung der durch Darstellung belegten Tätigkeit voraus: Die römischen Ziffern beziehen sich auf die Anzahl der Belege; die eingeklammerte arabische Zahl sowie der Personenname verweisen auf die einzelnen Abschnitte (AR, MR, NR) der Quellenliste. Die Handwerker einer jeden Belegszene sind in der Abfolge ihrer Darstellung ebenfalls numeriert und mit der entsprechenden Beischrift versehen, sofern eine vorhanden ist.

Die einzelnen Kapitel variieren in Form und Umfang, was zum großen Teil durch das Material selbst (Häufigkeit und Ausführlichkeit von Szenen, Vorhandensein von Beischriften) und durch besondere Problemstellungen (z.B. Lesung und Herleitung der Berufsbezeichnung von Bildhauer oder Metallarbeiter) bedingt ist. Die meisten Kapitel sind in zwei Abschnitte unterteilt: Der eine Abschnitt beschreibt die Tätigkeiten und Vorgänge des jeweiligen Handwerkszweiges, indem der Herstellungsprozeß eines Produktes aus den verschiedene Belegszenen ermittelt wird (viele Szenen zeigen einen Herstellungsprozeß nicht in seinem folgerichtigen Ablauf; manchmal ist die Herstellung eines Produktes in dem einen Beleg sehr detailliert in ihren einzelnen Phasen wiedergegeben, in dem anderen Beleg ist aber nur eine einzige Verrichtung dargestellt). Der andere Abschnitt untersucht die Berufsbezeichnungen der Handwerker, ihre Rangstufen und ihren Aufgabenbereich, wobei auch außerhalb der Handwerkerszenen belegte Handwerker einbezogen werden.

Die im Text verwendeten Zahlen beziehen sich jeweils auf die vorangestellte Belegliste der Darstellungen (z.B. II,3 = 3. Handwerkerperson des II. Beleges).

1.1 Kapitel I: Lederhandwerk

1.1.1 *Zusammenstellung der Szenen*

I. (AR Nr. 4) Ij-mrj;
1 schneidet Leder :
2 hält in der Hand einen Klumpen :
3 reckt Leder über einem Gestell :

II. (AR Nr. 11) Tj;
1 reckt Leder über Gestell :

III. (AR Nr. 18) ʿnḫ-m-ʿ-Ḥr;
1 reckt Leder :
2 schneidet Leder :

IV. (AR Nr. 22) Intj;
1-2 bringen fertigen Mantel
3 zerstört, reckt vermutlich Leder
4 hält Sandale in der Hand
5 schneidet Leder (zerstört) :

V. (AR Nr. 23) Šdw;
1-2 tragen fertigen Mantel :
3 reckt Leder über Gestell :
(Fertige Sandalen, Spiegeletui, Behälter aus Leder)
4 bearbeitet Sandale mit Messer

VI. (MR Nr. 3) Bꜣq.t;
1 reckt Leder über Gestell :
2 hält Sandale
3 schneidet Sandale zu :
4 taucht Leder (bzw. Fell) in ein Gefäß :

VII. (MR Nr. 5) Imn-m-ḥꜣ.t;
1 reckt Leder über Gestell
2 taucht Leder (bzw. Fell) in ein Gefäß
3 schneidet Sandale
4 hält Sandale

VIII. (MR Nr. 9) Wḫ-ḥtp;
1 reckt Leder über Gestell (fragm.)
2 schneidet Leder (fragm.)

IX. (NR Nr. 3) Intf; Fragment 1-2
1 reckt Leder über Gestell
2 hockt vor aufgespanntem Fell (gescheckt)
(weitere Fragmente vom Wagenbau)

X. (NR Nr. 4) Ipw-m-R^{c}; zwischen Wagenbau u. Waffenherstellung:
1 reckt Leder über Gestell
2 schneidet ⸢-Streifen

XI. (NR Nr. 5) Mn-ḫpr-R^{c}-snb; zwischen Wagenbau:
1 schneidet Riemen
2 schneidet ⸢-Streifen

XII. (NR Nr. 7) Rḫ-mj-R^{c}; kein Wagenbau, jedoch fertige Lederteile für Bogentaschen:
1 stapelt fertige Sandalen
2 bringt fertige Lederteile für Bewaffnung u. Wagen
3 reckt Leder über Gestell
4 schabt Leder
5 schneidet Lederstück in Streifen, das von
6 gestrafft wird
7 taucht Fell (gescheckt) in ein Gefäß
8 reckt Leder mit den Händen
9 schneidet Sandalensohle
10 zieht Riemen durch die Sohle
11 bohrt Loch in die Seitenlasche der Sandale
12 reckt Leder über Gestell
13 bohrt Loch in die Sohle
14-15 drehen Riemen zu einem Strick
16 schneidet Riemen aus rundem Lederstück

XIII. (NR Nr. 10) Mrj; zwischen Wagenbau:
1 reckt Leder über Gestell
2 schneidet Riemen
aufgespanntes Fell, s.o. IX,2

XIV. (NR Nr. 11) Ḥpw; zwischen Wagenbau in zwei Registern (a, b):
a) 1 reckt Leder über Gestell
2 schneidet Sandalen
3 schneidet Riemen
4 bearbeitet Bogentasche
b) 1 schneidet ⸢-Streifen
2 reckt Leder über Gestell
3 schneidet Riemen
4 schneidet Sandalen

XV. (NR Nr. 12) Imn-ḥtp-z3-z; zwischen Wagenbau:
1 schneidet ⸢-Streifen
2 bearbeitet Bogentasche

XVI. (NR Nr. 23) Fragment Berlin; zwischen Wagenteilen:
1 reckt Leder(?)
2-3 halten ausgespanntes Fell
4 reckt Leder über Gestell (fragm.)
5 schneidet Riemen (fragm.)

XVII. (NR Nr. 26) Relief Florenz; zwischen Wagenbau:
1 reckt Leder über Gestell
2 schneidet Riemen

3 zieht Riemen durch die Sohle :
4 bearbeitet Bogentasche

XVIII. (NR Nr. 27) Ibj
1 schabt ausgebreitetes Fell :
2 schneidet Riemen :
3 bringt zwei fertige Sandalen
4 reckt Leder über Gestell :

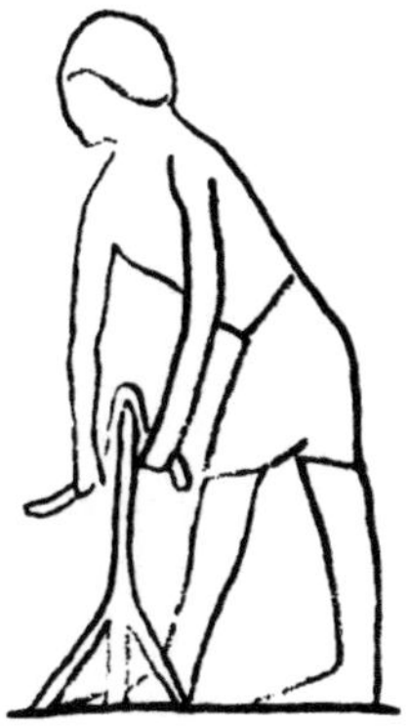

Abb. 1

Abb. 2

Abb. 3

Abb. 4

1.1.2 *Lederverarbeitung*

Im Mittelpunkt der Darstellungen des Lederhandwerks steht die Anfertigung von Sandalen [1]. Während im AR und MR die Verarbeitung zu weiteren Produkten (Behälter, Mäntel) sehr selten ist, erscheint im NR -in Verbindung mit dem Wagenbau- vorwiegend die Herstellung von Bogentaschen, Schilden, Köchern und Zubehör für den Wagen. Letzteres ist im Kapitel über Waffenproduktion und Wagenbau behandelt (Kap. IX), wenngleich die hierzu notwendigen Tätigkeiten von seiten der Lederarbeiter in diese Zusammenstellung einbezogen sind. Die dargestellten Tätigkeiten lassen sich in zwei Bereiche einteilen: Aufbereitung des Rohstoffes (1.1.2.1) und Verarbeitung zu Produkten (1.1.2.2).

1.1.2.1 Aufbereitung des Rohstoffes

Um aus einer abgezogenen Tierhaut Leder herzustellen, sind mehrere Arbeitsvorgänge notwendig (Gerben, Abschaben der Unterhaut, Entfernen der Haare, Trocknen und Recken der Haut).

a) Das Gerben selbst ist nur selten dargestellt (VI; VII; XII) [2]. Man sieht einen Arbeiter, der ein Fell (in XII gescheckt, d.h. die Haare sind vorher nicht entfernt worden) in ein vor ihm stehendes großes Gefäß taucht, in dem sich das Gerbmittel befindet. Die Beischrift in VI bezeichnet diesen Vorgang als *pnꜥ dbḥ.t*. *Dbḥ.t* wird auch in der „Lehre des Cheti" (Pap.

[1] *Lit.*: L. Klebs, Reliefs AR, S. 95-96; MR, S. 121-122; NR, S. 166-171. – P. Montet, Scènes pp. 315-319. – H. Junker, Weta und das Lederkunsthandwerk im Alten Reich, SÖAW Bd. 231, Wien 1957. – A. Lucas, Ancient Egyptian Materials[4], 1962, pp. 33-37. – R. J. Forbes, Studies in Ancient Technology, Vol. V[2], 1966, pp. 1ff., 22ff. – Zur Sandale: E. Staehelin, Untersuchungen zur ägypt. Tracht im Alten Reich, MÄS 8, S. 94-100.

[2] Klebs, Reliefs AR, S. 95 deutet die Ölbereitung im Grab des Nb-m-ꜣḫt (Liste AR Nr. 2) irrtümlich als Gerbvorgang.

Sall. II 8,5) genannt[3] und ist in beiden Fällen die Bezeichnung für den Behälter mit der Gerbflüssigkeit, wobei „Cheti“ den interessanten Hinweis gibt, daß das Gerbmittel in diesem Fall Sesamöl ist[4]. Die Beischrift in VI sagt also lediglich aus: „den Behälter (mit dem Gerbmittel und dem Fell) umrühren“.

Vermutlich gehört in diesen Zusammenhang auch eine andere Bezeichnung, die in Verbindung mit Lederarbeite(r)n erscheint: *bḥ* (Wb I 468,5: „Stoff, mit dem Leder behandelt wird“). In Pap. Lansing 4,5 heißt es: „der Lederarbeiter (*ṯbw*) mischt “. Erman und Lange sagen in ihrem Kommentar dazu: „*bḥw* mag etwas sein, womit man Leder zurichtet; auch in Pap. Turin 56,11 scheint es als solches vorzukommen, denn es heißt dort, daß ‚Häute herauskommen ‘[5]“. Beide Bezeichnungen *-dbḥ.t* und *bḥ-* gehören jedenfalls in den Bereich der Lederbearbeitung und beziehen sich offenbar auf den Gerbvorgang, einmal als Behälter (*dbḥ.t*), das andere Mal als Gerbmittel.

Es bleibt jedoch ungewiß, welches der möglichen Gerbverfahren in den Darstellungen angewendet wird. Anhand von ägyptischen Ledererzeugnissen sind Loh- oder Rotgerberei (durch pflanzliche Stoffe), Weißgerberei (durch mineralische Stoffe, Alaun) und das sog. Sämischleder (Gerben mit Öl) nachweisbar[6]. Während es bei „Cheti“ ersichtlich war (s.o.), daß es sich dort um die Gerbmethode mit Öl (*nḥḥ*) handelt, läßt sich das oben erwähnte *bḥ* nicht näher bestimmen. Eine andere Stoffangabe *ipꜣ* läßt sich ebenfalls nicht genau daraufhin deuten, ob Lohgerberei oder Rotfärben von bereits gegerbtem Leder gemeint ist[7]. Eventuell handelt es sich um einen Vorgang bzw. eine Substanz, die beides bewirkt. Hinweise hierfür (Lohgerberei/Färben) gibt es in dem schon erwähnten Pap. Lansing 4,6: „seine (des Lederarbeiters, *ṯbw*) Hände sind rot von *ipꜣ*, wie die eines, der mit seinem Blut vermischt ist“[8]. Außerdem wird *ipꜣ* () zusammen mit *ibnw* („Alaun“, s.u.) und *ḫn.t* („Leder“, s.u. bei e) auf dem Ostrakon Kairo 25 596 genannt[9]; desgleichen erscheint auf dem Ostrakon GČ 29,3 rt zusammen mit *ḫn.t*.

Vermutlich ist aber in den meisten Darstellungen die Weißgerberei als praktizierte Gerbmethode vorauszusetzen, die ein besonders weißes und starres Leder erzielt[10], das vor seiner Weiterverarbeitung erst wieder geschmeidig gemacht werden muß (s. bei d, Recken des Leders). Das hierzu notwendige Gerbmittel ist Alaun, ein Kalium-Aluminiumsulfat, das man in der Natur findet, oder ein Aluminiumsulfat, das durch Lösen von Tonerde in Schwefelsäure entsteht. Lucas nennt die Oasen Dachleh und Chargeh als Orte, in denen es Alaunvorkommen gibt[11]. Harris hat *ibnw* als Alaun identifiziert[12] und weist darauf hin, daß in dem Ostr. Kairo 25 596 *ibnw* nach *ipꜣ* folgt (s.o.).

In diesem Zusammenhang soll auf die Darstellung im Grab des *Ij-mrj* (I) hingewiesen werden. Dort steht ein Mann zwischen zwei Lederarbeitern — der eine zerschneidet Leder

[3] H. Brunner, Lehre des Cheti (ÄgFo 13) S. 41; P. Seibert, Charakteristik (ÄgAbh 17) S. 180.
[4] W. Helck, Lehre des Dwꜣ-Ḫtjj, Teil II, S. 105: *dbḥ.t (r) nḥḥ*.
[5] A. Erman u. H.O. Lange, Pap. Lansing S. 53; R. Caminos, LEM p. 385 kommentiert: „*bḥw*, tan, is a guess“.
[6] Forbes, a.a.O., p. 26.
[7] Zahlreiche erhaltene Lederobjekte zeigen, daß rotes Leder bevorzugt wurde; Absicht oder zwangsläufige Folge der praktizierten Gerbmethode? Vgl. z.B. Funde aus dem Grab des Maiherpera im Mus. Kairo.
[8] Caminos, LEM p. 385f. deutet *ipꜣ* als „madder“ (Färberpflanze); ebd. weitere Belegstellen.
[9] Ebd.; J. R. Harris, Lexicographical Studies in Ancient Egyptian Minerals p. 187.
[10] Weißes Leder eignet sich gut als Schreibmaterial; s.u. S. 15f., der Lederhandwerker Wtꜣ ist u.a. Vorsteher der Schriftrollen.
[11] Lucas, Materials⁴, p. 258.
[12] Harris, Minerals, pp. 185-187.

mit einem breiten Messer, der andere reckt Leder über einem Gestell — und hat einen Ledersack über die Schulter gehängt, wie ihn auch Männer in den sog. „Marktszenen“ tragen, um das darin befindliche Öl zu verkaufen[13]. In der Hand hält er einen Klumpen mit unregelmäßiger Umrißlinie. Die Beischrift dazu lautet: *s▨n.t* . Welche Möglichkeiten gibt es für eine Ergänzung und Deutung? Erman ergänzt das Wort zu *swn.t* „was kostet?“[14], analog zu der darunter befindlichen Szene, wo Öl zubereitet wird und ein Mann fragt *s(w)n.t mr(ḥ).t* „was kostet das Öl?“. Jedoch sprechen mehrere Einwände gegen Erman's Lesung: Es fehlen das Subjekt in der Frage und das Tauschobjekt in der Darstellung, worauf sich die Kostenfrage beziehen könnte; denn die Frage richtet sich an einen Arbeiter, der Leder reckt, aber kein fertiges Produkt als Tauschobjekt zu bieten hat. Außerdem befinden sich die Marktszenen in der Regel nicht innerhalb von Handwerkstätigkeiten, sondern schließen daran an[15]. Daher wäre es denkbar, *s[?]n.t* als Bezeichnung für den Klumpen aufzufassen, den der Mann in der Hand hält. Es könnte sich dabei um alaunhaltige Tonerde o.ä. handeln, die zum Gerben benötigt wird. Der „Bauer“ bringt als ein Erzeugnis des Wadi Natrun 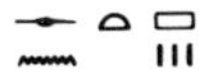[16], was vielleicht mit dem obigen identisch ist.

b) Das Abschaben der Haare oder der Unterhaut mit einem Messer ist bei Rḫ-mj-Rᶜ (XII) dargestellt, indem ein Arbeiter das Fell vor sich ausgebreitet hat. Es ist jedoch im Einzelfall nicht zu erkennen, ob diese Arbeit vor oder nach dem Gerbprozeß ausgeführt wird; bei Ibj (XVIII) ist das Leder zu diesem Zweck aufgespannt.

c) Das Spannen oder Ausbreiten des gegerbten Felles zum Trocknen ist vereinzelt dargestellt (IX; XII; XVII).

d) Die am häufigsten gezeigte Tätigkeit ist das Recken des gegerbten Leders über einem Gestell, um es weich und geschmeidig zu machen (I-X; XII-XIV; XVI-XVIII). Dieser Vorgang fehlt in keiner Darstellung; er ist geradezu zu einer „Hieroglyphe“ geworden, um dieses Handwerk zu kennzeichnen. Während in fast allen Szenen mehrere Arbeiter bei den verschiedenen Phasen der Lederbearbeitung zu sehen sind, ist im Grab des Tj (II) nur einer allein dargestellt, der den Arbeitsvorgang des Lederreckens ausübt — stellvertretend für den gesamten Handwerkszweig.

Das Recken geschieht in der Weise, daß ein Arbeiter das Leder über einem Gestell — in der Art eines zwei-oder dreibeinigen Bockes — nach allen Seiten hin- und herzieht (s. Abb. 1, S. 9). Im Grab des Rḫ-mj-Rᶜ (XII) ist außerdem gezeigt, wie ein Arbeiter das Leder mit beiden Händen reckt. Die Beischriften zu dieser Tätigkeit lauten: *ṯḥs* (VI) „recken“ bzw. *ṯḥs ḫn.t* (I-III; VI; XVIII)[17] „Leder recken“.

Durch das Recken soll das Leder weich gemacht werden, bevor es zu einem Produkt verarbeitet wird. Daher bezieht sich die Bemerkung *i(w)s snḏm.tj wr.t* (III) „es ist sehr geschmeidig gemacht“ auf diesen erzielten Effekt.

e) Das Material wird in diesem Zusammenhang immer *ḫn.t* genannt. Demnach ist anzunehmen, daß *ḫn.t* hier das schon gegerbte (und enthaarte) „Fell“, also „Leder“ bedeutet. Doch wie verhalten sich die anderen Rohstoffbezeichnungen *msk3 – dḥr – ḥ3.t/ḫ3.t* zu *ḫn.t*?

[13] Z.B. Wild, Tj pl. 174; Onnosaufweg in ASAE 38, 1938, pl. 96.

[14] Erman, Reden und Rufen S. 48.

[15] S. Anm. 13.

[16] A. Gardiner u. F. Vogelsang, Hierat. Papyrus des Berl. Museum Bd. IV, R 23. Vgl. auch in ASAE 16, 1916, p. 225 VII.

[17] In XVIII, 3 lautet die Beischrift *ṯḥs ṯbw*; die Beischriften sind hier fehlerhaft, s.u. S. 15.

mskꜣ: In den Papyri aus Kahun soll ein *mskꜣ n iwꜣ* gebracht werden[18], und eine andere Eintragung vermerkt, daß ein *mskꜣ n iwꜣ* sowie *mskꜣ n ꜥw.t* einem Lederarbeiter (*ṯbw*) übergeben werden sollen[19]. Pap. Reisner II nennt *mskꜣ n ꜥnḫ*[20]. *Mskꜣ* ist nur bis zum NR belegt und wird danach vermutlich durch das seit dem MR belegte *dḥr* abgelöst.

dḥr: Aus dem Haremheb-Dekret ist ersichtlich, daß *dḥr* eindeutig die abgezogenen Häute von Rindern bezeichnet[21]. Setzt man *mskꜣ* mit *dḥr* gleich, so handelt es sich demnach um die ungegerbten Häute (Felle von Rindern, Ziegen), die noch nicht bearbeitet sind.

ḫꜣ.t/*ẖꜣ.t*: In V lautet die Beischrift zu einem Mantel (*p?*)*ẖꜣ.t n.t bꜣ*, und der „Bauer" bringt *ẖꜣw.t n.t wnš.w*[22]. Es wäre denkbar, daß *ẖꜣ.t* bereits gegerbtes Fell (von Raubtieren? Leopard, Wolf) mit Haar bedeuten könnte. Demnach würde auch der Lederarbeiter in der „Lehre des Cheti" gegerbtes Fell (*ẖꜣ.t*) in seinem Magazin haben, aber ungegerbte Tierhaut (*mskꜣ*) „beißen"[23]. *H̱ꜣ.t* wird zusammen mit *dḥr* in DeM 695 genannt, so daß hier ebenfalls zwischen gegerbtem und unbearbeitetem Fell unterschieden wird[24].

ḥn.t: Nach den Darstellungen (s. bei d) ist *ẖn.t* das gegerbte und enthaarte Leder. Die Nennung von *ẖn.t* gemeinsam mit *dḥr* in GČ 29,3 zeigt wiederum eine Differenzierung zwischen „Leder" und „Fell"[25]. Das hier zu dem *ẖn.t* mitgelieferte *ipꜣ* wäre dann allerdings nicht als Gerbstoff anzusehen, sondern als Färbemittel (s.o. bei a).

Die folgende Übersicht zeigt das Neben- bzw. Nacheinander der verschiedenen Bezeichnungen, wobei nur Beziehungen zwischen *mskꜣ-ẖꜣ.t* bzw. *dḥr-ẖꜣ.t*, *dḥr-ẖn.t* und *ẖꜣ.t-ẖn.t* möglich sind, eine Relation *mskꜣ-dḥr* jedoch nicht belegt ist.

mskꜣ	*ḫꜣ.t*/*ẖꜣ.t*	*ẖn.t*
Pap. Kahun	IV: Deshasheh pl. 21	s. Belege I-III; V
Pap. Reisner	Bauer (Wolf) —	— Bauer (Leopard)
Pap. Sall. II 8,2 —	— Sall. II 8,2	GČ 31,4
dḥr		
Haremheb-Dekret		
DeM 695 —	— DeM 695	
GČ 29,3 —	—	— GČ 29,3
unbearbeitetes Fell	gegerbtes Fell	gegerbtes und enthaartes Fell

1.1.2.2 Verarbeitung des Leders

Für die Lederverarbeitung werden zahlreiche Werkzeuge benötigt; es handelt sich dabei vorwiegend um ein Messer mit besonders breiter gerundeter Klinge, das zum Zerschneiden des Leders bevorzugt wird. Außerdem werden Ahle, Pfriem oder das Horn eines Tieres benutzt, um Löcher zu bohren (für Nähte oder zum Durchziehen von Sandalenriemen; s. Abb. 2)[26].

[18] ZÄS 37, 1899, 91.
[19] Ebd., S. 98; Sethe, Lesestücke S. 97.
[20] W. K. Simpson, Pap. Reisner II pp. 27, 38.
[21] Urk. IV 2149.
[22] S. Anm. 16, R15.
[23] Pap. Sall. II 8,2; vgl. auch Seibert, a.a.O., S. 181. (*Mskꜣ* ist noch unangenehmer zu beißen als *ẖꜣ.w.t* oder *ẖn.t*; Anspielung auf den Arbeiter, der mit den Zähnen den Riemen durch die Sandalensohle zieht wie in XII, 10; XVII, 3).
[24] *H̱ꜣ.t* auch in Kairo 25590,3; 25690,4; 25718 belegt.
[25] In GČ 31,4 *ẖn.t n.t ꜥnḫ* „Ziegenleder".
[26] Für die verschiedenen Werkzeuge s. Darstellung im Grab des Rḫ-mj-Rꜥ (XII).

Aus den Darstellungen ist zu entnehmen, daß hauptsächlich Sandalen und Riemen zugeschnitten werden[27]. Das Zuschneiden geschieht auf einem niedrigen Arbeitstisch, der im AR flach aufliegt (s. Abb. 3) und im NR schräg vor dem Arbeiter steht (s. Abb. 4). Im Grab des Rḫ-mj-Rꜥ (XII) ist die Anfertigung von Sandalen in allen Einzelheiten wiedergegeben. Hier sind zahlreiche Arbeiter an dem Herstellungsprozeß beteiligt: Einer reckt zugeschnittene Lederstücke, einer bohrt Löcher in die Sohlen und ein anderer in die Seitenlaschen, einer schneidet Riemen und ein anderer zieht sie durch die Sohlen. Das Zuschneiden von Sandalen wird als *wḏꜥ ṯb.t* (I; VI) „Sandale (zurecht)schneiden" oder *ḏbꜣ ṯb.t* (III) „Sandale herrichten (schmücken)" bezeichnet.

Bei Rḫ-mj-Rꜥ (XII) wird aus einem großen Stück Leder im spiralförmigen Rundschnitt ein langer Streifen geschnitten. Zwei Arbeiter drehen mehrere dieser Streifen zu einem Seil[28]. Ansonsten dient das Riemenschneiden in den Darstellungen des NR vorwiegend der Verwendung im Wagenbau: Kurze schmale Streifen (XI; XIII-XVI) und [Zeichen]-förmige Streifen (X; XI; XIV) werden angefertigt. Wahrscheinlich sind Streifen von diesem Zuschnitt ([Zeichen]) speziell für den Wagenbau bestimmt, weil sie eine besondere feste Bindung oder Umwicklung (z.B. beim Rad) ermöglichen (s. Kap. IX)[29].

Weitere Produkte, deren Anfertigung zwar nicht gezeigt wird, die aber im Zusammenhang mit dem Lederhandwerk dargestellt werden, sind: Fellmantel (V: *(p?)ḫꜣ.t n.t bꜣ*, s.o. bei e; ein entsprechendes Kleidungsstück bringen zwei Zwerge dem Grabbesitzer in IV), fertige Behälter und Etuis aus Leder (V) sowie Lederrollen als Schreibstoff (XII)[30].

1.1.3 *Bezeichnungen von Arbeitern des Lederhandwerks*

In einer Darstellung ist zweimal die allgemeine Bezeichnung *imj-rꜣ iz* (III) „Vorsteher der Werkstatt" für den Lederarbeiter belegt; der eine reckt Leder über einem Gestell, der andere schneidet Sandalen zu[31].

Ansonsten lautet die Bezeichnung *ṯbw* (II; XVII). Neben der Grundstufe *ṯbw* gibt es den *imj-rꜣ ṯbw.w*[32], *imj-rꜣ ṯbw.w n pr-Imn*[33], *ḥrj ṯbw(.w)*[34] und den *ṯbw nswt*[35]. Allerdings ist *ṯbw* (*ṯb.t* „die Sandale"; auch Nisbebildung *ṯb.tj* als Berufsbezeichnung vereinzelt belegt, in Meir V pl. 15 und Kairo 1497) nicht immer als „Sandalenmacher, Schuster" aufzufassen, sondern *ṯbw* wird im Laufe der Zeit zu einer allgemeinen, umfassenden Benennung für den Arbeiter des Lederhandwerks. Es muß jedoch berücksichtigt werden, daß in der Frühzeit die Berufsbezeichnung [Zeichen] diese Stellung eingenommen hat (s.u.) und erst später von dem offensichtlich jüngeren *ṯbw* fortgeführt wird, nachdem beide — [Zeichen] und *ṯbw* — eine Zeitlang zusammen mit einer weiteren Bezeichnung (*gs*) nebeneinander erscheinen, um bestimmte Aufgabenbereiche im Lederhandwerk zu kennzeichnen. *Ṯbw* ist am besten mit „Sattler" zu übersetzen, in dessen

[27] Im NR findet die Anfertigung von Sandalen inmitten der Herstellung von Wagen und Waffen statt (XIII; XIV; XVII).

[28] S. Beschreibung in Atlas I 311.

[29] Vgl. auch Simpson, Pap. Reisner II p. 37, wo die minderwertige (und ungegerbte?) Haut des unteren Beinabschnitts (*ins.t*) als Bindung (*isṯn* „umschnüren") für Werkzeuge benutzt wird.

[30] S. dazu die Bezeichnungen des Wtꜣ, S. 16.

[31] Zu *iz* „Werkstatt" s. Abschnitt 2.2.

[31] Kairo 20220; 20322.

[33] Urk. IV 1412; es ist der Vater des Hohenpriesters des Amun Imn-m-ḥꜣ.t, Grab 97; s. Abschnitt 2.3.5 (*pr Imn*).

[34] Berlin 9571, s. H. Schäfer, Inschriften Bd. II S. 62.

[35] Urk. I 22,9 (Wtꜣ, s.u.); Gardiner, AEO I p. 68*.

Tätigkeitsbereich auch noch das Gerben miteinzubeziehen ist[36]. Zwar können sich die einzelnen Verrichtungen auf verschiedene Personen verteilen (vgl. z.B. Rḫ-mj-Rꜥ, XII: 16 Arbeiter), aber „Gerber“, „Färber“, „Schaber“, „Recker“, „Riemenschneider“, „Schuster“ sind keine voneinander unabhängigen Arbeiter, von denen jeder für sich Ware herstellt, sondern Teilarbeiter. Die einzelnen Personen führen zwar getrennte Arbeitsgänge (Teiloperationen) aus, die aber alle zusammen zu einem Produktionsverfahren gehören; nämlich aus einer Tierhaut ein Lederprodukt anzufertigen[37].

Außer *ṯbw* gibt es zwei weitere Bezeichnungen, die eng mit dem Lederhandwerk verbunden sind, deren (Be-)Deutung und Lesung aber einige Fragen aufwerfen. Es handelt sich hierbei um die schon oben erwähnten Berufsbezeichnungen und . Junker hat sich ausführlich mit diesen Zeichen auseinandergesetzt und kommt zu dem Ergebnis, daß „Messer“ und „Ahle“ darstellen[38]. Junker's Ausführungen hierzu liegen dem Folgenden zugrunde.

a) ; Lesung *gs*. Das Wort mit der Lesung *gs* ist nur dreimal belegt:

1. Urk. I 22,9: (Wtꜣ): 
2. Tj (II): 
3. Kairo 1497: 

Bei 1 und 2 folgt dem *gs* ein bzw. . Junker deutet das Determinativ in beiden Fällen als Ledermesser, das wegen seiner gerundeten Klinge zum Schneiden von Leder besonders gut geeignet ist, und leitet daraus die Bedeutung des Schneidens ab[39]. Er übersetzt deswegen Beleg 1 mit „Vorsteher der Sandalenmacher des Königs“[40] und Beleg 2 mit „Sandalenschneider“[41]. Obwohl in allen drei Beispielen eine bzw. zwei Sandalen dem *gs* folgen, lassen sich Einwände gegen Junker's Übersetzung erheben.

Das Zeichen der Sandale nach *gs* ist nicht *ṯb.t* „Sandale“ zu lesen[42], sondern *ṯbw* „Lederarbeiter (Schuster)“; denn in allen Beischriften, welche eindeutig die Sandale meinen, ist stets das Endungs-*t* ausgeschrieben (I; III; VI). Die beiden Sandalen in Kairo 1497 (3) sind als Nisbebildung *ṯb.tj* „zur Sandale gehörig; Schuster“ aufzufassen (s.o.). Demnach wäre auch *gs* nicht verbal zu verstehen mit anschließendem Objekt (Sandale), sondern als eine substantivierte Bezeichnung für den Arbeiter bzw. dessen Tätigkeit, so daß *gs* neben *ṯbw* steht in Art einer Aufzählung. Auch wird in den Darstellungen die Tätigkeit des Zuschneidens von Sandalen als *wḏꜥ ṯb.t* bezeichnet (s. in Abschnitt 1.1.2.2) und nicht *gs*.

Die Bedeutung von *gs* ist nur über das Determinativ zu erschließen, das nach Junker ein Ledermesser darstellt, so daß *gs* „Leder(zu)schneider“ bedeuten könnte und die drei Belege oben zu übersetzen wären als:

1. „Vorsteher der Lederzuschneider, Königl. Schuster“
2. „Lederzuschneider, Schuster“
3. „Vorsteher der Lederzuschneider, Schuster und “.

Ṯbw kann zu dieser Zeit (AR) noch nicht die allgemeine Bezeichnung für Lederarbeiter sein (wie später im NR), weil in diesen Beispielen eine Berufsdifferenzierung innerhalb des Lederhandwerks zum Ausdruck kommt, die noch durch eine zusätzliche Angabe () erweitert wird.

[36] So wie es bei Cheti geschildert wird, s.o. Anm. 3 u. 4.
[37] Daran ändert sich auch nichts, wenn es differenzierte Bezeichnungen für die einzelnen Teilarbeiter gibt, s. u.
[38] Junker, Weta und das Lederkunsthandwerk im AR.
[39] A.a.O., S. 22.
[40] A.a.O., S. 20.
[41] A.a.O., S. 23.
[42] So auch von Montet, Scènes p. 316 aufgefaßt, der allerdings *gs ṯb.t* mit „Sohle gerben“ (p. 317) übersetzt.

b) : Lesung unbekannt. Dieses Zeichen wird von Junker als Ahle angesehen[43]. Die von ihm angeführten Belege sind :

1. Urk. I 22,7 (Wtꜣ) : 
2. Kairo 1497 : 
3. Heidelberg 34 : 
4. Hildesheim : 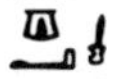
5. Kairo 20133 : 

Sie lassen sich durch weitere Beispiele aus der Frühzeit ergänzen :  [44] und  [45]. Ein bisher nicht beachteter Beleg findet sich im Grab des Ibj (XVIII) : 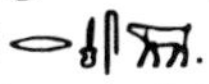.

Zur Lesung des Zeichens: Junker bezweifelt, daß  auf *-s* endet, wie es nach Kairo 20133 anzunehmen wäre („... aber das genügt nicht, um für diese Hieroglyphe eine Lesung mit Schluß-s zu fordern“)[46]. Allerdings läßt sich für diese Lesung ein weiterer Beleg aus dem Grab des Ibj (XVIII) anführen. Dieses Grab aus der Spätzeit hat bekanntlich einen großen Teil seiner Handwerkerdarstellungen aus dem Grab des Gaufürsten Ibj (aus Gebrawi, AR Nr. 24) kopiert; allerdings nicht die erste Zeile, die u.a. Lederarbeiter zeigt, die aber im Ibj-Grab aus dem AR nicht vorkommen. Es ist dennoch anzunehmen, daß diese Lederhandwerker ebenfalls nach einer älteren Vorlage kopiert worden sind[47]. Dafür spricht nicht nur das Zeichen  selbst, das nach dem MR nicht mehr belegt ist, sondern auch die mißverstandene Anordnung der Beischriften, die nach genaueren Vorlagen „sortiert“ werden müssen[48] :

Ibj (XVIII):	*wḏꜥ bs.t*	I; VI : *wḏꜥ ṯb.t*
	ṯḥs ṯbw	I; II : *ṯḥs ḫn.t*
	r(?)s ḫn.t	

Mag für Ibj auch manche Fehlerquelle anzuführen sein (fehlerhafter Vorlage, mißverstandene Lesung, vertauschte Wörter), so ist dennoch die Beischrift 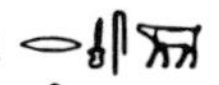 *r(?)s ḫn.t* vor dem Mann, der Leder über einem Gestell reckt, mit den Zeichen  ohne Zweifel zu erkennen und kann als Bestätigung dafür gelten, daß die Lesung von  auf *-s* enden muß. Eine vollständige gesicherte Lesung muß jedoch noch offen bleiben, wenngleich eine mögliche Verbindung zu *rḫs*  (Wb II 448,6f. „Tiere schlachten, zerlegen, Abschneiden des Schenkels“) denkbar wäre, doch wegen des Determinativs — ein Messer — abzulehnen ist.

Zur Bedeutung von  „Ahlenmann“ (Junker). In drei Belegen (1, 4, 5) ist  mit dem *imj-rꜣ*-Rang verbunden; möglicherweise auch in Kairo 1497 (2), wenn man die nach *imj-rꜣ gs(.w)* folgenden Bezeichnungen als eine Aufzählung ansieht, denen *imj-rꜣ* vorangestellt ist. Imtj ist „Leiter der -Arbeiter“, und  übersetzt Kaplony als „Großer Hof(?) der Lederarbeiter(?)“[49].

Bei Wtꜣ (Urk. I 22,7) folgt dem *imj-rꜣ*  ein , und  steht vor  beim Beleg Hildesheim (4). Zweimal wird also  in Verbindung mit *ḫr.t-ꜥ* „Behälter für Schreibzeug und Akten“ (Wb III 394,1) gebraucht. Wtꜣ ist demnach „Vorsteher der Hersteller („Ahlenmänner“)

[43] Junker, a.a.O., S. 11ff. Es ist richtig, daß dieses Zeichen nichts mit „Salben“ o.Ä. zu tun hat.

[44] P. Kaplony, IÄF (ÄgAbh 8), Abb. 251, Anm. 1797.

[45] Ebd., S. 367 (Sp 34); W. St. Smith, Art and Architecture pl. 13. Mit großer Wahrscheinlichkeit ist dieses Zeichen auch auf den Siegeln Abb. 249 und 260 bei Kaplony (a.a.O.) zu erkennen.

[46] Junker, a.a.O., S. 20.

[47] Vielleicht besteht wegen der Namensgleichheit ein Zusammenhang mit Kairo 1497, Teil einer Scheintür des Lederhandwerkers Ibj, 6. Dyn., Herkunft unbekannt. Zu Ibj's Berufsbezeichnungen s. S. 14f., 17.

[48] Davies' Übersetzung (Gebrawi I p. 38) bleibt unverständlich.

[49] S. Anm. 44 u. 45.

der königlichen Aktenbehälter“ und Ij-m-ḥtp (4) „Hersteller („Ahlenmann“) von Aktenbehältern“. Junker's Übersetzung von 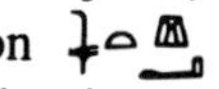 als „Gehilfe des Königs“ ist falsch[50], weil der „Gehilfe“ mit dem Personen-Determinativ geschrieben werden müßte. Wtȝ und Ij-m-ḥtp haben also mit der Herstellung von Aktenbehältern aus Leder zu tun[51].

Außerdem nennt sich Wtȝ (Urk. I 22,11) *imj-rȝ ʿr.tj.w* „Vorsteher der Buchrollen“, was sich auf die Anfertigung von Schreibmaterial aus Leder beziehen muß[52].

Die Bezeichnungen des Sattlers Wtȝ sind so differenziert wiedergegeben, daß sich aus ihnen ersehen läßt, welche Tätigkeiten und Produkte zu seinem Aufgabenbereich gehören; er ist:
„Ahlenmann“ 
Vorsteher der „Ahlenmänner“ der königl. Aktenbehälter 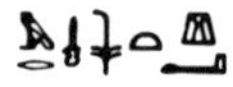
Vorsteher der Schriftrollen (aus Leder) 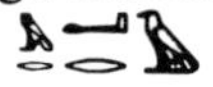
Vorsteher der Zuschneider 
Königl. Sandalenmacher 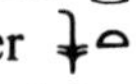

Diese Bezeichnungen leiten sich entweder von einem Werkzeug (Ahle, Messer) oder einem Endprodukt (Aktenbehälter, Schriftrollen, Sandalen)[53] ab. Es handelt sich dabei um eine Aufzählung der verschiedenen Tätigkeiten eines einzigen Berufes; denn der Umgang mit Messer oder Ahle sowie das Herstellen eines bestimmten Produktes kennzeichnen nicht mehrere Berufe, sondern eine Berufsdifferenzierung, die auf der im Lederhandwerk praktizierten Arbeitsteilung basiert (s. Zusammenstellung der Szenen bei 1.1.1)[54]. Es gibt zwei Möglichkeiten, um die Berufsbezeichnung für „Lederhandwerker“ wiederzugeben: entweder die Aufzählung mehrerer Teilarbeiten (Wtȝ, Kairo 1497) oder eine einzige Teilarbeit, die das gesamte Handwerk charakterisiert. Dies ist in der Frühzeit und im AR  (vgl. untenstehende Liste);  muß zu dieser Zeit die allgemeine Bezeichnung für „Sattler“ sein, dem zunächst *gs* und *ṯbw* beigeordnet werden.  tritt dann — ebenso *gs* — in den Hintergrund zugunsten von *ṯbw*, so daß *ṯbw*-„Sandalenmacher“ im NR zu der umfassenden Berufsbezeichnung für „Sattler“ wird.

[50] Junker, a.a.O., S. 16f. Ebenso muß es „Vorsteher der Aktenbehälter für königl. Akten“ (Junker, Giza VI, Abb. 82f., S. 209 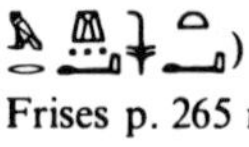) heißen und nicht „Vorsteher der Gehilfen der königlichen Urkunden“.

[51] G. Jéquier, Frises p. 265 n. 1: 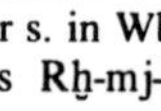

[52] Belege für Buchrollen aus Leder s. in Wb I 208,18.

[53] Vgl. Darstellung im Grab des Rḫ-mj-Rʿ (XII); dort sind ebenfalls diese drei Erzeugnisse bei den fertigen Produkten zu erkennen.

[54] Vgl. hierzu auch die verschiedenen Bezeichnungen von Holzhandwerkern, Abschnitt 1.8.4.

Bezeichnungen von Arbeitern des Lederhandwerks

		*gs*	*ṯbw*
1) Kaplony, IÄF Abb. 251			
2) Smith, Art and Architecture, pl. 13 (Jmtj)			
3) Urk. I 22,6 u. 8			
22,7	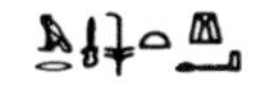		
22,9			
4) Tj pl. 174 (II)		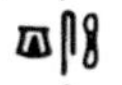	
5) Kairo 1497 (Jbj)			
6) Heidelberg, s. Junker, Weta Taf. Ia,4			
7) Hildesheim, s. Junker, Weta Taf. Ia,3			
8) Kairo 20133			
9) Gebrawi I pl. 25 (XVIII)	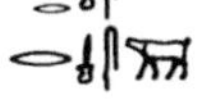		
10) Sall. 8,1			
11) Lansing 4,5			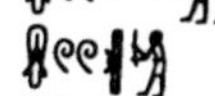
12) Atlas I 36 (XVII)			 [55]

[55] *ṯbw* ist auch zu lesen auf dem Stelenfragment aus Horbeit, s. T. Säve-Söderbergh, Einige ägypt. Denkmäler in Schweden, Uppsala 1945, S. 23f., Abb. 3.

1.2 Kapitel II : Metallhandwerk

1.2.1 *Zusammenstellung der Szenen* : Metall- und Schmuckarbeiter (s. auch Kap. III).

I. (AR Nr. 2) Nb-m-ꜣḫ.t ;
1. Register, Schmuck :
1 Aufseher
2 hält Halsschmuck in Händen
3-4, Zwerge, knüpfen Halsschmuck (zerstört)
5-6 (Zwerg), ebs.
4. Register, Metall :
1-6 schmelzen mit Blasrohren (1-3 zerstört)
7 trägt Schmelze
8 gießt Schmelze aus (?, zerstört)
9-12 schlagen Klinge mit eiförmigen Steinen
5. Register,
1-2 unklar (zerstört, Treibamboß?)
3 hält fertiges Blech, um daraus ein Gefäß zu bilden
4-5 wiegen Gefäß mit Handwaage

II. (AR Nr. 4) Ij-mrj ;
3. Register, Metall :
1-4 schlagen Blech, der 2. ist : 
5 treibt Gefäß über Amboß 
6 gießt Schmelze aus (zerstört)
7-10 schmelzen mit Blasrohren (zerstört)

11 Aufseher
12 wiegt mit Standwaage Metall (?, zerstört) 

III. (AR Nr. 6) Nfr; Schmuck :
1 (Zwerg)-2 knüpfen Halsschmuck
3-4 (Zwerge) ebs.

IV. (AR Nr. 8) Kꜣ-m-rmṯ ;
Schmuck neben Metall in einem Register :
1-2, Zwerge, knüpfen Halsschmuck 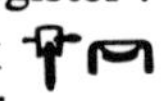
3 schlägt Blech mit eiförmigem Stein
4-5 schmelzen mit Blasrohren
6 Schreiber
7 hält Handwaage

V. (AR Nr. 9) Wp-m-nfr.t;

1. Register, Metall:

1-4 schmelzen mit Blasrohren 

5 gießt Schmelze aus 

6-7 schlagen Blech 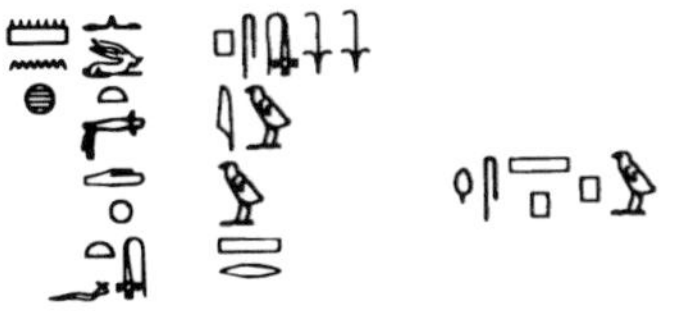

4. Register, Schmuck:

1-2, Zwerge, halten Schnur zur Aufnahme von Schmuckstücken 

3-4, Zwerge, reihen Schmuckstücke auf

5 Aufseher, sitzt neben einem Behälter

VI. (AR Nr. 10) Snḏm-ib Mḥj;

1. Register, Metall:

1 wiegt mit Standwaage 

2 treibt Gefäß über Amboß

3 prüft(?) Blasrohr

4-9 schmelzen mit Blasrohren 

10 Aufseher 

2. Register, Schmuck:

1-2, Zwerge, halten Halsschmuck

3-4, Zwerge, knüpfen Halsschmuck

VII. (AR Nr. 11) Tj;

Schmuck neben Metall in einem Register. Jedoch Schmuckarbeiter zerstört; nur durch die fertigen Produkte darüber zu erschließen.

1-4 schmelzen mit Blasrohren
5 gießt Schmelze aus 

6-7 schlagen Blech 

VIII. (AR Nr. 12) Srf-kꜣ;

Schmuck neben Metall in einem Register:

1-3 Zwerge bearbeiten Halsschmuck 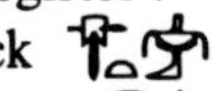

4 überreicht fertigen Halskragen an 5 

5 Aufseher

6 Aufseher

7-10 schmelzen mit Blasrohren 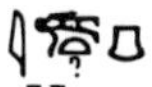

IX. (AR Nr. 13) Ḫnm-ḥtp u. Nj-ʿnḫ-Ḫnm;

2. Register, Metall:

1 Aufseher(?), hält Stab in der Hand

2-5 schmelzen mit Blasrohren 

6-7 schlagen Klinge

8 treibt Gefäß über Amboß
anschließend Vergoldung:
1 hält Gefäß, in das
2 mit dem Blasrohr hineinbläst
3 vergoldet Zepter
4 vergoldet Gürtelschließe
5 vergoldet Zepter
6 vergoldet Stab
7-8 vergolden Kopfschmuck
3. Register, Schmuck:
1-2 knüpfen Halsschmuck
3-4 halten fertigen Halskragen
5-6 befeuchten Halskragen

X. (AR Nr. 14) Fragment London;
1 (zerstört) mit Blasrohr
2-3 schlagen Blech

XI. (AR Nr. 17) Onnos;
1-4 schlagen Blech
5-6 schmelzen mit Blasrohren
7 poliert Gefäßrand
8 treibt Schale über Amboß
9 bearbeitet Waschgeschirr
10 poliert Ausguß vom Waschgeschirr
11 hält Blasrohr in kleinen Tiegel
12 schärft Dechselklinge
13 wiegt mit Standwaage
14 notiert

XII. (AR Nr. 18) ʿnḫ-m-ʿ-Ḥr;
1. Register, Metall:
1 hält Handwaage
2 notiert
3-6 schmelzen mit Blasrohren
7 stochert in der Glut (vgl. IX,1)
8-9 schlagen Blech
2. Register, Schmuck:
1-2, Zwerge, bearbeiten Menit
3-4, Zwerge, bearbeiten Halskragen
5-6, Zwerge, wie 1-2
7-8 bearbeiten Menit u. Halskragen
9-10 ebs.
11 notiert

XIII. (AR Nr. 19) Kꜣ-gm-nj; Fragment
- 1-2 schmelzen mit Blasrohren

XIV. (AR Nr. 20) Mrrw-kꜣ;
- 5. Register, Metall:
- 1 wiegt mit Handwaage
- 2 notiert
- 3-8 schmelzen mit Blasrohren
- 9 gießt Schmelze aus
- 10 fängt sie in flacher Schale auf
- 11-14 schlagen Blech
- 15 (zerstört) schärft Dechselklinge
- 6. Register, Schmuck:
- 1-2 halten Halskragen
- 3-4, Zwerge, halten Halsschmuck
- 5-6, Zwerge, halten Pektoral
- 7-(zerstört) halten Halskragen
- Rest zerstört

XV. (AR Nr. 21) Nj-ᶜnḫ-Ppj; Fragmente:
- 1 Zwerg, hält Blech (für ein Gefäß? Vgl. I, 5. Register, 3)

XVI. (AR Nr. 22) Intj;
- vorletztes Register, Metall:
- 1 treibt Gefäß über Amboß
- 2 wiegt mit Handwaage daneben: Meißel, Beilklingen
- letztes Register, Schmuck:
- 1 Zwerg, bringt Halskragen
- 2-3 Zwerge, bearbeiten Halsschmuck

XVII. (AR Nr. 24) Ibj;
- 2. Register, Schmuck:
- 1-2 Zwerge, halten Halsschmuck
- 3-4 Zwerge, ebs.
- 3. Register, Metall (u. Perlen aus Stein, s. Kap. III)
- 1 wiegt Metall mit Standwaage
- 2 Aufseher
- 3,4 bohren Perlen
- 5-6 polieren Perlen
- 7-8 schlagen Blech
- 9-10 schmelzen mit Blasrohren

XVIII. (AR Nr. 25) Ḏᶜw;
- 1. Register, Schmuck: Herstellung zerstört; fertige Halskragen erhalten
- 4. Register, Metall:
- 1-2 schmelzen mit Blasrohren
- 3-4 schlagen Blech

XIX. (AR Nr. 26) Izj;
- 1. Register, Metall:
- 1-4 schmelzen mit Blasrohren

5-6 schlagen Blech
7 Aufseher; Standwaage
8 notiert
2. Register, Schmuck:
1-2 befeuchten Halskragen (vgl. IX, 3. Register, 5-6)
3-4 knüpfen Halskragen

XX. (AR Nr. 27) Ppj-ᶜnḫ;
1. Register, Schmuck:
1 zwirnt Faden
2-3 knüpfen Halskragen
4 bringt fertigen Schmuck
2. Register, Metall:
1-3 schmelzen mit Blasrohren
4 gießt Schmelze aus
5 poliert Gefäß
6-7 schlagen Blech
8 bringt fertiges Gefäß

XXI. (MR Nr. 2) Ḫtjj;
Metall:
1-2 schmelzen mit Blasrohr
3 ebs.
4 hält Werkstück in die Glut
5 schlägt Blech
6 wiegt mit Standwaage
7 notiert

XXII. (MR Nr. 3) Bȝq.t;
a) Beni Hasan II pl. 4, Metall u. Vergoldung
1-2 wiegen mit Standwaage
3 hält Blasrohr
4 vergoldet Kopfschmuck
5 vergoldet Gürtelschließe
6 schlägt Blech(?)
7 vergoldet Zepter
8 vergoldet Stab
9 fertigt Goldfolie an
10-11 vergolden Schrein
12 Handlanger
13-14 fertigen Goldblech an(?)
15-16 ebs.(?)
17 Aufseher
b) Beni Hasan II pl. 7, Metall
1-2 an der Standwaage
3-4 schmelzen mit Blasrohren
Rest zerstört
Fragm.

XXIII. (MR Nr. 5) Imn-m-ḥȝ.t;
Metall:

1 Schreiber
2 Aufseher
3-4 wiegen mit Standwaage
5 Aufseher
6-7 schmelzen mit Blasrohr

XXIV. (MR Nr. 8) Snbj;
Reste von der Anfertigung eines Halskragens

XXV. (NR Nr. 4) Ipw-m-R^{c};
1 schlägt Blech (? zerstört)
2 schmilzt mit Blasrohr
3-4 treiben Gefäß über Amboß
5 treibt Gefäß über Amboß
6 bearbeitet Gefäß mit Meißel u. Schlagstein
7 tritt Blasebalg 
8 schmilzt mit Blasrohr, schürt Glut
9-10 gießen Schmelze in Gußform

XXVI. (NR Nr. 5) Mn-ẖpr-R^{c}-snb;
1 Schreiber
2 wiegt
3-5 „Vorsteher der Handwerker" 
6-7 bringen Schmelztiegel, um Türflügel zu gießen
8-11 treten Blasebalg
9,10 schmelzen mit Blasrohr
12 schlägt Blech (vgl. XXV, 1)
13 zerstört

XXVII. (NR Nr. 7) Rẖ-mj-R^{c};
1 Schreiber
2 wiegt Metall
3-5 Aufseher 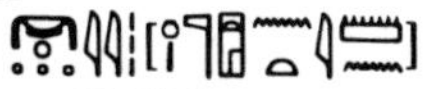
6 bringt fertiges Gefäß
7 schlägt Blech
8 bearbeitet Gefäß mit Meißel u. Schlagstein (vgl. XXV, 6)
9-10 treiben Gefäß über Amboß
11 treibt Gefäß über Amboß
12 poliert Ständer
13 arbeitet mit Blasrohr und Zange (Löten?)
14 Aufseher
15-16 tragen je einen Korb mit kleinen Barren
17 trägt einen großen Barren
18 schüttet Holzkohle aus einem Sack
19-20 gießen Schmelze in Gußform (Türflügel); Urk. IV 1150
21-23 halten Zange und Blasrohr
24-25 heben Tiegel aus dem Feuer
26, 28 treten Blasebalg
27 schürt Feuer
29-30 heben Tiegel aus der Glut
31-32 treten Blasebalg

XXVIII. (NR Nr. 8) Mnṯw-ijwj;
1-2 wiegen Metall
3-4 Schreiber
5-6 schlagen Blech 

XXIX. (NR Nr. 10) Mrj;
1 Schreiber
2 wiegt Metall
3-5 Aufseher (zerstört)
6 schlägt Blech
7-8 treiben Gefäß über Amboß
Rest des Registers zerstört
nächstes Register:
1 treibt Gefäß über Amboß
2 bearbeitet Gefäß mit Meißel u. Schlagstein
3 hält Pinsel und Palette; bemalt Gefäß

XXX. (NR Nr. 11) Ḥpw;
1. Register:
1-2 treiben Gefäß über Amboß
3 (zerstört) treibt Gefäß
4 bearbeitet „Weihgeschenk" (König hält Libationsgefäß) mit Meißel u. Schlagstein
5 poliert Deckel zu dem vorigen Gefäß(?)
2. Register: sehr zerstört
1 bearbeitet mit Meißel u. Schlagstein Gefieder eines Geiervogels
zerstört, 3. Register:
1-2 halten Blasrohr und Zange
3 hält Blasrohr u. Zange
4 tritt Blasebalg

XXXI. (NR Nr. 12) Imn-ḥtp-zꜣ-z;
1 Schreiber
2 wiegt Metall
3-5 „Vorsteher der Handwerker" 
1. Register:
1 bearbeitet Gefäß mit Meißel u. Schlagstein
2 bearbeitet Sphinx ebenso
3 bearbeitet Gefäß mit Griffel(?)
2. Register:
1 hält Zange und Blasrohr
2-3 treiben Gefäß über Amboß
4 poliert Gefäß
5 treibt Gefäß über Amboß

XXXII. (NR Nr. 15) Nb-Imn und Ipwkj;
1. Register:
1 legt Schmuckstück in Kasten
2 unklar
3 mit Palette u. Pinsel, beschriftet Gefäß 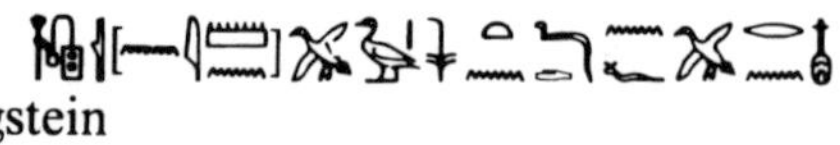
4 bearbeitet Sphinx mit Meißel u. Schlagstein

5 poliert Gefäß
6 treibt Gefäß über Amboß
7 hält Zange und Blasrohr (lötet?)
2. Register:
1 poliert Gefäß(?)
2 mit Pinsel u. Palette, beschriftet Gefäß
3 poliert Gefäß(?)
4 hält Blasrohr und Zange mit Werkstück
5 (unklar) bringt Metall(?)
6 unklar
7, 8, 10, 11 treten Blasebalg
9 hält Blasrohr und Zange

XXXIII. (NR Nr. 16) Ḥwjꜣ;
fragmentarisch:
1 hält Blasrohr
2 bearbeitet Gefäß mit Meißel u. Schlagstein
3 hält Gefäß
4-5 bearbeiten Halskragen

XXXIV. (NR Nr. 18) Nfr-rnp.t;
sehr zerstört:
1 hält Blasrohr
? Blech schlagen
? Blasebalg treten

XXXV. (NR Nr. 21) Kꜣ-irj;
1-2 halten Zange und Blasrohr
3 schlägt Blech
4 prüft Pfeil (s. Kap. IX)
5 hält Pfeil in Flamme (s. Abschnitt 1.9.4)
6 trägt Metall(?) und Zange

XXXVI. (NR Nr. 22) Jpwjꜣ;
1 bearbeitet Gefäß
2 unklar
3 bearbeitet Statuette

XXXVII. (NR Nr. 23) Fragment Berlin;
1 schlägt Blech(?)
2-3 beschriften(?) Gefäße

XXXVIII. (NR Nr. 26) Relief Florenz;
1 tritt Blasebalg
2 schürt Glut
3 schlägt Blech
4-5 treiben Gefäß(?)
6 treibt Gefäß über Amboß
nächstes Register (Werkstoff ebenfalls Metall?):
1 bearbeitet *Ḏd*-Zeichen
2 graviert Libationsgefäß 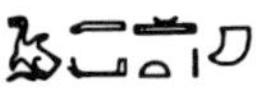

Abb. 5

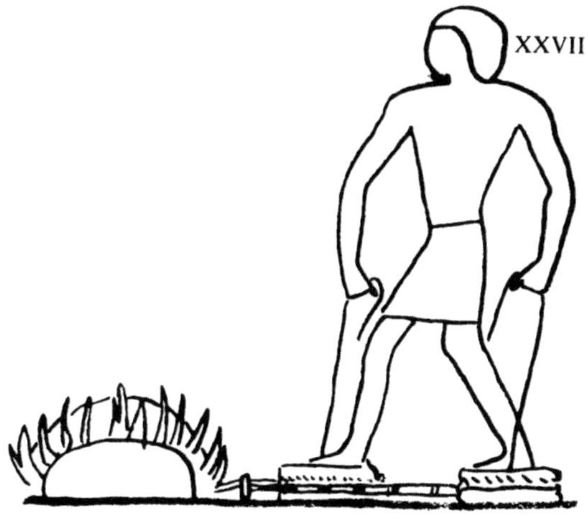

Abb. 6

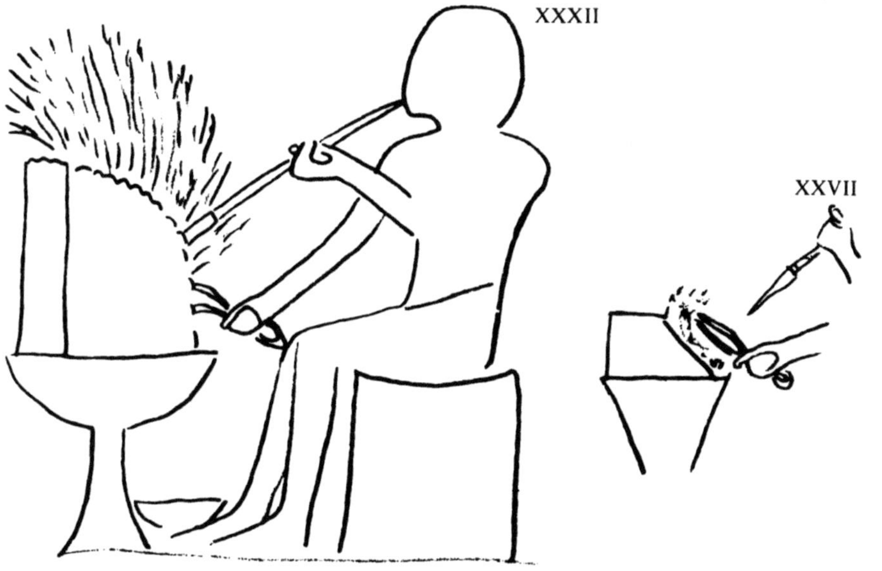

Abb. 7

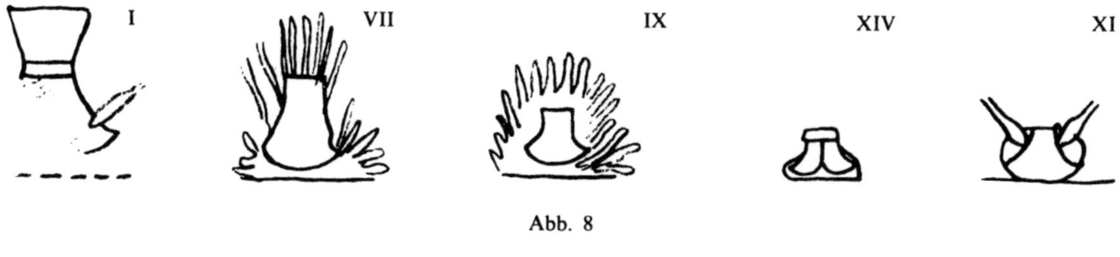

Abb. 8

XIX IV XX XV

Abb. 9

XXVII

XXIII

Abb. 10

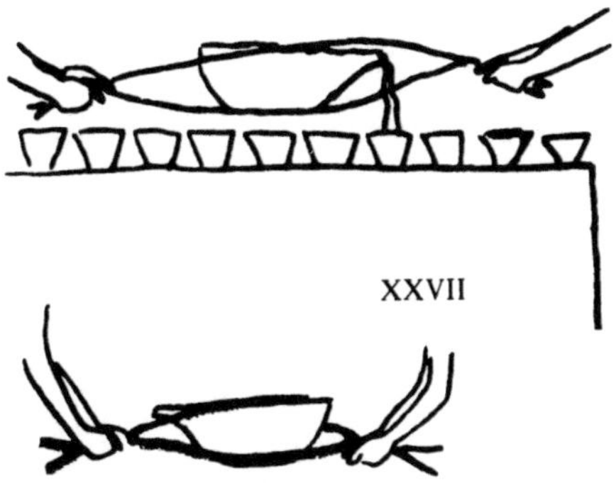

XXVII

Abb. 11

V VII XIV XX

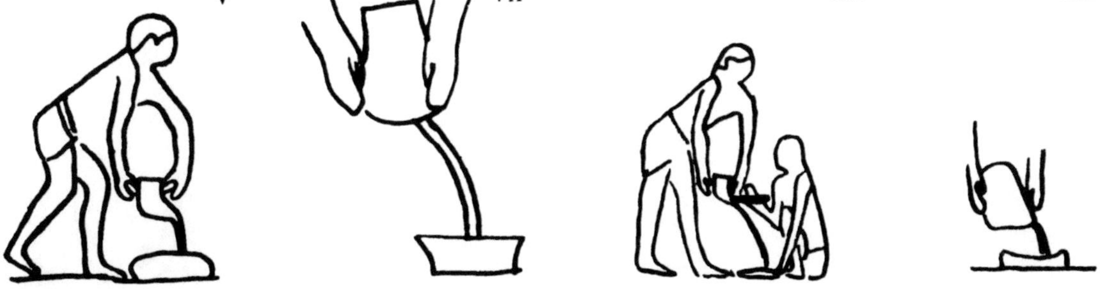

Abb. 12

V

Abb. 13

I

Abb. 14

Abb. 15

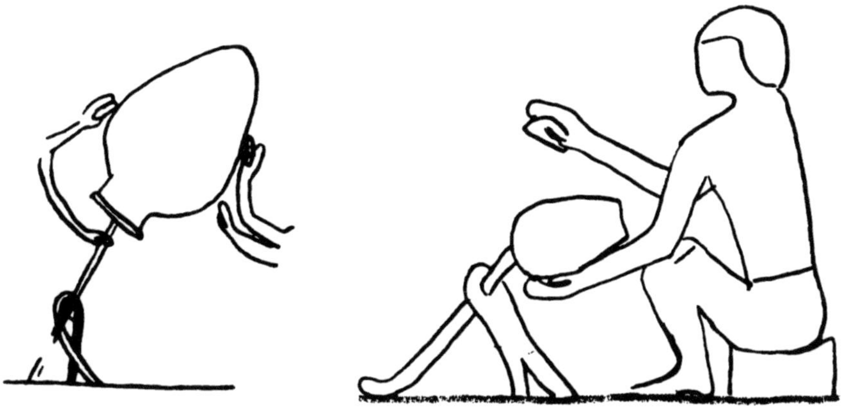

Abb. 16

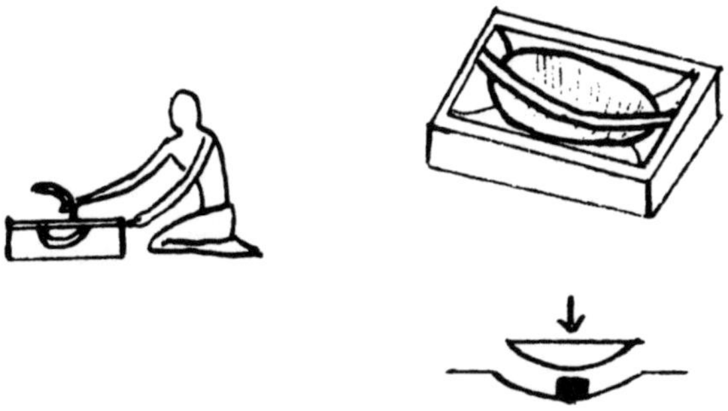

Abb. 17

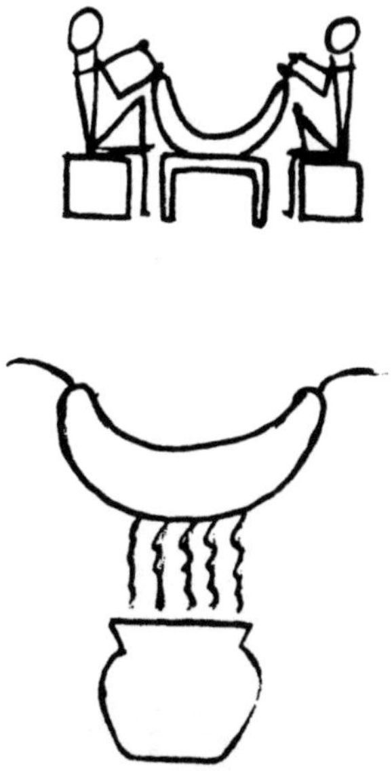

Abb. 18

1.2.2 *Metallbearbeitung*

In der Zusammenstellung sind zwar Metallarbeiter und Schmuckhersteller gemeinsam aufgeführt, sie sollen aber getrennt besprochen werden. Ein Grund dafür liegt in den Darstellungen selbst: Nur in wenigen Fällen sind beide Handwerkergruppen einander benachbart (IV; VI-VIII), meistens jedoch — manchmal über mehrere Register hinweg — voneinander entfernt (I; V; IX; XII; XIV; XVI-XX).

Die Metallbearbeitung[1] ist nicht nur von der Darstellung her recht häufig, sondern auch in ihren einzelnen Phasen sehr ausführlich und nimmt einen breiten Raum innerhalb der verschiedenen Handwerkszweige ein. Bei dem Rohstoff Metall ist ebenfalls zwischen Aufbereitung des Materials (Materialausgabe/Wiegen, Schmelzen, Schmelze ausgießen) und Verarbeitung (Schmieden und Treiben von Geräten und Gefäßen, Verkleidung von Holzgegenständen) zu unterscheiden[2].

Der Ablauf der Metallverarbeitung stellt sich nach den Handwerkerszenen so dar:

a) Es beginnt mit der Materialzuteilung, indem das Metall vor der Verarbeitung gewogen wird (II; IV; VI; XII; XIV; XXII; XXIII; XXVI-XXVIII; XXX). Meistens sind zwei Personen damit beschäftigt: Während der eine die Waage bedient, führt der andere Aufsicht bzw. notiert das Ergebnis. Sie werden bezeichnet als  (VI) „Waagemeister (Vorsteher des Wiegens)“, *imj-rꜣ bḏ.tj.w* (XII, 1: )[3] „Vorsteher der Metallarbeiter“, *imj-rꜣ pr Iẖj* „der Hausvorsteher Iẖj“ (XIV, 1) und der *zš imj-rꜣ pr-n-ḏ.t* (XIX) „Schreiber und Vorsteher des *pr-n-ḏ.t*“[4]. In den Darstellungen des NR stehen außerdem drei Aufseher daneben, die das abgewogene Metall entgegennehmen werden, um es für weitere Aufgaben der Verarbeitung auszuteilen (XXVI: „Vorsteher der Handwerker(schaft) des Tempels“; XXVII: „Ausstattung der Goldarbeiter des Amuntempels...“; XXIX; XXXI: „Vorsteher der Handwerker(schaft) des Tempels beim Empfangen von Silber und Gold“).

Der Vorgang des Wiegens heißt: 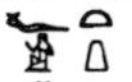 (II) „Metall wiegen“;  (XIV) „Notieren hinsichtlich des Wiegens von Metall“; 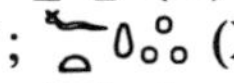 (XVII) „Metall wiegen“[5].

Aus dem Folgenden geht hervor, daß das Wiegen vor der Verarbeitung stattfindet: Die Szene steht am Anfang, darauf folgt das Schmelzen; das zu wiegende Metall hat die Form von Barren im AR und MR oder von Ringen im NR[6]. In einigen Darstellungen jedoch ist das Wiegen als Abschluß der Metallverarbeitung zu verstehen (I; XVI; XIX). Hier wird das Endprodukt — das fertige Gefäß — gewogen und kontrolliert, ob von der anfangs ausgegebenen Menge nichts verlorengegangen ist. Es ist aber immer nur ein Abwiegen dargestellt; entweder wird der Rohstoff oder das fertige Produkt abgewogen[7].

[1] *Lit.*: L. Klebs, Reliefs AR, 84f.; MR, 108ff.; NR, 107ff. – Montet, Scènes, 275-288. – E. Vernier, La Bijouterie et la Joaillerie Égyptiennes (MIFAO 2, 1907). – G. Möller, Die Metallkunst der alten Ägypter, Berlin 1924. – A. Lucas, Ancient Egyptian Materials[4], 195ff. – R.J. Forbes, Studies in Ancient Technology, Vol. VIII[2], 1971; Vol. IX[2], 1972. – H. Hodges, Technology in the Ancient World, 1971, 62ff., 120ff. – History of Technology, Vol. I (impression 1967), 572-662.

[2] Vgl. entsprechende Aufteilung beim Lederhandwerk, Kap. I.

[3] Zur Lesung von s. Abschnitt 1.2.4.1.

[4] Zu *pr-(n-)ḏt* („Haushalt, Privatbesitz“) s. Abschnitt 2.2.1. Das Wiegen gehört in dieser Szene an den Schluß der Metallverarbeitung, s. Abschnitt 1.2.2b.

[5] Zur Bedeutung „Metall“ für s. Abschnitt 1.2.3.

[6] Ist also in dem Zustand, wie es auch in den Tributbringerszenen angeliefert wird (z.B. in Theben, Grab 39, 40, 100).

[7] Ob sich das Wiegen in VI; XVII und XXI auf den Anfang oder den Abschluß der Metallverarbeitung bezieht, läßt sich nicht feststellen.

b) Nach dem Wiegen folgt als erster Arbeitsgang das Schmelzen des Metalls, das in keiner Darstellung fehlt und das für das Metallhandwerk so charakteristisch ist wie das Lederrecken beim Lederhandwerk (s. 1.1.2d).

Zum Schmelzen gehören Tiegel mit Metall, Brennstoff und Blasrohre bzw. Blasebälge, durch deren Luftzufuhr die Temperatur gesteigert wird. Im AR und MR benutzt man ausschließlich Blasrohre, die aus Schilfrohr [8] und einer Düse aus Lehm (Ton) bestehen [9]. Mehrere Arbeiter gruppieren sich in hockender Stellung um die Schmelztiegel herum; jeder hält ein Blasrohr in den Händen, durch das er seinen Atem bläst, um das Feuer unter den Tiegeln mit der entsprechenden Luftzufuhr zu versorgen (I; II; IV-XV; XVII-XXIII, s. Abb. 5). Seit dem NR erscheint als technologische Neuerung der Blasebalg [10]. Dieser besteht aus einem Tongefäß mit Lederbespannung („Schalengebläse") und dem seitlich angefügten Blasrohr. Der Arbeiter steht mit jedem Fuß auf einem Blasebalg; während er den einen Blasebalg mittels einer Schnur hochzieht, tritt er den anderen nieder, wobei die herausgepreßte Luft durch das Blasrohr entweicht (XXV-XXVII; XXX; XXXII; XXXIV; XXXVIII, s. Abb. 6).

Dieses Verfahren bringt mehrere Vorzüge mit sich: Es ist nicht nur körperlich weniger anstrengend als das Blasen mittels der Lungen, sondern auch gleichmäßiger, kräftiger und besser geeignet für eine größere Schmelzmasse wie auch für Metalle mit einem höheren Schmelzpunkt; außerdem ist der Arbeiter nicht mehr so unmittelbar der Hitze ausgesetzt.

Neben dem Blasebalg wird im NR weiterhin das Blasrohr für bestimmte technische Vorhaben benutzt (XXV-XXVII; XXIX-XXXV). Manchmal sieht man einen Arbeiter mit dem Blasrohr in der einen Hand und der Zange, die das Werkstück hält, in der anderen Hand vor einer Feuerstelle auf einem niedrigen Werktisch sitzen (XXVII; XXXI-XXXII, s. Abb. 7). Der Gegenstand ist allerdings nicht erkennbar, weil um ihn herum die Funken sprühen. Aus diesem Grund, aber auch um den Erhitzungsgrad zu konzentrieren, ist die Feuerstelle an drei Seiten mit einer Schutzwand versehen. Es wäre ebenfalls denkbar, daß hier gelötet wird — der Lötkolben (umklammert von der Zange) wird in die Stichflamme gehalten — oder irgendein anderer spezieller Arbeitsvorgang ausgeführt wird, der einer kurzen, aber gezielten Erhitzung bedarf.

Im NR werden also beide Verfahren der Luftzufuhr entsprechend ihrer Vorzüge nebeneinander angewendet: Man arbeitet mit dem Blasebalg bei größeren Metallmengen und bei der Verbindung von verschiedenen Metallarten (Legierung, z.B. Bronze); das Blasrohr wird für kleinere Schmelzmengen benutzt oder für eine spezielle Verrichtung z.B. Löten, weil man mit ihm die Luftzufuhr besser dosieren und regulieren kann.

Das Schmelzen geschieht immer in Tiegeln über offenem Feuer und nicht in geschlossenen Öfen [11]. In einigen Darstellungen sieht man die Flammen am Tiegelboden und über dem Tiegel (z.B. VII; IX, s. Abb. 8). In einem Fall (V) ist das Brennmaterial in Form von runden Klumpen unter und über dem Tiegel geschichtet. Der Brennstoff hat hier noch nicht gezündet und wird — wie vermutlich auch in allen anderen Beispielen — Holzkohle sein [12]. Der Tiegel, in dem immer nur eine geringe Metallmenge geschmolzen werden kann, hat in den drei Zeitabschnitten

[8] Z.B. zu erkennen in XXVII; s. Vernier, Bijouterie, p. 54, fig. 3. Dagegen erwähnt Forbes in: History of Technology Vol. I, p. 578 auch Blasrohre aus Metall (mit Tondüse).

[9] S. Fundbeleg aus Kantir, ASAE 30, 1930, 62ff.

[10] Zum Blasebalg s. Forbes, Studies VIII², 115ff.; History of Technology I, 578f.

[11] Vgl. hierzu Junker, MDIK 14, 1956, 97f. Er deutet die Tiegel als Öfen, in welche Tiegel hineingestellt werden. Dies ist unrichtig, s.u. Abschnitt 1.2.4.1 (Tonware wird in geschlossenen Öfen gebrannt, s. Abschnitt 1.6.3f.).

[12] Bei Rḫ-mj-Rᶜ (XXVII) schüttet ein Arbeiter Holzkohle aus einem Sack.

(AR, MR, NR) verschiedene Formen: Im AR hat der runde Tiegel ein seitliches Ausgußloch am Boden (: IV; XV; XIX; XX, s. Abb. 9)[13]. Meistens stehen zwei oder mehrere Tiegel zusammen, wobei sie mit ihrer glatten Seite aneinanderlehnen (: VIII; IX; XI; XIV, s. Abb. 8)[14]. Nach dem AR ist diese Tiegelform in den Darstellungen nicht mehr nachweisbar. Stattdessen sieht man in den Szenen aus der 11./12. Dynastie eine Muldenform, in deren eingetiefter Mitte das Metall liegt (XXIII, s. Abb. 10) oder in die sich eine Schale mit gerundetem Boden einfügt. In diesem Fall ist die Mulde als Feuerstelle aufzufassen und die Schale als Tiegel (XXIIa, 3). Die Muldenform ist auch im NR in Benutzung (XXV; XXX), aber es überwiegt jetzt die flache weite Schale mit einem Ausguß am oberen Rand (ab XXV, s. Abb. 11).

Der im AR und MR dargestellte Schmelzprozeß diente lediglich dazu, reines Metall in Stückform zu einer größeren Werkmasse zusammenzuschmelzen — dabei kann es sich auch um zwei verschiedene Metalle (z.B. Gold und Silber) handeln —, die dann nach ihrer Erkaltung verarbeitet werden kann (s.u. bei d). Erst aus den Darstellungen des NR (zuerst in XXV) ist zu entnehmen, daß man das flüssige Metall im Gußverfahren verwendet. In jedem Fall wird aber reines Material geschmolzen; denn das Rohmetall wurde bereits im Abbaugebiet von Schlacken befreit und von dort in gereinigtem Zustand als Barren o.ä. transportiert. Der Vermutung, daß das Metall in unreinem Zustand angeliefert und erst durch das dargestellte Schmelzen gereinigt wird[15], widerspricht das Abwiegen (s.o. bei a); denn es wäre wenig sinnvoll, Metallstücke zu wiegen, die Rückstände hinterlassen.

Der Schmelzvorgang wird von einer Reihe von Beischriften begleitet, die sich zum Teil auf den Vorgang selbst beziehen, zum Teil ermunternde Zurufe an die Arbeiter sind. Zu der ersten Gruppe gehören:

„Metall schmelzen“ : II / V / VI / VIII / XVII
„D͟ʿm schmelzen“ : XXIIa
„Gold erhitzen“ : IX
„Silber erhitzen“ : XI

Zu der zweiten Gruppe gehört ein Zuruf, der in enger Verbindung steht mit dem obigen „Metallschmelzen“; er lautet *(w)dj r* (bzw. *m*) *ṯb.t =f* „gib an seine Sohle“ :

II: / V: / VI: / XII: / XIX:

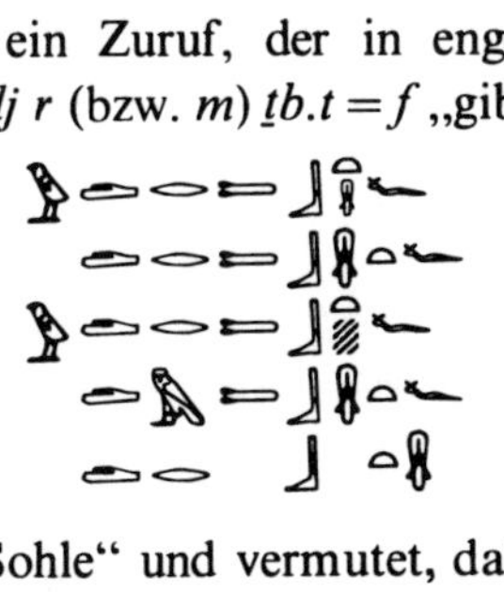

Erman übersetzt „stoße an seine Sohle“ und vermutet, daß mit *ṯb.t* „das Loch des Ofens gemeint ist, das während des Schmelzens mit Lehm verschmiert ist und nun eingestoßen wird, damit

[13] Vgl. hierzu die gefundenen Schmelztiegel, MDIK 18, 1962, Taf. 3-5.

[14] Bei Onnos (XI) keine Trennungslinie zu sehen, sondern . Diese Wiedergabe läßt an einen Zusammenhang mit dem Zeichen für „Metallarbeiter“ denken, (s. Abschnitt 1.2.4.1).

[15] So Montet, Scènes, 277f.

das Metall ausfließen kann“[16]. Dies paßt aber nicht zu einem Vorgang, in dem nur geschmolzen wird, sondern *ṯb.t* bezeichnet die „Sohle“ (d.i. Standfläche) des Tiegels[17]. Die Aufforderung „gib an seine Sohle“ ist an die Bläser gerichtet, damit sie die Luftzufuhr gezielt an den Tiegelboden (d.i. die Sohle) blasen[18].

In diesen Zusammenhang könnten auch die Beischriften (IX) und (XIV) gehören, wobei *mnḏ.t* („Wange“) eine Bezeichnung für das dem Arbeiter zugewandte Ausgußloch bzw. Tiegelwand wäre. Die Ausrufe „Fern ist das Ausgußloch dort; faßt zu!“ (IX) und „Berühre dieses Ausgußloch!“ (XIV) sollen bewirken, daß die wegen der großen Hitze zurückgewichenen Arbeiter wieder näher rücken und das Ausgußloch bzw. Tiegelboden mit ihren Blasrohren berühren sollen[19].

Bei einer anderen Beischrift ist nicht genau festzustellen, ob ein Zuruf oder die Beschreibung einer Handlung gemeint ist. In drei (vier) Belegen kommt *pḫr* bzw. *pḫr m bḏ* vor:

II.
VI:
VII:
XXIIb:

Möglicherweise ist *pḫr* als „umwenden“ d.h. „umrühren im Schmelztiegel“ (*pḫr m bḏ*) zu verstehen, damit der Verschmelzungsprozeß beschleunigt wird: Die im Tiegel oben liegenden Stücke sollen mit den unteren schon flüssigen verrührt werden[20].

Eine weitere Beischrift zum Schmelzvorgang lautet: *ds mꜣ pw* (II; VI; XII; XIV; XIX) „es ist ein neuer Topf“ und könnte eine Anspielung auf das Endprodukt sein, welches in den Darstellungen vorwiegend aus Gefäßen besteht[21].

c) Nachdem die Metallstücke im Tiegel zu einer Masse verschmolzen sind, schließt sich als nächster Arbeitsgang das Ausgießen der Schmelze an. Im NR heben zwei Arbeiter die flache Schale mit der Schmelze aus dem Feuer, indem sie diese mit zwei biegsamen Stöcken umklammern. Das flüssige Metall wird eilig zur Gußform getragen und dort in die Trichter eingegossen (s. Abb. 11; XXV: rechteckige Gußform (Kasten?); XXVI: Türflügel; XXVII: *wdḥ ꜥꜣ.w(j)* „Türflügel gießen“)[22].

Im AR ergreift ein Arbeiter den noch heißen Tiegel, indem er ihn zwischen zwei Steinen hält, und gießt das flüssige Metall in eine flache Schale (s. Abb. 12; II; V: ; VII; XIV; XX). In den Darstellungen ist keine Gußform (etwa für eine Klinge) zu erkennen, sondern lediglich die Auffangschale, in der das Metall zu einer dünnen Platte von regel-

[16] Erman, Reden, Rufen..., 40f.

[17] Vgl. hierzu auch Simpson, Pap. Reisner I p. 79: (G17-18 und H33-34) „Grundmauern, Fundament“? (footings?), so daß *ṯb.t* bzw. *ṯbw.t* „Standfläche“ des Tiegels oder „Fundament“ eines Baues bedeuten kann.

[18] So auch von James Weinstein aufgefaßt (JARCE 11, 1974, 24f.).

[19] Hinweis auf die Hitze: *šmšm ṯꜣw* „heiß ist die Luft“ (IV; IX; AR Nr. 16, s. Montet, Scènes, 280).

[20] Oder verschiedene Metalle (Gold und Silber) durch Rühren zu einer homogenen Masse werden zu lassen. Vgl. Darstellung IX und XII; dort hält ein Arbeiter (Aufseher?) einen Stab in der Hand. Zu *m pḫr* s. auch Wb I 547,10 „von der Flamme, die etwas umzüngelt“ und Wb I 549,13 „als Beiname für Sokar“; jedoch sind beide Belege später.

[21] Vgl. Rḫ-mj-Rꜥ (XXVII; Urk. IV 1150): „Herstellung von allerlei Gefäßen... und Krügen aus Gold und Silber“. Eigentlich erwartet man an dieser Stelle (beim Schmelzen) keinen Hinweis auf das Endprodukt.

[22] Gußtechnik ist in den Darstellungen nur für diesen Zweck belegt; Gefäße werden auch weiterhin in Treibtechnik hergestellt; s.u. bei e.

mäßiger Stärke erstarrt. Der Vorgang des (Aus)Gießens wird *wdḥ* (*wḏḥ*) bezeichnet, wobei es einmal „Metall (aus)gießen" (V), das andere Mal „Türflügel gießen" (XXVII) heißt.

d) Danach wird das inzwischen erkaltete und erstarrte Metall verarbeitet. Die Metallplatte wird auf einen niedrigen Untersatz, den Amboß, gelegt, und mehrere Arbeiter schlagen mit eiförmigen Steinen darauf ein bis das Blech — entsprechend seinem Verwendungszweck — die gewünschte Stärke erreicht hat (s. Abb. 13; II; IV; V; VII; X-XII; XIV; XVII; XX; XXI; XXV(?)-XXIX; XXXIV; XXXV; XXXVII; XXXVIII). Die Tätigkeit des „Schlagens" wird *sqr* (AR Nr. 16, Špss-Ptḥ)[23] oder mit Angabe des Metalls *sqr ḏꜥm* (XI; XIV; XVII) und *sqr nbw* (XII) bezeichnet und ist manchmal mit dem Hinweis verbunden „mach es zu Blech" (XVII: *ir m spr*; AR Nr. 16: *ir m pꜣq.t*)[24]. Bei Tj (VII) lautet die Beischrift *dj spr pw r fs iw=f twꜣ* „bring (gib) dieses Blech zum Kochen; es ist *twꜣ*[25]. „Koch es" (*ps nn*) heißt es auch bei V. Diese Bemerkungen könnten auf die durch das intensive Hämmern erzeugte Wärme hinweisen, wodurch das Blech noch biegsamer und somit leichter formbar wird. Zwei weitere Bemerkungen stammen ebenfalls aus V: *iw wšr* „es ist trocken (hart, fest)" — ein Hinweis auf die abgekühlte Schmelzmasse — und 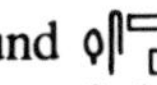 „das Metall ist glänzend".

e) In I; IX und XIX ist zu erkennen, daß auf dem Amboß eine Klinge zurechtgeschlagen wird; ansonsten sind Gefäße in Arbeit, wobei im AR zwei verschiedene Herstellungsweisen — doch stets mit Metall im kalten Zustand — praktiziert werden[26]: Hatte das Blech die gewünschte Stärke erreicht, so wurde aus ihm der Umriß einer Gefäßform „herausgeschnitten". Zwei Darstellungen (I; XV; s. Abb. 14) zeigen die Umrißlinien eines auseinandergeklappten Gefäßes, dessen Randlinien noch aneinandergefügt werden müssen. Die Nahtstellen werden dann zusammengenagelt und können durch Reiben mit dem Polierstein unsichtbar gemacht werden; die durch das Reiben erzeugte Wärme läßt Naht und Nägel miteinander verschmelzen.

Die andere Herstellungsweise ist die Treibtechnik (II; VI; IX; XI; XVI): Das Gefäß ist in seiner Fertigstellung bereits fortgeschritten und hängt entweder seitlich über dem Treibamboß (XI) oder ist mit der Öffnung nach unten über den Amboß „gestülpt", so daß der Gefäßboden bearbeitet wird (s. Abb. 15). Der Handwerker hält und regiert mit der einen Hand das Gefäß, mit der anderen Hand „treibt" er mittels eines eiförmigen Schlagsteines. Die Beischrift für diese Tätigkeit lautet *srḏ m ẖr* (IX) „die Unterseite (des Gefäßes) schlagen"[27]; *srḏ* ist auch in der sehr zerstörten Darstellung von Metallarbeiten in Beni Hasan (XXIIb) belegt und könnte sich auf einen entsprechenden Vorgang beziehen[28].

Im NR wird auch weiterhin die Treibtechnik für kleine und große — manchmal mannshohe — Gefäße angewendet (XXV; XXVII; XXIX-XXXII). Allerdings zeigt der Treibamboß jetzt eine technologische Verbesserung: Die Gefäße „hängen" auf einem sich dem Arbeiter entgegen neigenden Gestell (dem Amboß), das eine eigenartige Bodenverankerung in Form einer Schlaufe hat (s. Abb. 16).

Diese Vorrichtung ermöglicht ein bequemes Arbeiten — besonders für die großen Gefäße, die durch Drehen in eine für den Arbeiter günstige Lage gebracht werden können. Die Handwerker benutzen auch weiterhin den schon aus dem AR bekannten eiförmigen Stein

[23] Montet, Scènes, 284f.
[24] Ebd.; ob bei Ḫnm-ḥtp (IX) eine andere Schreibung für *spr* „Blech" ist?
[25] Bedeutung von *twꜣ* unbekannt. Montet, a.a.O., 284, übersetzt „härten (durch Kalthämmern)".
[26] Vgl. auch H. Balcz in: MDIK 3, 1932, 86f.
[27] Zu *ẖr* als Unterteil von einem Gefäß s. Abusir Papyri pl. 23.
[28] *Srḏ* auch bei der Statuenherstellung (s. 1.4.3.1c) und im Holzhandwerk (s. 1.8.2.7) belegt.

zum Hämmern wie auch zum Polieren. Es ist jedoch nicht immer eindeutig aus der Darstellung zu entnehmen, ob poliert oder gehämmert wird[29].

In den Darstellungen des NR wird gezeigt, wie anschließend die Oberfläche des fertigen Gefäßes dekoriert wird: Muster oder Hieroglyphen werden mit einem Meißel oder Stichel und einem Schlagstein hineingearbeitet (XXV; XXVII; XXIX-XXXIII; XXXVI; XXXVIII). Der Handwerker, der diese Tätigkeit ausführt, hat die Bezeichnung *ṯꜣj mḏꜣ.t* (XXXVIII) „Graveur (einer, der mit dem Meißel graviert)“[30]. Ein anderer Arbeiter, der *zš qdw.t* (XXXII) „Maler, Umrißzeichner[31], bemalt die Inschriften oder füllt die Muster mit farbigem Material (XXIX; XXXI; XXXII; XXXVII); sein Werkzeug besteht aus Palette und Pinsel.

f) Produkte aus Metall: Die Gefäßformen im AR sind vorwiegend Krüge, Schalen, Waschgeschirre, Gefäßuntersätze. Im NR kommt das Nacharbeiten ausländischer Gefäßformen hinzu; z.B. Schalen mit einem Tierkopf (Steinbock oder Stier), deren Vorbild bei der Anlieferung syrischer Tribute zu sehen ist[32] (XXV; XXVI; XXIX-XXXI). Neu sind auch besondere Formen unter den sog. Weihgeschenken[33] (Teich auf einem Ständer in XXX; XXXI. Sphinx in XXXI; XXXII. Geier in XXX). Im AR werden außerdem Spiegel (VIII) und Werkzeugklingen angefertigt (s.o. unter e); Säge, Axt- und Beilklingen liegen in VIII und XVI neben den Handwerkern. In einer Darstellung wird die Klinge eines schon geschäfteten Dechsels bearbeitet (XI: *dm msḫ.tj*)[34]. Es ist nicht ersichtlich, ob hier Schmieden oder Schärfen mit dem Wetzstein gemeint ist. Jedoch spricht der szenische Zusammenhang — ähnlich wie bei XIV, wo nur die Beischrift *dm ꜥn.t* innerhalb der Metallhandwerker erhalten ist — für eine Herstellung der Klinge, so daß *dm* die Bedeutung von „scharf machen (schärfen durch Schmieden)“ zukäme. Im Gegensatz dazu schärfen der *fnḫ* (AR Nr. 9) und der *mdḥ* (AR Nr. 27) in ihrer Eigenschaft als Tischler bzw. Schreiner die benutzte Dechselklinge mit dem Wetzstein nach[35].

g) Vergoldung. In zwei Szenen ist die Vergoldung einiger Gegenstände dargestellt (IX; XXIIa), die mit flüssigem Gold bestrichen werden. Dabei handelt es sich einmal um verschiedene Ausführungen von Stöcken bzw. Zeptern aus Holz: (IX; XXIIa) *ꜥbꜣ* — Kommandostab[36]; (IX:) *nsjs?*, Zepter in Form einer Papyrusblüte(?)[37]; ein langer gerader Stab (IX; XXIIa). Zum anderen sind es Schmuckstücke, die aber vermutlich nicht aus einem Holzkern bestehen, sondern aus einem Metall (z.B. Kupfer), das mit einem Goldüberzug versehen wird (s.u.): (IX, XXIIa: *wꜣḥ*) ein Kopfschmuck[38] und (IX, XXIIa: *ṯz.t*) „Knoten“, eine Gürtelschließe[39].

Die für den Vorgang benötigte Metallmenge wird von einem Arbeiter in einem Tiegel geschmolzen (IX: *fs.t nbw* „Gold erhitzen“; XXIIa: *nbj.t dꜥm* „Dꜥm-Gold schmelzen“).

[29] Polieren, wenn der Stein auf der Gefäßoberfläche aufliegt; Hämmern, wenn der Arbeiter den Arm zum Schlag ausholt?

[30] S. Gardiner, AEO I pp. 71*ff. „sculptor (in relief)“.

[31] Ebd.; s. auch Abschnitt 1.4.5.1c.

[32] Z.B. Grab 86 (Theben).

[33] S. Weihgeschenke von Thutmosis III. in Karnak, Atlas II 33.

[34] S. Abschnitt 1.8.3.3.

[35] Sie gehören nach dem szenischen Zusammenhang nicht zu den Metallarbeitern, sondern zu den Holzhandwerkern, s. Abschnitt 1.8.3.3.

[36] Vgl. Jéquier, Frises d'Objets, 181ff. S. auch in Gebrawi II pl. 10 zwischen Schreinern, die die Anfertigung des Holzkernes übernehmen (s. Abschnitt 1.8.2.6).

[37] S. Wb II 324,12 *nsjs* „Name der Papyrusblüte“.

[38] Jéquier, a.a.O., 47 (Kopfschmuck, Diadem); Staehelin, Untersuchungen zur ägypt. Tracht, 26.

[39] Jéquier, a.a.O., 24; Staehelin, a.a.O., 16ff. und Abb. 21.

Die Tätigkeit des Vergoldens wird als *sšr* (IX : ; XXIIa :) bzw. *sḫ*ᶜ (XXIIa :) bezeichnet. Während bei IX das zu vergoldende Objekt direkt an *sšr* anschließt (z.B. *sšr ṯz.t*; IX, 4), heißt es in XXIIa, 5 , wobei die Schreibung für „Gold" besonders auffallend ist. Da in dieser Szene neben auch das sonst übliche Zeichen für „Gold" (, ohne) belegt ist (z.B. XXIIa, 9 :), muß zwischen und differenziert werden. ist als Zeichen für „Metall, Kupfer" belegt[40], so daß die Beischrift zu übersetzen ist : „Bestreiche das Metall (Kupfer) mit Gold; Knoten"[41].

Im Anschluß daran (nur bei XXIIa) wird ein Schrein mit dünnem Goldblech (Blattgold) überzogen. Ein Arbeiter sitzt an einer Vorrichtung, aus der er gerade ein Stück Folie herauszieht und es an einen anderen weiterreicht (*rdj.t nbw* „Gold geben"), der zusammen mit einem zweiten Arbeiter einen Holzschrein damit verkleidet. Die Folie scheint auf folgende Weise hergestellt zu werden (s. Abb. 17): Der Arbeiter sitzt vor einem Stein mit einer ausgehöhlten Mulde, in der eine Querrinne verläuft und in die ein Metallstück hineingelegt wird. Darüber wird ein der Mulde angepaßter Stein gesetzt. Durch Druck und Hin- und Herwiegen des Steines senkt sich das Metallstück tiefer in die „Führungsrinne" ein, in der es immer flacher wird und nach beiden Seiten „entweicht" bis zwischen Mulde und Stein kein Zwischenraum mehr besteht. Auf diese Weise gewinnt man einen sehr dünnen und gleichmäßigen Blechstreifen.

Neben dem Schrein ist eine weitere Tätigkeit dargestellt, bei der nicht genau zu erkennen ist, worum es sich handelt: Zwischen zwei Arbeitern (XXIIa, 15-16) steht ein Bottich o.ä. (? mit eingezogenen Seiten, oder Bedachung zum Schrein bzw. Hohlkehle?). Die dazugehörige Beischrift lautet *stꜣ.t sšr*. Während *sšr* „bestreichen" sich auf das Vergolden beziehen muß, ist *stꜣ.t* nicht eindeutig zu bestimmen; vielleicht „ziehen", womit dann das Ziehen von Draht oder Folie gemeint sein könnte[42]. Darüber steht (XXIIa, 12) *rdj.t nbw r sšr*[43] „Gold geben zum Bestreichen". Sollte sich diese Tätigkeit ebenfalls auf die Vergoldung des Schreines beziehen, so ist die Bezeichnung für beide Verfahren — Blattgold und flüssiges Gold auftragen — *sḫ*ᶜ*/sšr* „bestreichen" bzw. „umkleiden".

Bei den einzelnen Gegenständen, die in IX vergoldet werden, steht der Zusatz *n qrs.t.t* „für die Grabausrüstung". Auch in XXII ist *qrs.t.t* belegt; jedoch nicht im Zusammenhang mit den Handwerkern, die vergolden, sondern in der Überschrift zu einem Zug von Gabenbringern, die u.a. (Schmuck, Stöcke, Sandalen, Kopfstütze) auch den Kopfschmuck (*wꜣḥ*) und die Gürtelschließe (*ṯz.t*) aus (*nbw*) Gold tragen: *in.t qrs.t.t r mꜣꜣ in ḥmw.tj.w*[44] „Bringen der Grabausrüstung zum Betrachten — durch die Handwerker". Montet übersetzt *qrs.t.t* mit „bijoux funeraires" und will darin eine Unterscheidung zu „weltlichen" Schmuckgegenständen für den Lebenden sehen[45]. Eine derartige Differenzierung hinsichtlich des Verwendungszwecks ist jedoch für andere Erzeugnisse nicht belegt und erscheint nicht annehmbar, weil sämtliche Produkte in den Handwerkerszenen aus dem AR und MR ohnehin für die Grabausstattung bestimmt sind.

[40] P. Kaplony, Kleine Beiträge (ÄgAbh 15), S. 167 Nr. 14: obwohl ebd. (Anm. 223) dieser Beleg als „Kupfer" angezweifelt wird.

[41] Nicht wie Montet, Scènes, 287 „Monter un diadème en or".

[42] Also ein entsprechender Vorgang wie vorher? Oder wird ein Bindemittel hergestellt, um damit den Schrein zu bestreichen (*sšr*), bevor die Goldfolie aufgelegt wird?

[43] Von Montet, Scènes, 287, falsch gelesen („donner de l'or pour le sceptre"); kein Zepter, sondern *sšr* „bestreichen".

[44] Montet (BIFAO 9, 1911, 11): ; hingegen Beni Hasan II, pl. 7 : .

[45] Montet, Scènes, 285f. Auch bei ᶜnḫ-m-ᶜ-Ḥr (XII) heißt es *sqr ḏ*ᶜ*m r qrs.t.t*.

1.2.3 *Bezeichnungen des Werkstoffes „Metall" :*

Darstellung	Wiegen	Schmelzen	Hämmern	Verschiedenes
II :	⌂	◊	–	–
IV :	◊°.°	–	–	–
V :	–	◊	◊	◊
IX :	–	⌒	–	–
XI :	–	⌒	1⧄	–
XII :	–	–	⌒	–
XIV :	◇°°°	–	1⧄	–
XVII :	◊°.°	.◊.	1⧄	–
XIX :	–	–	⌒ [46]	–
XXIIa :	⌒	1⧄		◇/⌒
XXVII :	–	–		.:./⌒
XXXI :	⌒/⌒			

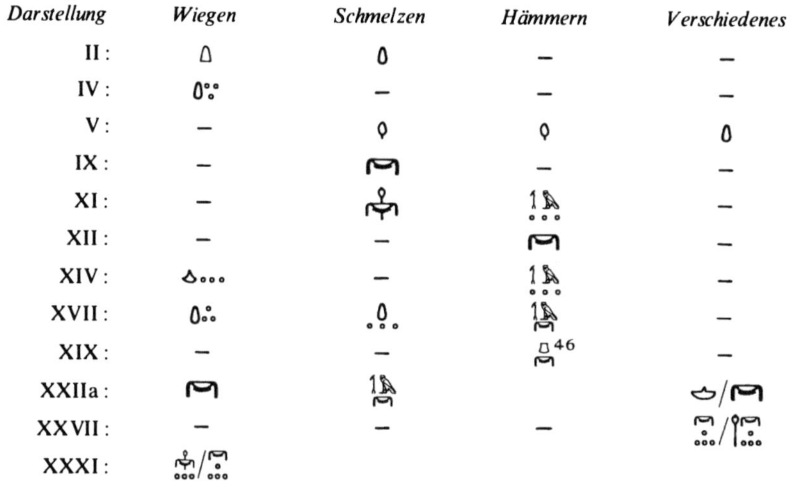

Diese Zusammenstellung zeigt, daß die Metalle vorwiegend Gold, D^cm-Gold und Silber sind. Zur Bedeutung — und Lesung — des Zeichens ◊ o.ä. hat zuletzt P. Kaplony eine ausführliche Darlegung gebracht[47]. Er ist der Meinung, daß dieses Zeichen (◊) die Lesung *bj$\underline{3}$* hat und „in gewissen Sonderfällen ‚Erz' bedeutet", vorwiegend aber „Kupfer". Nach den Darstellungen (s. obige Zusammenstellung) erscheint es aber angemessener zu sein, ◊ als eine allgemeine Bezeichnung für „Metall (Erz)" anzusehen. Denn wie wären sonst die wechselnden Bezeichnungen innerhalb einer Szene zu verstehen? In XIV wird ◇°°° gewogen, aber *$\underline{d}^c$m* gehämmmert; in XVII wird ◊°.° gewogen und geschmolzen, aber *$\underline{d}^c$m* gehämmert; auch ein Wechsel zwischen *nbw-$\underline{d}^c$m* (XXIIa) und *ḥḏ-$\underline{d}^c$m* (XI) ist belegt. Entweder soll durch den Wechsel deutlich gemacht werden, daß verschiedene Metallarten bearbeitet werden, d.h. Wiegen, Schmelzen usw. sind kein fortlaufender Bearbeitungsprozeß ein und desselben Metalles, sondern jeder Vorgang steht stellvertretend für ein anderes Metall (also würde in XIV Kupfer gewogen und D^cm-Gold zu Blech geschlagen); oder — was wahrscheinlicher ist — ◊ ist eine übergeordnete Bezeichnung für „Metall", weil verschiedene Metallarten gewogen und geschmolzen bzw. miteinander verschmolzen werden, z.B. Gold und Silber, die zusammen D^cm-Gold ergeben. Eine Bestätigung für diese Bedeutung von ◊ ergibt sich durch die Berufsbezeichnung der Handwerker, die „Metallhandwerker" und nicht „Kupferhandwerker" sind (s. dazu den folgenden Abschnitt).

1.2.4 *Die Metallhandwerker* (s. Zusammenstellung)

Diese Handwerkergruppe führt im AR Berufsbezeichnungen, die mit dem Zeichen ◻ (◻/⌒/⌒/◻) geschrieben werden, dessen Lesung bisher nicht gesichert ist. Zwar hat H. Junker deutlich gemacht, daß ◻ stets die Bezeichnung für den Metallarbeiter ist, während ◊ u.ä. den Werkstoff kennzeichnet[48], jedoch ist seine Auffassung, in ◻ einen Schmelzofen zu sehen, der zwei oder mehrere Schmelztiegel enthält, nicht haltbar (s. Abschnitt 1.2.4.1). Die Trennung

---

[46] Keine Werkstoffangabe, sondern Handwerkerbezeichnung, s. Abschnitt 1.2.4.1.

[47] P. Kaplony, Kleine Beiträge (ÄgAbh 15), Das Zeichen für „Kupfer" (BJ$\underline{3}$), S. 54ff.

[48] H. Junker, Die Hieroglyphen für „Erz" und „Erzarbeiter" in: MDIK 14, 1956, 89-103.

Zusammenstellung der Berufsbezeichnungen von Metallhandwerkern aus dem Alten Reich:

	ḥm-kꜣ	Grundstufe	*sḥḏ*	*imj-rꜣ*		+ *pr-ꜥꜣ*	+ *m pr.wj*	+ *wꜥb.t*	*imj-rꜣ wꜥb.t*	+ *ḫkr.t nswt*	*imj-rꜣ ḫkr.t nswt*	*mḥnk nswt*
Bei der Arbeit dargestellt:												
1. s. II, 2: *Kꜣ-m-ꜥnḫ*	"	[Hierogl.]										
2. s. V, 4-5		[Hierogl.]										
3. s. XI, 3-8		[Hierogl.]										
4. s. XIX, 5-6		[Hierogl.]										
5. s. II, 5: *Kꜣj*			[Hierogl.]									
6. s. X, 2				[Hierogl.]								
7. s. XII, 1				[Hierogl.]								
8. s. XX, 8				[Hierogl.]								
Als Opferträger dargestellt:												
9. LD II, 54; s.o. Nr. 1	"	[Hierogl.]										
10. MM D61: *Špss-Ptḥ*	"	[Hierogl.]										
11. LD II, 54	"		[Hierogl.]									
12. MM D61: *Ḫw-n-Ptḥ*	"		[Hierogl.]									
13. Paget u. Pirie, Ptah-hotep pl. 38: *Nw*				[Hierogl.]								
Denkmal- und Grabbesitzer:												
14. Junker, Giza IX Abb. 24: *Nfr-rs*		[Hierogl.]										
15. Abu Bakr, Giza 1949-50, fig. 99: *Nfr-ḥr-n-Ptḥ*			[Hierogl.]					"				
16. MM p. 440 (= Berlin 7725): *Kꜣj*				[Hierogl.]								
17. MM E14: *Nḏm-ib*				[Hierogl.]		"						"
18. Kairo 267: *Kꜣ(j)-ḥr-Ptḥ*				[Hierogl.]				"				
19. Kairo 62: *Nj-ꜥnḫ-Rꜥ*				[Hierogl.]		"						
20. Kairo 1323: *Dmḏ*				[Hierogl.]		"					"	
21. MM C3: *Wsr-Ptḥ*				[Hierogl.]						"		
22. MM D26: *Mṯṯ*					[Hierogl.]	"						
23. MM D43 (Urk. I 191 f.): *Itwš*					[Hierogl.]	"			"		"	*ḫrp*
24a. MM D43 : *Mrrw-kꜣ*					[Hierogl.]		"				"	"
b. Kairo 1540					[Hierogl.]	"						
25. Kêmi 15, 1959, 1 ff.; *ꜥnḫw*					[Hierogl.]	"			Dual			*ḫrp*

zwischen Ofen und Tiegel wird auch von P. Kaplony übernommen, der sich eingehend mit der Lesung — *bjꜣ* für den Werkstoff Kupfer () und *bjꜣj* für den Kupferarbeiter () — befaßt hat[49]. Die von ihm gemachte Differenzierung zwischen und soll hier übernommen werden.

1.2.4.1 Die Gruppe mit der Schreibung

In den Handwerkerszenen werden die Metallarbeiter, die sämtliche Verrichtungen ausführen (vom Schmelzen bis zur Fertigstellung eines Produktes, s. Abschnitt 1.2.2) als bezeichnet[50]; dabei können die Arbeiter auch als im *sḥḏ*- oder *imj-rꜣ*-Rang erscheinen (s. Zusammenstellung oben). Da das zu bearbeitende Metall verschiedenartig ist (V: ; XI: *ḏꜥm*, *ḥḏ*; XII: *nbw*), dagegen die Berufsbezeichnung unverändert bleibt, vermittelt Kaplony's Übersetzung von als „Kupferarbeiter" bzw. „Erzarbeiter" einen falschen Eindruck. Man muß aufgrund der Beischriften zu den Darstellungen als „Metallarbeiter" übersetzen, wobei keine Rückschlüsse auf ein bestimmtes Metall zulässig sind. Hingegen ist (Liste Nr. 4, 10, 12, 21[51]) als „Metallarbeiter mit dem Werkstoff Gold" (Goldarbeiter) aufzufassen; denn *nbw* ist hier eine nähere Bestimmung bezüglich des Werkstoffes. Entsprechend muß (Nr. 14) „Metallarbeiter mit dem Werkstoff Kupfer" heißen[52].

Bei der einfachen Bezeichnung (Metall ohne) wie (Nr. 19, 20) könnte es sich um eine Variante zu handeln. Wahrscheinlicher ist es aber, daß hiermit keine aktiven Handwerker gemeint sind, sondern „Vorsteher des Goldes", welche das Gold des Palastes verwalten, zumal beide eine Erweiterung mit *pr-ꜥꜣ* führen[53].

Bei dem mehrfachen Versuch, eine Lesung für zu finden, ist eine Möglichkeit nie erörtert worden: nämlich jene, die von dem Zeichen selbst ausgeht, das zwei oder mehrere Schmelztiegel darstellt[54].

Der Schmelztiegel hat die Lesung *bḏ* (II: ; VI: ; Junker, Giza IV Taf. 9: *bḏ.t*)[55]. In den meisten Darstellungen, die einen Schmelzvorgang zeigen, stehen zwei (oder mehrere) Tiegel mit der glatten Wandung aneinandergelehnt, während die Seite mit dem Ausgußloch den Bläsern zugewandt ist. Bei Mrrw-kꜣ z.B. (XIV) ist eine Trennungslinie zwischen den

[49] S. Anm. 47; hier sind sämtliche Literaturangaben zu dem Thema zusammengestellt; es ist noch nachzutragen: R. Weill, Les mots bjꜣ, RdE 3, 1938, 69ff.

[50] Während z.B. für Lederarbeiter (s. Abschnitt 1.1.3) oder Holzarbeiter (s. Abschnitt 1.8.4) verschiedene Bezeichnungen bei verschiedenen Verrichtungen belegt sind, gibt es hier keine Differenzierung.

[51] Ein weiterer Beleg für bei Kaplony, in: MIO 14, 1968, Abb. 18, S. 203ff. Bei Wsr-Ptḥ (Nr. 21) ist das nachfolgende *ḫkr.t nswt* miteinzubeziehen, also „Vorsteher der Goldarbeiter des Königsschmuckes", s. Abschnitt 1.3.3c.

[52] Junker übersetzt „Metallpolierer" (liest: *zšp bjꜣ*), Giza IX S. 63. (Die ebenda angeschnittene Frage, ob es sich bei dieser Person um Mann oder Frau handelt, ist eindeutig zu beantworten: Nfr-rs muß ein Mann sein, weil Frauen als Handwerker nicht belegt sind). Kaplony übersetzt „Kupferarbeiter in Kupfer", a.a.O., S. 54.

[53] E. Edel übersetzt als „Vorsteher der beiden Goldmagazine" (ZÄS 87, 1962, 103); mit „Goldarbeiter" zu übersetzen wäre falsch, denn *nbj* „Goldschmied" ist in dieser Zeit (AR) — entgegen Kaplony's Meinung (s.u. Abschnitt 1.2.4.3) — noch nicht belegt. *Nbw* ist also in Titelverbindungen dieser Zeit als Werkstoff „Gold" aufzufassen.

[54] Kaplony, ebd. (wie auch vorher Junker, ebd.) deutet von vornherein als Schmelz ofen und als Schmelz tiegel; es erscheint jedoch richtiger, diese Unterscheidung fallenzulassen und in dem Zeichen zwei oder mehr zusammengestellte Tiegel zu sehen (s.u.).

[55] Kꜣ-m-ꜥnḫ nennt hier auf seiner Geräteliste u.a.: „Schmelztiegel: 1000 mit , 1000 mit ; vgl. dazu Kaplony, a.a.O., Anm. 68 auf S. 124ff. sowie S. 58f.

Tiegeln zu sehen, die bei Onnos (XI) fehlt (s. auch Abb. 8). Diese Wiedergabe von Schmelztiegeln entspricht in ihrer Umrißlinie genau der Hieroglyphe für „Metallarbeiter".

In Meir (XX) findet sich eine abweichende, aber aufschlußreiche Darstellung; hier ist nur ein Schmelztiegel in Benutzung, der mit seiner glatten Seite gegen eine Stützmauer lehnt (s. Abb. 9). Ein Arbeiter gießt anschließend die Schmelze aus und hält dabei ein Gefäß in den Händen, das in Form und Größe genau dem entspricht, in dem zuvor geschmolzen wurde (s. Abb. 12). Es handelt sich also um einen und denselben Tiegel[56].

Eine Bestätigung dafür, daß in frei stehenden Tiegeln — ohne Ofen — geschmolzen wird, gibt es noch an anderer Stelle: Neben den Szenen IV, XV (Fragment) und XIX, in denen jeweils nur in einem Tiegel () geschmolzen wird (s. Abb. 9), ist die „Hieroglyphe" für „schmelzen" im Grab des Kꜣ-m-ꜥnḫ hervorzuheben (s. Abb. 24)[57]; dort hockt ein Arbeiter mit seinem Blasrohr vor einem Tiegel:. In einem anderen Beleg (Grab des ꜥnḫw, Liste oben Nr. 25) ist das Determinativ zu *nbj.t* „schmelzen" durch einen Mann dargestellt, der statt vor einem Tiegel — wie bei Kꜣ-m-ꜥnḫ — vor mindestens zwei Tiegeln kniet:[58]. Somit steht fest, daß eine Unterscheidung zwischen als „Tiegel" und als „Ofen" fallengelassen werden muß. Beide Male sind es Tiegel — entweder in der Einzahl oder in der Mehrzahl[59].

Welche Konsequenzen sind daraus für die Lesung der Berufsbezeichnung von Metallhandwerkern zu ziehen? In der oben besprochenen Darstellung aus Meir (XX) ist nicht nur der eine Tiegel als Arbeitsinstrument dargestellt, sondern auch in der Berufsbezeichnung: Am Ende der Szene trägt ein Mann ein fertiges Metallgefäß; er wird als bezeichnet, wobei identisch ist mit dem anfangs benutzten Tiegel. Da aber die Lesung für den Tiegel als *bḏ/bḏ.t* gesichert ist, muß die Lesung hier *imj-rꜣ bḏ.tj(.w)* od. *bḏj.w* lauten und „Vorsteher von denen, die zum Schmelztiegel gehören" bedeuten; die übliche Form, die mehr als einen Tiegel zeigt, lautet entsprechend *bḏ.tj* oder *bḏ.tj.w*[60].

Die Berufsbezeichnung leitet sich also von dem Schmelztiegel ab: Der „Metallarbeiter" ist „einer, der zugehörig zum Schmelztiegel (oder den Schmelztiegeln) ist". Hier liegt offensichtlich eine Analogiebildung zu *ḥmw.tj* „Steinhandwerker" vor: Beide Bezeichnungen sind eine Nisbebildung von dem wichtigsten und typischen Instrument des jeweiligen Handwerkszweiges; bei *bḏ.tj* ist es der Schmelztiegel, bei *ḥmw.tj* der Steinbohrer[61].

Mit einiger Sicherheit gehört in diesen Zusammenhang auch die Inschrift einer Statuette aus der 3. Dyn.[62]; denn dort läßt sich ein weiterer Beleg für die Lesung *bḏ(.tj)* „Metallarbeiter" nachweisen. Bislang hat man die Zeichengruppe als Personennamen gelesen[63].

[56] Junker's Überlegungen zu dieser Darstellung (MDIK 14, 99f.) sind nicht überzeugend; selbst hier versucht er zwischen Tiegel und Ofen zu unterscheiden. Sein „Eintiegel-Schmelzofen" ist abzulehnen.

[57] H. Junker, Giza IV Taf. 10. Es handelt sich hier nicht um eine der üblichen Handwerkerszenen, sondern um einzelne „Hieroglyphen" bzw. Determinative zu der Beischrift „Handwerker(schaft) des Kꜣ-m-ꜥnḫ"; es werden auch keine Produkte angefertigt, sondern nur Tätigkeiten gezeigt. Vgl. hierzu Abschnitt 1.5.3.1.

[58] Kêmi 15, 1959, pl. 4.

[59] Kaplony's Meinung (a.a.O., 58: „Vom Schmelzofen zu trennen ist *bḏ* „Tiegel"; das Zeichen des Tiegels, das im Unterschied zu nur *bḏ* gelesen werden konnte ...") kann nicht zugestimmt werden.

[60] Die Lesung der Berufsbezeichnung könnte auch *bḏj* lauten; jedoch wurde hier die Lesung *bḏ.tj* gewählt in Anlehnung an *qs.tj*, *ḥmw.tj*.

[61] Der Bohrer wird zwar *znḥ.t* bezeichnet, ist jedoch auch als belegt, s. JEA 41, 1955. pl. 5 col. 82; s. Abschnitt 1.5.2a.

[62] Hieroglyphic Texts from Egyptian Stelae in the British Museum, Part VI, pl. 19 Nr. 3.

[63] Zuletzt Kaplony, IÄF (ÄgAbh 8), 475f. (446f.); er liest *bḏḥ* und deutet als Kopfbinde. Hier sind auch weitere Belege für frühere Versuche (z.B. Bḏ-ms) zusammengestellt.

Der Name des Eigentümers ist aber allein ʿpr-ʿnḫw, und gehört ebenso wie *irj-iḫ.t nswt* und *mḏḥ wjꜣ* zu seinen Titeln, wobei in *bḏ* die Lesung für den Schmelztiegel bzw. „Metallarbeiter" (*bḏ.tj*) zu erkennen ist. Eine geringfügige Unsicherheit bildet das Zeichen hinsichtlich seiner Zuordnung: Entweder stellt es eine Schale (als Tiegelform) zum Schmelzen dar, die auf drei Stützsteinen steht, oder es ist das Zeichen für *nbw* „Gold". Dann wäre eine frühe Schreibung der späteren Form , deren Lesung und Bedeutung aber in beiden Fällen *bḏ.tj nbw* „Metallarbeiter mit dem Werkstoff Gold", also kurz „Goldarbeiter" lautet.

Außerhalb der Werkstatt sind die Metallhandwerker öfter als Totenpriester (*ḥm-kꜣ*) anzutreffen, die Opfergaben bringen (s. Liste Nr. 9-13; Nr.9 = Nr. 1 ist auch während der Arbeit als *ḥm-kꜣ* bezeichnet)[64]. Darüberhinaus haben einige Vertreter dieser Berufsgruppe eigene Denkmäler und Gräber hinterlassen (Nr. 14-21); zwei von ihnen sind Angehörige der *wʿb.t* (Nr. 15, 18)[65], während andere der Palastverwaltung (*pr-ʿꜣ*) zuzuordnen sind (Nr. 17, 19, 20)[66].

1.2.4.2 Die Gruppe mit der Schreibung

Diese Bezeichnung ist durch drei Grabbesitzer Mṯṯ, ʿnḫw, Itwš und dessen Sohn Mrrw-kꜣ (Nr. 22-25) belegt. Alle vier Personen sind von Kaplony ausführlich besprochen worden, besonders in Hinblick auf ihre weiteren Titel[67].

Kaplony deutet als selbständiges Morphem und übersetzt (seine Lesung: *ʿ-bjꜣ*) als „der das (heilige zum Gießen von Götterbildern bestimmte) Kupfer tragen darf oder herbeiträgt"[68] bzw. „Träger... des Kupfers, das zur Herstellung von Götterbildern verwendet wird"[69]. Gegen diese Deutung ist folgender Einwand zu erheben:

Wie bereits Junker ausgeführt hat[70] und auch von Kaplony übernommen wurde[71], bezeichnet den Arbeiter und nicht den Werkstoff. Demnach darf auch bei der Gruppe das Zeichen nicht als Werkstoff aufgefaßt werden. ist hier also nicht mit „Kupfer" (bzw. „Metall') zu übersetzen, sondern bedeutet wie auch sonst die Berufsbezeichnung für Metallarbeiter. Daher ist die Übersetzung „Träger des Kupfers" nicht möglich. Es besteht keine Veranlassung, von der bisherigen (Be-)Deutung des Zeichens (*bḏ.tj* „der zum Schmelztiegel Gehörige", „Metallarbeiter") abzuweichen; allein oder zusammen mit stellt eine Berufsbezeichnung dar.

Welche Bedeutung hat jedoch ? Die sonst belegten Titel, die mit gebildet werden, geben hierzu keinen Aufschluß[72]. Trotz der abweichenden Schreibung durch gehört diese Gruppe zu den Metallhandwerkern; allerdings scheint es sich dabei weniger um „aktive" Handwerker zu handeln, die mit ihren Händen etwas herstellen, als vielmehr um „Beamte", die mit verwaltungstechnischen Aufgaben zu tun haben. Dies wird durch verschiedene Beititel

[64] Hinweis auf eine engere Beziehung zwischen Grabherrn und Handwerker; vgl. auch Bildhauer, s. Abschnitt 1.4.4.4.
[65] Vgl. Handwerker als Angehörige der *wʿb.t*-Werkstatt, s. Abschnitt 2.3.4.
[66] S. Abschnitt 2.3.1.
[67] P. Kaplony, Kleine Beiträge (Äg. Abh 15), 58ff.
[68] A.a.O., 58.
[69] A.a.O., 60.
[70] MDIK 14, 1956, 89ff.
[71] Kaplony, a.a.O., 54: „Der Titel *bjꜣj* ist im AR stets mit dem Bilde des Schmelzofens geschrieben". Statt „Ofen" ist „Tiegel" zu lesen, s.o. Anm. 59.
[72] W. Helck, Beamtentitel (ÄgFo 18), 36f.

offenkundig: *imj-rꜣ ḫkr.t nswt*[73] (Nr. 23, 24), *imj-rꜣ pr.wj nbw* (Nr. 23, 25), *imj-rꜣ wꜥb.t(j)* (Nr. 23, 25).

Außerdem wird noch durch die Erweiterung von mit *pr-ꜥꜣ* (Nr. 22-25) bzw. mit *m pr.wj* (Nr. 23a) verdeutlicht, daß es sich hierbei um einen „weltlichen" Verwaltungstitel am Hofe handelt und nicht um einen rein „kultischen" Titel[74].

Für eine weitere Eingrenzung dieser Personengruppe lassen sich folgende Punkte anführen, die für alle (Nr. 22-25) gelten: Sie sind nie bei einer handwerklichen Tätigkeit dargestellt; sie arbeiten nicht für Privatpersonen, sondern stehen im Dienst des Königs (*pr-ꜥꜣ*); ist nicht im *sḥḏ* — oder *imj-rꜣ* — Rang belegt; alle besitzen eigene Gräber.

Dennoch ist nicht auszuschließen, daß es sich bei diesen Personen um einstige Handwerker handeln kann, die allerdings jetzt der „gehobenen" Laufbahn angehören. Diese Vermutung wird durch die von ꜥnḫw (Nr. 25) geführte Bezeichnung bestätigt, aus der einmal hervorgeht, daß ein zugleich „Königlicher Vorsteher der Metallhandwerker in beiden Häusern" ist, und zum anderen, daß die Form ihrerseits eine Fortsetzung und Steigerung von *sḥḏ* und *imj-rꜣ* ist. Als eine Entsprechung hierzu kann man die Laufbahn des Archiktekten Nḫbw heranziehen[75]; dort folgt nach der Grundstufe (*qd* „Bauarbeiter"), dem *sḥḏ-* und *imj-rꜣ*-Rang als Stufe IV *mḏḥ nswt qd.w* und Stufe V *mḏḥ nswt qd.w m pr.wj* „Königlicher Meister der Bauleute in beiden Häusern". Von hier ausgehend, wenn man das Rangelement *nswt* der Stufen IV und V bei Nḫbw und das *pr-ꜥꜣ* der Metallarbeiter als Varianten betrachtet, darf man vermuten, daß bereits eine Steigerung von *imj-rꜣ* ist, so daß sich folgende Reihung innerhalb der Laufbahn von Metallhandwerkern aufstellen läßt:

Stufe	I:	
Stufe	II:	*sḥḏ*
Stufe	III:	*imj-rꜣ*
Stufe	IV/V(?):	/ / (:+)

Die Relation zwischen *pr-ꜥꜣ* und *m pr.wj* läßt sich nicht mit Bestimmtheit klären; sind es Varianten ein und derselben Rangstufe oder ist eine der beiden Formen ranghöher? Nach Nḫbw's Abfolge (s.o.) wäre mit der Erweiterung *m pr.wj* die höchste Rangstufe. Andererseits läßt sich ein Grund anführen, *pr-ꜥꜣ* als ranghöher zu werten, wobei die Abfolge allerdings nur indirekt über den Ehrentitel „Leiter der Beschenkten (*mḫnk.w*) des Königs" abzuleiten ist: Itwš (Nr. 23) bezeichnet sich in seinem Grab als *pr-ꜥꜣ* und *ḫrp mḫnk.w nswt*, während sein Sohn Mrrw-kꜣ (Nr. 24a) ebenda *m pr.wj* und (nur) *mḫnk nswt* ist[76].

Jedoch ist diese Überlegung — = Stufe IV, = Stufe V — hypothetisch. Wahrscheinlich stellen beide Formen die höchste Rangstufe dieser Laufbahn unter den Metallhandwerkern dar. Demzufolge gehört auch die Bezeichnung des ꜥnḫw (Nr. 25) hierher, wobei *mḏḥ nswt m bḏ.tj.w m pr.wj* als eine nähere Erklärung für aufzufassen ist. Die Form „Königl. Meister der Metallhandwerker in beiden Häusern" hat ihre Entsprechung bei Nḫbw mit *mḏḥ nswt qd.w m pr.wj* (s.o.). Hier liegt ein weiterer

[73] S. auch Abschnitt 1.3.3.

[74] Es sind keine Priester oder Tempelangehörige, wie es nach Kaplony's Auffassung — Kupferträger für Götterstatuen — angenommen werden müßte, s.o.

[75] Ausführlich besprochen in Abschnitt 1.6.5.

[76] Auf der Reliefplatte Kairo 1540 ist Mrrw-kꜣ (inzwischen?) geworden. Zu *mḫnk* s. in Abschnitt 1.3.1.2 und 1.4.4.4.

Beleg für *mḏḥ* in seiner Bedeutung als Rangelement vor, das wegen seines archaischen Charakters eine Steigerung von *imj-rꜣ* ist. Zugleich wird dadurch deutlich, daß die Schreibung (mit dem) eine Ausdrucksform der höchsten Rangstufe innerhalb der Laufbahn im Metallhandwerk darstellt.

1.2.4.3 „Goldarbeiter"

Eine weitere Bezeichnung für „Metallarbeiter" soll hier noch erwähnt werden: *nbj* „Goldarbeiter". In den Handwerkerdarstellungen erscheint diese Benennung zuerst im NR bei Rḫ-mj-Rᶜ (XXVII): Dort stehen beim Abwiegen von Goldringen die „*nbj.w* () des Amuntempels"[77]. Nach dem Wb II 241,1 ist *nbj* seit dem MR belegt, hingegen ist Kaplony der Meinung, daß *nbj* „Goldschmied" schon im AR vorkommt[78]. Dies stimmt aber nur insoweit, als daß im AR die frühe Form für „Goldarbeiter" darstellt; jedoch bezeichnet hier den Werkstoff „Gold" und nicht die Berufsbezeichnung einer Person („Goldschmied"). Erst durch die Verbindung mit ergibt sich die Berufsbezeichnung *bḏ.tj nbw* „Metallarbeiter mit dem Werkstoff Gold", „Goldarbeiter" (s. Abschnitt 1.2.4.1)[79].

In Pap. Sall. II 4,7 wird unterschieden zwischen *nbj* „Goldschmied" und „Metallarbeiter" bzw. „Kupferschmied"[80]. Diese Differenzierung beruht auf dem Umgang mit verschiedenen Metallarten und den damit verbundenen Produkten. Der Goldschmied fertigt aus Edelmetall Gefäße, Figuren und auch Schmuck (*nbj.t* „Halskragen")[81] an, wodurch er in die Nähe der Schmuckarbeiter rückt (s. Abschnitt 1.3.1). Der hingegen ist für Schwermetall und dessen Verarbeitung zuständig (z.B. Kupfer schmelzen, Türflügel gießen)[82].

Neben der Grundstufe *nbj* gibt es den „Vorsteher der Goldarbeiter des Herrn der beiden Länder" ()[83] und den „Obersten (der) Goldarbeiter des Herrn der beiden Länder Jpwjꜣ" (), in dessen Grab aus Saqqara u.a. Metallhandwerker bei der Arbeit dargestellt sind (XXXVI).

[77] Urk. IV 1149; s.o. Abschnitt 1.2.2a; XXVIII, 5: .

[78] Kaplony, a.a.O., 57: "*nbj* (Goldschmied) ist nicht erst im MR, sondern schon im AR belegt". Es ist nicht ersichtlich, worauf Kaplony seine Auffassung stützt. Sollte er sich auf [ ] (JEA 41, 1955, pl. 5 col. 98) beziehen, so ist zumindest die Niederschrift dieses Textes später als das AR, weil die hier benutzte Schreibung für *mḏḥ* (Zimmermann, s. Abschnitt 1.8.4.1) für das AR nicht belegt ist.

[79] Kaplony, a.a.O., 62 setzt „durch die Ähnlichkeit von *nb* ‚Gold' mit *nbj* ‚schmieden'" in Verbindung, „wenn auch letzteres im AR noch nicht mit geschrieben wird". Dies ist nicht richtig; denn *nbj* bedeutet im AR „schmelzen" und kann sich auf verschiedene Metallarten beziehen (*nbj.t* oder *ḏᶜm*, s.o. S. 31). Außerdem wird durch das Determinativ zu *nbj* (Mann hockt mit Blasrohr vor dem Tiegel, s.o. S. 39) und das Synonym *fꜣ.t nbw* „Gold erhitzen" deutlich, daß *nbj* nur „schmelzen" und nicht „schmieden" bedeuten kann. Von hierher ist auch ein Zusammenhang zwischen *nbj* und *nbw* (Gold) nicht erkennbar.

[80] Zur Lesung soll hier nicht weiter Stellung genommen werden (ob vielleicht auch noch *bḏ.tj* möglich wäre anstatt *ḥm.tj*?); vgl. auch Gardiner, AEO I p. 67*, wo der Goldschmied auf „Kupferschmied" folgt.

[81] S. JEA 41, 1955, pl. 5 col. 98 und p. 15: *nbj nbj.t m ᶜ=f* „der Goldschmied mit dem Schmuckkragen in seiner Hand"; s. auch Anm. 78.

[82] Vgl. z.B. Rḫ-mj-Rᶜ (XXVII), wo beide Gruppen nebeneinander arbeiten.

[83] MM p. 450; Ahmed Badawi, Memphis, 141; ASAE 29, 1928, 86f.

1.3 Kapitel III: Schmuckhandwerker

Die Schmuckarbeiter [1] bilden keinen einheitlichen Handwerkszweig, sondern sind aufgrund ihrer verschiedenen Bezeichnungen in mehrere Gruppen einzuteilen, wobei der Umgang mit einem bestimmten Werkstoff (Metall, Steinperlen, Elfenbein) sowie die Festlegung des Produktes auf eine Person (Schmuck des Königs) als ein Kriterium dienen:

Gruppe 1: stellt vorwiegend (Hals)Schmuck aus Metall (Gold) her.

Gruppe 2: bearbeitet (Edel)Steine zu Schmuckstücken, z.B. Perlen.

Gruppe 3: führt in ihrer Berufsbezeichnung *ẖkr.t nswt* (Königsschmuck) und ist somit für die Anfertigung des königlichen Schmuckes zuständig. Im Gegensatz zu den Gruppen 1 und 2 sind die Handwerker der Gruppe 3 nie bei einer handwerklichen Tätigkeit dargestellt.

1.3.1 *Gruppe 1*

1.3.1.1 Herstellung von Halsschmuck

Hierunter sind alle Handwerker zusammengefaßt, die in den Darstellungen [2] Körperschmuck — vorwiegend den breiten Halskragen (*wsḫ*, s. Abb. 18) — anfertigen [3]. In ihrer Nähe liegen hin und wieder bereits fertiger Schmuck dieser Art, Gegengewichte (Menit) und Kopfschmuck (Stirnbänder, Reifen) [4]. Aufgrund dieser Objekte wie auch durch die unmittelbare Nähe zum Metallhandwerk in einigen Beispielen ist zu folgern, daß es sich um Schmuck aus Metall handelt [5]. Andererseits gibt die Tatsache, daß Schmuckherstellung von der Metallbearbeitung durch andere Handwerksarbeiten über mehrere Register hinweg getrennt sein kann, zu erkennen, daß von der arbeitstechnischen Seite her kein Zusammenhang zwischen beiden besteht [6].

Bei der Tätigkeit, Halsschmuck herzustellen, läßt sich der Ablauf von einzelnen Arbeitsgängen bis hin zur Fertigstellung nur ermitteln, wenn man verschiedene Darstellungen nebeneinander betrachtet [7]:

a) In einer Szene aus Meir (XX, 1) ist im Zusammenhang mit der Schmuckherstellung zu sehen, wie ein Arbeiter ein Stück Schnur zwirnt: er hält es straff gespannt zwischen seinen

[1] *Lit.*: L. Klebs, Reliefs AR, S. 85f.; MR, S. 111f.; NR, S. 102f., 115ff. — A. Lucas, Ancient Egyptian Materials⁴, 41-47 (über Perlen).

[2] Die Gruppe 1 der Schmuckhandwerker ist zusammen mit den Metallarbeitern in einer gemeinsamen Zusammenstellung aufgeführt, s. Abschnitt 1.2.1. Hier noch einmal die Nummern der belegten Darstellungen: I; III-IX; XII; XIV; XVI-XX; XXIV; XXXII.

[3] Zu *wsḫ*- und *nbw*-Kragen s. E. Staehelin, Untersuchungen zur ägypt. Tracht, 119 und Anm. 12 ebd.; Jéquier, Frises, 60ff.

[4] Kleinere Schmuckgegenstände für Ohren, Arme und Finger fehlen in den Darstellungen.

[5] Wenn auch anderes Material miteinzubeziehen ist; z.B. können beim *nbw*-Kragen farbige Perlen mitverarbeitet sein; s. Anm. 3.

[6] Direkter Anschluß an Metallhandwerk: IV; VI-VIII; XV. Trennung: I; V; IX; XII; XIV; XVI-XIX. Zusammen mit Vergolden von Holzgeräten (s. Abschnitt 1.2.2g): IX; XXIIa.

[7] Im Gegensatz dazu z.B. Metall- und Lederhandwerk (s. Kap. I u. II), wo die einzelnen Phasen ausführlich dargestellt werden.

Füßen und Handflächen, die er gegeneinander reibt, so daß die Schnur sich dreht. Aus der Beischrift „Ballen (mit den Fingern zwirnen?[8]) für das Aufreihen zum *wsḫ*-Halskragen" geht eindeutig der Verwendungszweck hervor. In einer anderen Darstellung (V, 1-2) sind zwei Zwerge bei einer entsprechenden Tätigkeit zu erkennen : einer hält das Ende der gespannten Schnur, während der andere zwei Fäden umeinander dreht.

b) Vorwiegend beschränkt sich die Wiedergabe von der Schmuckherstellung auf einen Vorgang : Jeweils zwei Arbeiter knüpfen gemeinsam einen Halskragen. Im AR sind es neben vereinzelten Arbeitern von normalem Wuchs vorzugsweise Zwerge (I; III-VI; VIII; XII; XIV; XVI; XVII)[9]. Sie sitzen einander gegenüber; zwischen ihnen steht ein niedriger Arbeitstisch mit dem darüber ausgebreiteten Halskragen, dessen Enden von je einem Arbeiter gehalten werden, um so die einzelnen Schmuckelemente aufzureihen bzw. miteinander zu verknüpfen (s. Abb. 18). In V ist zu erkennen, wie zwei Zwerge (V, 3-4) die einzelnen Schmuckteile auffädeln; daneben sitzt ein Aufseher mit einem Behälter, der wahrscheinlich die vorgefertigten Schmuckteile verwahrt.

Die Beischriften zu dieser Tätigkeit lauten entweder *stj nbw* (IV; VIII; IX; XII; XVII-XIX)[10] oder *mnḫ nbw* (XVII; XX)[11]. *Mnḫ* und *stj* erscheinen ohne erkennbaren Unterschied innerhalb der Darstellungen nebeneinander. Beide Verben sind stets mit *nbw* () als Objekt verbunden. Allerdings kann hiermit nicht allein ein Halskragen dieses Typs gemeint sein, sondern auch andere Formen (*wsḫ* in XX, in IX)[12], so daß *nbw* hier eine allgemeine und übergeordnete Bezeichnung für „Halsschmuck" ist[13]. *Stj*[14] wie *mnḫ*[15] beziehen sich offensichtlich auf den gleichen Vorgang (vgl. das Nebeneinander bei XVII): nämlich bereits vorgefertigte Schmuckelemente auf einen Faden aufzureihen bzw. mit einem Faden zu verknüpfen, so daß in beiden Fällen „knüpfe" bzw. „reihe Halskragen auf" für *stj nbw* und *mnḫ nbw* zu übersetzen ist.

c) Eine weitere Handlung ist in zwei Darstellungen (IX; XIX) belegt. In XIX halten zwei Arbeiter einen fertigen Kragen über ein Gefäß; vom Kragen herablaufende Wellenlinien zeigen an, daß das Schmuckstück vorher befeuchtet worden sein muß (s. Abb. 18). Aus der zerstörten Beischrift könnte man *mnḫ wsḫ* „Knüpfe den Halskragen" lesen, was hier aber zu keiner Erklärung des Vorgangs führt. Vermutlich sind aber die Beischriften in dieser Darstellung vertauscht, so daß das daneben stehende *sšr* „bestreichen" auf diese Tätigkeit zu beziehen ist (s.o. Anm. 10, 11). Dies würde dann bedeuten, daß der fertige Halskragen zum Abschluß

[8] Zu ergänzen *nʿj* „Stricke drehen" (Wb II 207, 1)? *isj* „Schnur? Streifen aus Leder" erst im NR belegt, s. Wb I 129, 4. Zum Zwirnen vgl. auch die Darstellung Meir V pl. 15.

[9] Zu Zwergen s. in Abschnitt 1.3.1.2.

[10] Davies, Gebrawi II p. 24 will die Spuren zu *sšr* ergänzen. Die Reste vom Pfeil könnten aber auch zu *stj* passen, was neben *mnḫ* die übliche Beischrift zu dem dargestellten Vorgang ist. Plädiert man aber für *sšr* „bestreichen" — vor allem wegen des *r*, obwohl die Form *stj r wsḫ* in XX belegt ist —, so ist diese Beischrift mit *mnḫ wsḫ* der benachbarten Szene vertauscht; denn dort wird ein Halskragen mit einer Flüssigkeit „bestrichen"; s. Abschnitt 1.3.1.1c.

[11] So vielleicht auch bei XIX zu ergänzen; s. Anm. 10.

[12] Zum *wsḫ*-Kragen s. Jéquier, Frises, 62.

[13] S. Anm. 3.

[14] Zu *stj* vgl. Gardiner, AEO I p. 69* *str* „maker of necklaces(?)" und Wb IV 344, 5 (Belege aus späterer Zeit).

[15] Zu *mnḫ* vgl. Pap. Sall. II 5, 1 : „Der Schmuckarbeiter (*ms-ʿꜣ.t*, s. u. Gruppe 2) bohrt beim Perlenaufziehen mit allerlei harten Edelsteinen". Übersetzung von *mnḫ* für „Perlen aufreihen" nach Helck, Lehre des Dwꜣ-Ḫtjj, S. 45. Hieraus ist zu ersehen, daß *mnḫ* sich nicht allein auf Metallschmuck, sondern auch auf Steinperlen beziehen kann, s. u. 1.3.2.3.

mit einer Flüssigkeit „bestrichen“ wird. Die entsprechende Darstellung in IX, 5-6 gibt hierzu weiteren Aufschluß: Allerdings hält dort nur ein Arbeiter den Halsschmuck, während ein anderer ihn mit einer Flüssigkeit aus einer Kanne mit Tülle begießt. Das darunterstehende weite Gefäß (wie bei XIX) dient demnach dazu, die herabfließende Flüssigkeit aufzufangen und nicht dazu, den Kragen hineinzutauchen. Die Beischrift hierzu lautet *iʿ.t nbw* „Befeuchten (Waschen) des Halskragens“.

Doch was soll der Vorgang bezwecken, und um welche flüssige Substanz kann es sich dabei handeln? Es könnte z.B. Wasser in Betracht kommen, damit die Fäden einlaufen, welche die einzelnen Schmuckstücke des Kragens zusammenhalten, und somit eine festere Bindung bewirken. Dagegen spricht aber, daß die Flüssigkeit aufgefangen wird. Es muß also eine Substanz sein, die kostbar ist bzw. wiederverwendet werden soll. Eine Vergoldung mit flüssigem Gold ist ebenfalls zu verneinen, weil sie in einem anderen szenischen Zusammenhang dargestellt wird[16]. Deswegen kann nur ein flüssiger Farbstoff in Frage kommen oder ein Mittel, das Glanz bewirken (Glasur bei Steinperlen)[17] oder erhalten soll (z.B. eine Oxydation verhindern, sofern der Schmuck aus unedlem Metall besteht).

Abschließend werden die fertigen Halskragen einem Aufseher überreicht: *rdj.t nbw.w r mꜣꜣ* (VIII, 4) „Übergeben der Halskragen zum Inspizieren“.

1.2.1.2 Bezeichnung der Schmuckhandwerker

Die Berufsbenennung *stj* (IX) bzw. *stj nbw* (XX) „Hersteller (Knüpfer) von Halskragen oder Halsschmuck“ leitet sich von der Tätigkeitsbezeichnung *stj* „knüpfen, aufreihen“ ab[18]. Außerhalb der Handwerkerdarstellungen ist diese Bezeichnung noch durch den *imj-rꜣ stj(.w) nbw Sfḫj*[19] „Vorsteher der Hersteller von Halsschmuck Sfḫj“ belegt und durch „seinen geliebten *mḥnk stj nbw ḫkr.t nswt Ḫnw*“[20]. Auch bei diesen beiden Personen darf die Bedeutung von *nbw* sich nicht allein auf die Herstellung von -Kragen beschränken, sondern *nbw* steht stellvertretend für sämtliche Formen von Hals- und Kopfschmuck, die ganz oder teilweise aus Gold bestehen.

Die *stj* (*nbw*)-Arbeiter können zum Haushalt gehören, wie es z.B. durch die Beifügung von *pr-ḏ.t* (IX, 1-2) ausgedrückt wird[21]. Außerdem wird es dadurch deutlich, daß man für diese Tätigkeit sehr oft Zwerge bevorzugt und auch die „Kleiderzwerge“ zum Haushalt und in die engere Umgebung des Hausherrn gehören. Hier besteht offensichtlich ein Zusammenhang zwischen Kleidung und Schmuck, der seinerseits als Bestandteil der Kleidung anzusehen ist[22].

Im Grab des Ptah-hotep knüpfen Zwerge Halskragen in der Nähe ihres Herrn, der gerade frisiert und manikürt wird[23]. Aus dieser Szene geht hervor, daß die Zwerge nicht die Hersteller der Schmuckelemente (z.B. Perlen) sind, sondern lediglich die „Knüpfer“ oder

[16] S. 1.2.2g.
[17] Lucas, Materials⁴, p. 42.
[18] Nicht aber von *mnḥ*; s.o. Anm. 14.
[19] Firth u. Gunn, Teti Pyramid Cemeteries, p. 124.
[20] LD II, 60; s. auch unter Gruppe 3.
[21] S. Abschnitt 2.2.1.
[22] Die von H. F. Wolff (Die kultische Rolle des Zwerges, Anthropos 33, 1938, S. 447) gemachte Trennung: „Zwerge scheiden sich in zwei Hauptgruppen: die Goldarbeiter und die mit der Obhut der Garderobe betrauten“ ist nicht zutreffend. Die „Schmuckzwerge“ sind ein Teil, eine Untergruppe, der Kleiderzwerge.
[23] Paget u. Pirie, Ptah-hetep, pl. 35; Klebs, Reliefs AR, Abb. 8.

„Aufreiher" von einzelnen Schmuckgliedern zu einem Halskragen. Vermutlich ist ein derartiger Halsschmuck auch variabel, indem verschiedene Schmuckelemente (mit Amulettbedeutung o.ä.) austauschbar sind und auf Wunsch des Herrn neu „komponiert" werden[24].

Andererseits können die Schmuckarbeiter auch von außerhalb — sozusagen als „Gast-Arbeiter" — in den Dienst eines Privatmannes treten, wie es durch den schon oben (S. 45) genannten Ḫnw ersichtlich ist. Ḫnw gehört zwar von Haus aus in den königlichen Dienst, denn er stellt Halskragen für den Königsschmuck (*ḫkr.t nswt*) her (s.u. Gruppe 3), aber er ist dennoch „geliebter *mḥnk*" eines Privatmannes und begleitet ihn auf der Vogeljagd. Wie läßt sich dieser Widerspruch hinsichtlich der Zugehörigkeit, des Dienstverhältnisses, erklären? Eine mögliche verwandtschaftliche Beziehung zwischen Ḫnw und dem Grabbesitzer, die seine Anwesenheit begründen könnte, ist durch die Bezeichnung *mrj=f mḥnk* auszuschließen. Denn *mḥnk* umfaßt in seiner Bedeutung ein enges persönliches Verhältnis zwischen Dienstherr (Auftraggeber) und Handwerker sowie eine besondere Zuwendung und Begünstigung in realer Form („Geschenke" *ḥnk*), die über „berechtigte Lohnforderungen" hinausgehen[25]. *Mḥnk* weist also hier darauf hin, daß Ḫnw für Špss-Rᶜ gearbeitet hat. Dies wiederum kann Ḫnw nur mit Zustimmung des Königs getan haben, für den er sonst den Schmuck herstellt. Die einzig mögliche Erklärung ist daher, daß der König seinen Arbeiter Ḫnw dem Špss-Rᶜ als Auszeichnung oder Gunsterweis für eine bestimmte Zeit überlassen hat[26]. Špss-Rᶜ honoriert seinerseits diese Auszeichnung und würdigt zugleich Leistung und Person des königlichen Schmuckherstellers, indem er ihn zu seinem „geliebten *mḥnk*" macht.

1.3.2 *Gruppe 2: Herstellung von Perlen*

1.3.2.1 *Zusammenstellung der Szenen*

I. (AR Nr. 24) Ibj;
 1-2 bohren Karneol 
 3-4 polieren Karneol auf einer Unterlage 
 daneben: Metallarbeit

II. (NR Nr. 4) Ipw-m-Rᶜ;
 Perlenketten mit roten, grünen, blauen Perlen;
 Körbe mit farbigen Klumpen.
 1-2 sitzen an einem Werktisch,
  benutzen zweifachen Bohrer
 daneben: Ausbohren von Gefäßen, darüber: Metallhandwerk

[24] Eine besondere Verbindung zwischen den Zwergen und dem Gott Ptah als Handwerkergott (Patäken, Herodot III, 37) besteht zu dieser Zeit nicht; es kann sich dabei nur um eine späte, sekundäre Erscheinung handeln; vgl. auch M. Sandman-Holmberg, The God Ptah, 45ff., 182ff. Andernfalls müßten dann auch Zwerge in anderen Handwerkszweigen anzutreffen sein, zumindest aber innerhalb des Metallhandwerks.

[25] Jemanden zu (s)einem *mḥnk* oder „geliebten *mḥnk*" zu machen ist eine königl. Gepflogenheit, die auch von Privatpersonen übernommen wird. Die *mḥnk*-Auszeichnung erstreckt sich auf einen bestimmten Personenkreis (Bildhauer, Maler, Metall- und Schmuckarbeiter, Großer Leiter der Handwerkerschaft; Friseure, Barbiere), der durch eine enge persönliche Kontaktnahme mit dem König oder einer Privatperson verbunden ist. Vgl. hierzu Helck, Beamtentitel (ÄgFo 18), 104; Junker, Die gesellschaftl. Stellung der ägypt. Künstler, 11ff.

[26] Vgl. dazu Entsprechendes bei Bildhauern, s. Abschnitt 1.4.4.4; 2.2.2.

III. (NR Nr. 7) Rḫ-mj-Rᶜ;
1 arbeitet mit dreifachem Bohrer; fertiger Halskragen
2 reiht Perlen auf
3 reinigt Perlenloch
4 reiht Perlen auf
daneben: Ausbohren von Gefäßen

IV. (NR Nr. 12) Imn-ḥtp-zꜣ-z;
aufgereihte Perlenketten;
1 arbeitet mit dreifachem Bohrer;
Perlen eingegipst, Napf mit Spachtel
2 unklar, fragment.
3 verpackt fertigen Schmuck in Kasten
darüber: Metallhandwerk

V. (NR Nr. 15) Nb-Imn und Ipwkj;
1 bohrt mit dreifachem Bohrer;
Napf mit Spachtel
2 heftet Perlen auf Halskragen
daneben: Ausbohren von Gefäßen; dazwischen: Metallhandwerk

VI. (NR Nr. 19) Nfr-rnp.t;
1 bohrt mit fünffachem Bohrer 
2 bohrt mit vierfachem Bohrer
dazwischen: Metallhandwerk

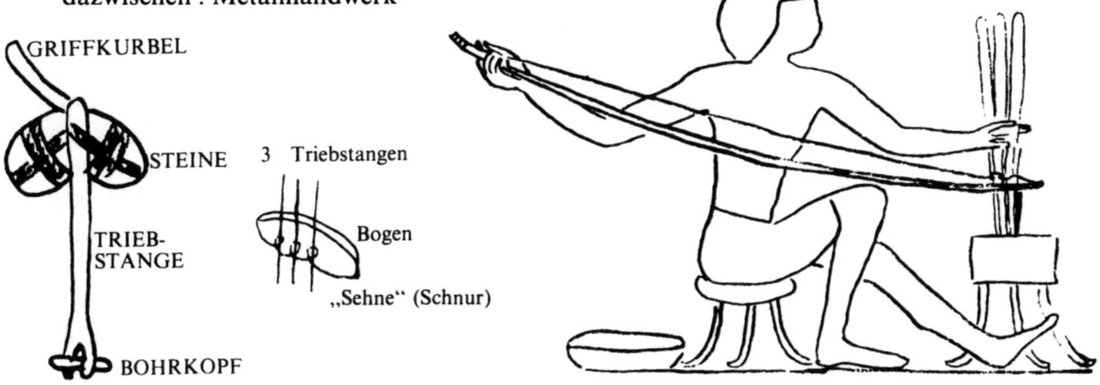

Abb. 19

1.3.2.2 Herstellung von Steinperlen

Die Handwerker dieser Gruppe stellen Perlen aus (kostbaren) Steinen her und fertigen daraus Halsketten an. In ihrer Nähe liegen bereits aufgezogene Ketten und stehen Körbe mit fertigen Perlen sowie Behälter mit unbearbeitetem Material in verschiedenen Farben (II-IV). Diese Arbeiter unterscheiden sich von der Gruppe 1 durch den Umgang mit einem anderen Material — Stein anstatt Metall[27] — und durch ihre Tätigkeit: Während die Gruppe 1 mit bereits

[27] S. dort; obwohl eine gewisse Zusammenarbeit zwischen beiden nicht auszuschließen ist, indem die Hersteller von Steinperlen den Schmuckarbeitern der Halskragen ihr Material zuliefern.

vorgefertigten Schmuckelementen zu tun hat, die nur noch aufgereiht werden müssen, sind die Schmuckarbeiter der Gruppe 2 vorwiegend beim Perlenausbohren dargestellt.

Das Ausbohren von Steinperlen ist im AR nur einmal (I), im NR öfter (II-VI) dargestellt. Im AR bohren zwei Arbeiter jeweils ein Stück Karneol (*ḥrs.t*). Dazu benutzen sie den einfachen kleinen Bohrer, der im Prinzip dem Bohrertyp entspricht, mit dem Steingefäße ausgebohrt werden[28]: jedoch ist er kleiner, ohne Griffkurbel und hat keine Steine zur Beschleunigung der Schwungkraft (s. Abb. 19). Dies ist verständlich, weil bei den kleinen Perlen entsprechend langsam und vorsichtig gebohrt werden muß. Die Tätigkeit des Bohrens lautet hier (I, 1-2) *wbꜣ ḥrs.t* „bohre Karneol". Anschließend polieren zwei Arbeiter Karneol auf einer Unterlage (I, 3-4) *snꜥꜥ ḥrs.t* „poliere Karneol"[29]. Die Arbeiter heißen jedesmal *ms-nšd.w* „Hersteller von Schmucksteinen, Schmuckarbeiter"[30].

Während sich dieser Arbeitsvorgang inmitten von Metallarbeitern befindet, ist im NR das Perlenbohren vorwiegend neben dem Gefäßausbohren (s. dort, Abschnitt 1.5.2) dargestellt (II; III; V), wenn auch Metallverarbeitung nahebei ist (darüber: II; IV oder darunter: VI). Der enge Zusammenhang zwischen Perlen und Gefäßen beruht auf dem gemeinsamen arbeitstechnischen Vorgang des Bohrens[31], aber auch auf dem Umgang mit verwandtem Material.

Die Darstellungen im NR zeigen eine andere Arbeitsweise als im AR, die eine rationelle und schnellere Fertigstellung bewirkt: Die zu bohrenden Perlen sind auf einem niedrigen Arbeitstisch eingegipst, damit sie durch die Bohrbewegung nicht verrutschen — in IV und V sind ein Napf mit Gips o.Ä. und ein Spachtel zu sehen —, denn der Arbeiter benötigt seine beiden Hände, um den Bohrer zu bedienen. Man benutzt nun den Drill- oder Fiedelbogenbohrer, der allerdings in einfacher Ausführung bereits im AR für Bohrungen in Holz verwendet wird (s. Abschnitt 1.8.2.5). Dieser Drillbohrer setzt sich aus zwei Teilen zusammen: Dem eigentlichen Bohrer — bestehend aus Triebstange mit Bohrkopf am unteren und Griffkappe am oberen Ende — sowie dem Bogen (s. Abb. 19). Die Schnur des Bogens wird um die Triebstange geschlungen, und durch Hin- und Herbewegen des Bogens entsteht die Rotation der Triebstange. In den Darstellungen begegnet man Arbeitern, die einen Bogen mit zwei (II), drei (III-V) oder mit vier (VI) Triebstangen handhaben. Die Wiedergabe in VI, dort bedient ein Handwerker einen Bogen mit fünf Triebstangen, ist unrealistisch, weil eine Hand maximal nur vier Triebstangen führen kann, — jeweils eine pro Finger-Zwischenraum.

In einem Fall (II) arbeiten zwei Handwerker gemeinsam an einem Arbeitstisch, von dem zu beiden Seiten eine Schnur oder ein Strang herunter zur Erde verläuft. Es wäre denkbar, daß es sich hierbei um eine Art Paste handelt, aus der künstliche Perlen angefertigt werden; in den Pastenstrang werden in kurzen Abständen Löcher gebohrt und anschließend wird er zu „Perlen" zerkleinert.

In einer anderen Szene (III) ist zu sehen, wie die Perlen auf eine Schnur gezogen werden, nachdem ein Arbeiter zuvor das Bohrloch mit einem spitzen Werkzeug gesäubert hat. In V „näht" (knüpft) ein Handwerker die Perlen zu einem breiten Halskragen zusammen[32].

[28] S. dort, 1.5.2a.

[29] *Snꜥꜥ* heißt auch das Polieren von Möbeln mit einem halbrunden Polierstein, z.B. 1.8.2.1.

[30] Zur Berufsbezeichnung s. u. 1.3.2.3.

[31] Wenn auch verschiedene Bohrtechniken und Bohrer (Kurbelbohrer - Drillbohrer) benutzt werden.

[32] Die Bezeichnung *stj* „knüpfen, aufreihen" wie bei der Gruppe 1 (1.3.1.1b) erscheint in diesem Zusammenhang nicht, aber *mnḫ*; s. 1.3.2.3.

1.3.2.3 Bezeichnung der Schmuckhandwerker

Die Bezeichnung für den Perlenhersteller lautet im NR *nšdj* (VI), während für das AR die Form *ms-nšd* (I) belegt ist. Offenbar handelt es sich hierbei um eine zusammengesetzte Benennung mit *ms*, die aber ohne Bedeutungsunterschied ist. Beide Formen — *ms-nšd* und *nšdj* — sind eine Berufsbezeichnung für Handwerker, die Schmuck aus Stein anfertigen. *Ms-nšd* findet sich noch in weiteren Belegen aus dem AR (z.B. Kairo 1731 : 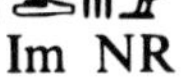 oder Kairo 1445 :  Sʿnḫ-Ptḥ, der sich auch nur 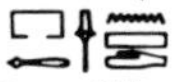 nennt, Kairo 1339). Im NR hingegen ist *ms* in dieser Verbindung fortgefallen, und die Berufsbezeichnung lautet *nšdj*[33].

In Pap. Anast. IV, vs. C, 6 dekorieren *nšdj*-Arbeiter (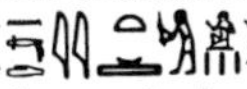) zusammen mit einem *zš qdw.t* einen Palast (*pr-ʿȝ*); vermutlich fertigen sie hier Einlegearbeiten aus farbigen Steinen (oder Pasten) an, deren Entwürfe zuvor vom Umrißzeichner (*zš qdw.t*, s. Abschnitt 1.4.5.1c) angelegt worden sind. Der *nšdj* stellt also nicht nur (Körper)-Schmuck her (außer Perlen sicherlich auch Skarabäen und andere figürliche Schmuckobjekte aus Stein), sondern dekoriert auch Bauteile.

Hingegen erscheint *ms* auch in Verbindung mit *cȝ.t* als *ms-cȝ.t*. Durch „Cheti" (Pap. Sall. II 5, 1) wird deutlich, daß *ms-ʿȝ.t* eine dem *ms-nšd* bzw. *nšdj* entsprechende Bezeichnung sein muß; denn es heißt dort: „Der *ms-ʿȝ.t* bohrt (*whb*) beim Perlenaufziehen mit allerlei harten Edelsteinen". Für „Perlenaufziehen" steht *m mnḫw*[34], wodurch eine Verbindung mit den Schmuckarbeitern der Gruppe 1 hergestellt ist (s. 1.3.1.1b), die Halskragen „knüpfen, aufreihen" (*mnḫ*); außerdem ist hieraus zu entnehmen, daß die Tätigkeit des Aufreihens — einerlei, ob von Steinperlen oder Schmuckelementen aus Gold — die gleiche Benennung hat.

Eine Differenzierung hinsichtlich des Umgangs mit einem bestimmten Material — Stein oder Gold (Metall) — läßt sich nur an den verschiedenen Bezeichnungen der Schmuckhandwerker ablesen : (*ms-*)*nšdj* oder *ms-ʿȝ.t* fertigen Schmuck aus Stein an; der Arbeiter, welcher Goldschmuck herstellt, heißt *nbj*. Diese Unterscheidung ist aus Kairo 20630 zu entnehmen; dort bezeichnet sich Pzš 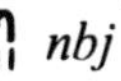 *nbj* „Gold(schmuck)arbeiter" und  *ms-ʿȝ.t* „Steinschmuckarbeiter"[35]. Der *stj nbw* hingegen fertigt keine einzelnen Schmuckelemente an, sondern reiht die Produkte der beiden Handwerkszweige zu Halskragen auf (s. 1.3.1.2).

Allerdings sind *ms-ʿȝ.t*-Arbeiter auch in Inschriften aus Wadi Hammamat belegt; z.B. Nr. 123 :  oder Nr. 12 : 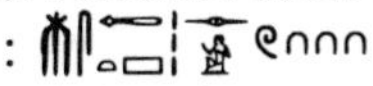[36]. Hier wird es sich wahrscheinlich — wegen des Arbeitsplatzes in den Steinbrüchen, mehr noch aber wegen der Anzahl von 130 Mann — nicht um Arbeiter handeln, die Perlen oder Schmucksteine im Wadi Hammamat herstellen, sondern die aufgrund ihrer verfeinerten Arbeitstechnik (im Vergleich zu *ḥmw.tj.w* und solchen Handwerkern, die gröbere Arbeiten in den Steinbrüchen ausführen) Spezialaufträge an Ort und Stelle auszuführen haben.

1.3.3 *Gruppe 3*

Diese Schmuckhandwerker sind durch die Erweiterung *ḫkr.t nswt* zu ihrer Berufsbezeichnung charakterisiert und gehören damit eindeutig in die Nähe des Königs. Hierdurch erklärt sich auch die Tatsache, daß sie niemals bei ihrer handwerklichen Tätigkeit dargestellt sind[37].

[33] Für weitere Belege s. Gardiner, AEO I p. 67* „worker in precious stones"; übrigens ist hier noch eine weitere Bezeichnung angeführt *irw wšb.t* „bead-maker", p. 69*.

[34] So Helck, Dwȝ-Ḫtjj, S. 45; zu *ms-ʿȝ.t* s. Gardiner, AEO I p. 68*.

[35] Ebd., p. 67*, wird *nšdj* hinter *nbj* aufgeführt. Zu *nbj* s. auch bei Metallarbeiter (Abschnitt 1.2.4.3).

[36] Weitere Belege s. Seibert, Charakteristik (ÄgAbh 17) S. 118f.

[37] Einschränkend muß aber hinzugefügt werden, daß es zwar möglich wäre, aber es fehlen Darstellungen von königl. Werkstätten; allein Metallhandwerker vom Onnosaufweg sind erhalten.

Erscheinen sie dennoch in Privatgräbern (als Begleiter auf der Jagd, beim Mahl des Grabherrn oder als Totenpriester, s.u.), so ist dies jedesmal in der Weise zu verstehen, daß der König einen seiner eigenen Schmuckhandwerker einem Privatmann als Belohnung (befristet) zur Verfügung gestellt hat[38].

Auch bei den Handwerkern des Königsschmucks (*ḫkr.t nswt*) gibt es Differenzierungen hinsichtlich ihrer genauen Bezeichnung, die sich ihrerseits von dem von ihnen zu bearbeitenden Werkstoff bzw. von der ausgeführten Tätigkeit ableitet. Belegt sind:

a) stj nbw ḫkr.t nswt „Hersteller von Halsschmuck für den Königsschmuck (Knüpfer des Halskragens für den K.)"[39]. Wie oben (s. Abschnitt 1.3.1.2) dargelegt wurde, stellt dieser Arbeiter aus bereits vorgefertigten Schmuckelementen (aus Gold und Steinperlen) Halskragen zusammen, indem er sie aufreiht.

b) imj-rꜣ ḥmw.tj.w n ḫkr.t nswt „Vorsteher der Handwerker des Königsschmucks"[40]. Die Bezeichnung *ḥmw.tj* läßt allerdings zwei Übersetzungsmöglichkeiten zu: „Steinhandwerker" oder eine allgemeine Benennung für „Handwerker" ohne Rückschluß auf einen bestimmten Werkstoff[41]. Eine Übersetzung als „Vorsteher der Steinhandwerker des Königsschmucks" würde dann bedeuten, daß es neben Handwerkern, die Schmuck aus Metall (s. bei c) oder einem weichen Werkstoff (s. bei d) anfertigen, auch eine Gruppe gibt, die Königsschmuck aus Stein herstellt. Doch läßt sich dagegen einwenden, daß im Zusammenhang mit der Schmuckherstellung Steinarbeiter unter der Bezeichnung *ḥmw.tj* nicht vorkommen. Die *ḥmw.tj.w* bohren zwar aus Stein Gefäße (s. Abschnitt 1.5.2) und fertigen Statuen an (s. Abschnitt 1.4.3.2d), aber sie bearbeiten nicht Edel- oder Schmucksteine. Hierfür sind die als *ms-nšd* bzw. *nšdj* oder *ms-ꜥꜣ.t* bezeichneten Handwerker zuständig (s.o. Gruppe 2, Abschnitt 1.3.2.3). Deswegen ist in diesem Fall eine Übersetzung „Handwerker" als übergeordnete Bezeichnung vorzuziehen.

c) imj-rꜣ bḏ(.t)j.w nbw ḫkr.t nswt „Vorsteher der Metallarbeiter mit dem Werkstoff Gold (= Goldarbeiter) des Königsschmucks"[42].

d) qs.tj ḫkr.t nswt „Schnitzer der Königsschmucks"; im Unterschied zu *a-c* ist diese Abteilung von königlichen Schmuckarbeitern durch mehrere Personen vertreten:

1.  (Said pl. 10, sitzt vor dem speisenden Grabherrn)
2. 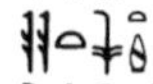 (Selim Hassan, Exc. Giza VI-3, Abb. 119, p. 125)
3.  (MM D61, als Opferträger)
4.  (MM C12, Grabbesitzer)

Bisher hat man die Zeichengruppe 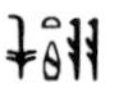 getrennt und als zwei Berufsangaben aufgefaßt: „Schmuckbeamter" und „Bildhauer"[43]. Doch sprechen einige Gründe dafür, von dieser Deutung Abstand zu nehmen und stattdessen hierin eine einzige Berufsbezeichnung zu sehen, indem man eine Umstellung in der Lesung vornimmt; also nicht *ḫkr.t nswt* + *qs.tj*, sondern *qs.tj ḫkr.t nswt* liest:

[38] Entsprechendes findet sich vorwiegend bei Bildhauern, vgl. Anm. 26.

[39] LD II, 60.

[40] MM B10 = Kairo 1359.

[41] So auch Edel in: ZÄS 87, 1962, 103 Anm. 4; vgl. auch Abschnitt 1.5.3.

[42] MM C3; vgl. auch Edel, ebd. Zur Lesung *bḏ.tj.w* s. 1.2.4.1; vgl. Anm. 51 von Abschnitt 1.2.4.1.

[43] Junker, Die gesellschaftl. Stellung der ägypt. Künstler, 42: „der Beamte des Königsschmucks, Bildhauer", obwohl er vorher sagt (S. 20) „die Gruppe könnte übersetzt werden: ‚Der gnwtj des Königsschmucks'"; vgl. auch Trennung bei S. Hassan, Exc. Giza VI, 125; vgl. A. Hermann (in: MDIK 6, 1936, 154), der „Bildhauer oder Bildner von Königsschmuck" übersetzt.

1. Diese Lesart findet eine Entsprechung bei b (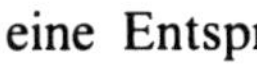); auch sonst ist nichts Ungewöhnliches daran, daß *nswt* im Schriftbild vorangestellt wird. Allerdings ist hier *nswt* + *ḫkr.t* so eng zu einer Einheit verbunden, daß beide als *ḫkr.t nswt* am Anfang stehen.

2. Die Verbindung zwischen königlicher Schmuck- und Statuenherstellung erscheint zu weitläufig, als daß eine Person beide Berufe zusammen ausübt, gerade auch in Hinblick auf das so stark ausgeprägte Spezialistentum im handwerklichen Bereich[44].

3. Zwar erscheint *imj-rȝ ḫkr.t nswt* als ein ehrender „Begleittitel" bei höheren Beamten[45], jedoch sind Bildhauer (*qs.tj*) oder überhaupt Handwerker nicht dazu zu zählen. Der *imj-rȝ ḫkr.t nswt Nj-ʿnḫ-rʿ.w* (MM F1) ist zugleich „Vorsteher der beiden Goldmagazine"; dieser Mann ist kein Schmuckhandwerker, sondern ein Beamter, der das Gold verwaltet[46].

4. In der Verbindung *qs.tj* mit *ḫkr.t nswt* steht die Rangbezeichnung *imj-rȝ* nie vor *ḫkr.t nswt* (wie oben bei 3.), sondern vor *qs.tj*.

Daher muß *qs.tj* mit *ḫkr.t nswt* in dieser Weise verbunden werden und stellt eine einzige Berufsbezeichnung dar, analog zu c.

Qs.tj ist in der Verbindung mit „Königsschmuck" auf seine Grundbedeutung des Schnitzens zurückzuführen, so daß eine Übersetzung in dem Sinne von „Schnitzer (oder Hersteller) des Königsschmucks aus weichem Werkstoff (Elfenbein, Horn, Holz)" angemessen ist. Demzufolge sind hierunter nicht jene *qs.tj*-Bildhauer zu verstehen, die Statuen oder Reliefs anfertigen (s. Abschnitt 1.4.4.3), sondern Hersteller von Königsschmuck aus Elfenbein oder Horn, vielleicht auch von königlichen Insignien aus Holz (Stäbe, Zepter), oder sie „schnitzen" den Holzkern von Objekten, die anschließend vergoldet werden sollen[47]. Diese Gruppe ist jedenfalls einerseits von den *qs.tj*-Bildhauern zu trennen, andererseits als eine eigene Abteilung innerhalb der Schmuckhandwerker zu betrachten. Alle drei Schmuckarbeiterabteilungen (a, c, d) sind jedoch dem *imj-rȝ ḥmw.tj.w n ḫkr.t nswt* (b) unterzuordnen.

Eingangs wurde darauf hingewiesen, daß diese Personengruppe von Haus aus nur für den König arbeitet und nur mit dessen Genehmigung für Privatleute tätig sein kann. Die königlichen Schmuckhandwerker sind entweder durch eigene Gräber belegt (b, c, d2, d4) oder erscheinen in Privatgräbern an exponierter Stelle: a begleitet den Grabbesitzer bei der Jagd, d1 sitzt dem Grabbesitzer beim Mahl gegenüber, d3 führt als erster eine Reihe von Opferträgern an. Der Privatmann dankt und ehrt auf diese Weise — durch die Art der Darstellung in seinem Grab — die ihm vom König zur Verfügung gestellten Handwerker[48].

[44] Eindeutig belegt durch differenzierte Berufsbezeichnungen innerhalb eines Handwerkzweiges sowie durch die dargestellten verschiedenen Formen der Zusammenarbeit (z.B. Arbeitsteilung, Arbeitsverbindung) s. in Abschnitt 3. Allerdings nennt sich Inj-kȝ=f (Beleg 2) auch *qs.tj wʿb.t*, also ohne *ḫkr.t nswt*; Inj-kȝ=f hat als „Schnitzer" an der Grabausstattung für den König mitgewirkt, s. S. 149.

[45] Helck, Beamtentitel (ÄgFo 18) S. 65.

[46] S. auch ZÄS 87, 1962, 103.

[47] S. 1.2.2g.

[48] Vgl. dazu S. 46.

1.4 Kapitel IV: Statuenherstellung

1.4.1 *Zusammenstellung der Szenen*: Bildhauer und Maler:

I. (AR Nr. 1) Mrj=s-ꜥnḫ;
1 bemalt weibl. Standbild 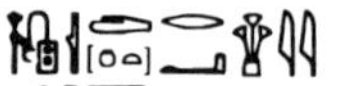
2 bearbeitet weibl. Sitzbild 

II. (AR Nr. 2) Nb-m-ꜣḫ.t;
1 steht vor Sitzbild
2-3 bearbeiten Standbild,
3 holt mit Schlegel zum Schlag aus

III. (AR Nr. 4) Ij-mrj;
1 steht vor Sitzbild, trägt Farbe auf (?; zerstört)

IV. (AR Nr. 7) Snḏm-ib Intj;
1 steht vor Standbild
2-3 bearbeiten Standbild mit Meißel u. Schlegel

V. (AR Nr. 8) Kꜣ-m-rmṯ;
1-2 bearbeiten Standbild mit Meißel u. Schlegel
3-4 polieren Standbild mit eiförmigem Stein

VI. (AR Nr. 9) Wp-m-nfr.t;
1 bearbeitet Standbild mit Meißel u. Schlegel 
2 poliert Sitzbild mit eiförmigem Polierstein

VII. (AR Nr. 11) Tj;
1-2 behämmern Sitzbild; eiförmiger Schlagstein
in einer Astgabel 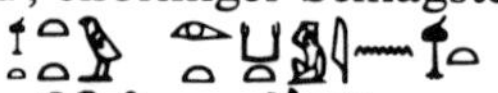
3-4 polieren Standbild 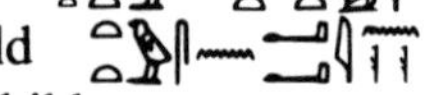
5-6 bearbeiten Standbild;
5 mit Meißel u. Schlegel
6 mit Dechsel 
7 bearbeitet Sitzbild, holt mit Schlegel zum
Schlag aus 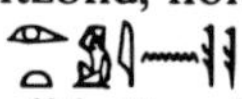
8 bearbeitet weibl. Standbild, (fragm.)
9 vor Standbild (fragm.)
10 ebenso (fragm.)
11 vor Sitzbild (fragm.)

VIII. (AR Nr. 13) H̱nm-ḥtp und Nj-ꜥnḫ-H̱nm;
1 hält Axt
2 bearbeitet Rückenpfeiler am Standbild
3 bearbeitet Gesicht des Standbildes mit der Axt
4 schlägt mit der Axt auf ein auf dem Rücken
liegendes Standbild 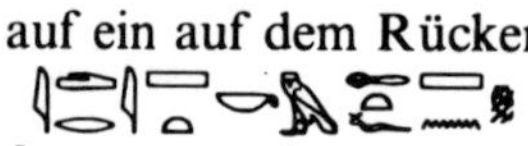
5 schaut zu; Aufseher?

6-7 bearbeiten Standbild mit Meißel u. Schlegel
8-9 ebenso
10 bemalt Standbild, hält Pinsel u. Farbtiegel

IX. (AR Nr. 16) Špss-Ptḥ; ohne Abbildung, aber
Beischriften :

X. (AR Nr. 18) ʿnḫ-m-ʿ-Ḥr;
1 bearbeitet Standbild mit Meißel
2 bemalt Standbild, hält Spachtel u. Tiegel
3 bemalt Standbild, hält Spachtel u. Tiegel
4-5 bearbeiten Standbild (fragm.),
5 mit Meißel u. Schlegel an der Fußplatte

XI. (AR Nr. 20) Mrrw-kꜣ; (fragm.)
1 vor Standbild
2 vor weibl. Standbild
3 vor Standbild, das in einem Schrein steht

XII. (AR Nr. 22) Intj;
1 poliert Standbild mit eiförmigem Stein

XIII. (AR Nr. 24) Ibj;
1 bearbeitet Sitzbild mit Meißel u. Schlegel
2 bearbeitet weibl. Standbild mit Meißel u. Schlegel
3 bemalt(?) Standbild
4 „Maler", steht daneben

XIV. (AR Nr. 25) Ḏʿw; (fragm.)
1 bemalt Standbild(?)
2 bearbeitet weibl. Sitzbild mit Meißel u. Schlegel
fertiges weibl. Standbild

XV. (AR Nr. 27) Ppj-ʿnḫ;
a) Meir V pl. 17 :
1 poliert Sitzbild mit eiförmigem Polierstein
b) Meir V pl. 18 :
1 bemalt Standbild mit den Fingern; Napf
2-3 bearbeiten Sitzbild,
2 mit Schlegel u. Meißel
3 mit Meißel

XVI. (MR Nr. 2) Ḫtjj;
1 bearbeitet Standbild mit Meißel u. Hammer
2 bemalt Standbild, hält Pinsel u. Tiegel

XVII. (MR Nr. 3) Bꜣq.t;
1 bemalt Doppelstatue (Mann u. Frau)
2 bearbeitet Standbild

3 bemalt Standbild
4 bearbeitet Standbild mit Meißel u. Hammer ǂ

XVIII. (NR Nr. 7) Rḫ-mj-Rᶜ;

a) neben Holzhandwerk:
1 poliert Königsstatue

b) neben Steinbearbeitung:
1-3 bearbeiten monumentales königl. Sitzbild
1 modelliert Stirnschlange mit Meißel u. Hammer
2 poliert Kopftuch mit Polierstein
3 poliert Thronsitz

1-5 bearbeiten königl. Standbild
1 bemalt Rückenpfeiler, hält Pinsel u. Palette
2 bearbeitet Rückenpfeiler
3 poliert Krone
4 bearbeitet Oberkörper
5 bearbeitet Fuß

1-3 bearbeiten Sphinx
1 poliert Kopftuch
2 bearbeitet Stirnschlange
3 trägt Farbe auf mit Spachtel u. Tiegel

1-4 bearbeiten Opfertisch
1 Aufseher
2-4 polieren

Abb. 20

XIX. (NR Nr. 16) Ḥwjȝ;
1 bemalt Standbild einer Prinzessin
mit Pinsel u. Palette
2 bearbeitet Kopf mit
XX. (NR Nr. 17) Nfr-ḥtp;
1 bearbeitet königl.(?) Standbild mit Griffel(?)
daneben ein Schrein; vgl. XVIIIa
XXI. (NR Nr. 19) Nfr-rnp.t;
1 bearbeitet Rückenpfeiler eines Standbildes
(bemalt?, hält Pinsel?)
2 bearbeitet Standbild, das schräg vor ihm liegt
XXII. (NR Nr. 26) Relief Florenz;
1 bemalt Rückenpfeiler eines Sitzbildes,
hält Pinsel u. Palette

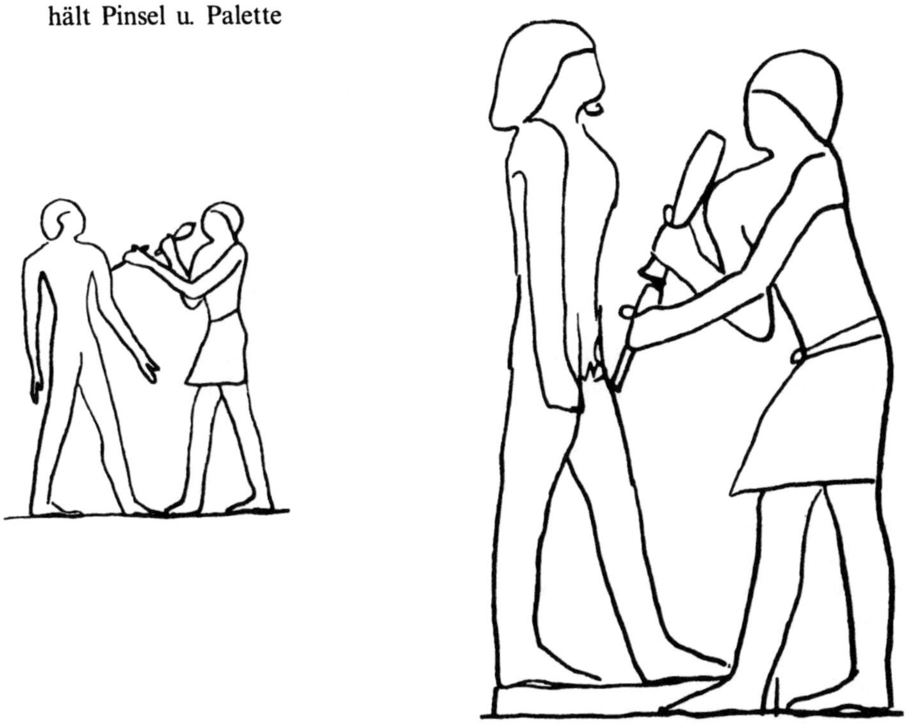

Abb. 21

1.4.2 *Vorbemerkung*

Mit der Statuenherstellung sind einige bemerkenswerte Besonderheiten verbunden, wie sie bei anderen Handwerkstätigkeiten nicht in dieser ausgeprägten Weise anzutreffen sind; dabei handelt es sich einmal um das Produkt selbst — die Statue —, das andere Mal um ihre Hersteller.

Kein anderes Produkt (mit Ausnahme der seltener dargestellten Sarganfertigung) kennzeichnet so entscheidend die handwerklichen Arbeiten hinsichtlich ihrer Zweckbestimmung und Verwendung: Statuen von Privatpersonen werden nur in den Szenen aus dem AR und MR angefertigt. Es sind die Statuen des Verstorbenen und seiner Familienmitglieder, die für die Grabausrüstung bestimmt sind, da zu dieser Zeit ein anderer Verwendungszweck (Aufstellung im Tempel) nicht möglich ist. Die Statuen werden — wie auch die übrigen Dinge der Grabausrüstung — im Hause des Auftraggebers hergestellt, der über hauseigene Werkstätten verfügt [1]. In diesem Zusammenhang und in diesem Zeitraum fehlen Darstellungen, welche die Anfertigung einer Königsstatue zeigen.

Dieses ändert sich mit den Handwerkerszenen aus dem NR. Jetzt werden keine hauseigenen Betriebe mehr dargestellt, sondern Tempelwerkstätten. Hier lassen sich Privatstatuen nicht nachweisen (Ausnahme vielleicht in XXI und XXII) [2], sondern allein Bildnisse von Königen, die als Kultausrüstung für den Tempel oder für das königliche Begräbnis aufzufassen sind.

An der Statuenherstellung ist also deutlich die Verlagerung hinsichtlich der Zweckbestimmung der Handwerkertätigkeiten und ihrer Produkte abzulesen: AR-MR — Grabausrüstung; NR — Kultausrüstung (s. Einleitung S. 2f.).

Für die Hersteller, Bildhauer wie Maler, läßt sich für die Zeit des AR eine Sonderstellung erkennen, die sie von den übrigen Handwerkern heraushebt. Diese Sonderstellung beruht im wesentlichen auf zwei Faktoren (s. Abschnitt 1.4.4.4): Produkt und Herkunft (d.i. Dienstverhältnis) der Arbeiter. Sie gehören in der Regel nicht zu einem Privathaushalt, sondern kommen von auswärts; und die Herstellung einer Statue, die eine Verkörperung des Auftraggebers ist, hat eine enge persönliche Beziehung zum Grabbesitzer als Voraussetzung.

1.4.3 *Die Herstellung von Statuen* [3]

Die Statue wird stets *twt* bezeichnet, einerlei aus welchem Material (Holz, Stein, Metall) sie gearbeitet ist oder welchen Typ sie darstellt (*twt*: VI; VII; X; XIII; XVb).

Vom Typ her überwiegt das männliche Standbild [4]; danach folgen das männliche Sitzbild, weibliches Stand- und Sitzbild und einmal das Doppelstandbild von Mann und Frau (XVII). In allen Darstellungen sind die Bildnisse bereits im fertigen Zustand abgebildet, also durchmodelliert und mit allen Körperteilen versehen [5].

Wenn auch nicht am Objekt selbst, so läßt sich doch anhand der Verrichtungen an der Statue und dem dazu benutzten Werkzeug ein Entstehungsablauf aufzeigen. Es soll daher zunächst ein Überblick über die verschiedenen Tätigkeiten gegeben werden, die von den Handwerkern an den einzelnen Statuen vorgenommen werden. — Vorweg ist noch zu bemerken, daß in jenen Szenen, wo mehrere Statuen nebeneinander zu sehen sind, z.B. im Grab des Tj (VII), nicht der fortlaufende Arbeitsprozeß an ein und derselben Statue gezeigt wird, sondern 8 verschiedene Statuen (stehend, sitzend; weiblich, männlich), die gleichzeitig bearbeitet werden, aber jeweils in einer anderen Phase ihrer Entstehung gezeigt werden.

[1] S. Abschnitt 1.5.3.1 und 2.2 (*iz*).

[2] Nicht genau erkennbar; vielleicht ein Mitglied der königl. Familie?

[3] *Lit.*: L. Klebs, Reliefs AR, S. 81f.; MR, S. 106; NR, S. 94-96. - P. Montet, Scènes, 288-295. - A. Lucas, Ancient Egyptian Materials[4], 66ff., 499. - W.St. Smith, A History of Egyptian Sculpture and Painting in the Old Kindom (abgekürzt: HESP)[2], 1949, Kap. VI, The Technique of the Statuary, 105-109. - R. Anthes, Werkverfahren ägypt. Bildhauer in: MDIK 10, 1941, 79-121.

[4] Bei X und XI steht ein kleines Kind mit auf der Basis.

[5] Es widerspräche der ägyptischen Auffassung von der Realität und Wirksamkeit einer Darstellung, nur einen Torso zu zeigen, — gerade in diesem Zusammenhang, wo es sich um ein bedeutsames Requisit der Grabausrüstung handelt. Um so mehr überrascht allerdings die kleine Szene in Amarna (XIX, 2), wo ein Bildhauer lediglich den Kopf einer Statue in der Hand hält und mit dem Meißel bearbeitet; jedoch handelt es sich hier nicht um eine Grabausstattung.

1.4.3.1 Handwerkliche Tätigkeiten; die einzelnen Verrichtungen

a) Ungewöhnlich ist eine Darstellung im Grab des Ḫnm-ḥtp (VIII, 4); zwischen zwei Arbeitern liegt ein Standbild mit dem Rücken flach auf dem Boden. Der eine Arbeiter schlägt mit einem Werkzeug auf die Körpermitte der Statue ein. Das Werkzeug ist vermutlich eine Axt; die Klinge ist zwar zerstört, aber der sehr lange Schaft läßt auf ein derartiges Gerät schließen. Sowohl Werkzeug wie das liegende Standbild sind seltsam und in dieser Weise bei der Statuenherstellung nicht wieder belegt[6]. Die dazugehörige Beischrift  *idr(w) iš.t=k m ḫ.t=f šnj(w)* könnte übersetzt werden: „Weggenommen (*dr* mit prophetischem *i*) wird deine (gemeint: des Werkblocks) Materie (*iḫ.t* als „Sache", „etwas") von seinem (gemeint: der Statue) Leib, so daß er rund wird". Bemerkung und Darstellung sind vielleicht so zu verstehen: Es handelt sich um einen der ersten (gröberen) Arbeitsgänge an dem Werkstück, bei dem mit kräftigen Axtschlägen — daher die Statue liegend — überschüssiges Material und die ersten Konturen der künftigen Statue herausgehauen werden.

Die Statuen rechts und links von dem liegenden Standbild werden poliert (s. bei e) bzw. mit Dechsel (s. bei d) und Hammer und Meißel (s. bei c) bearbeitet, so daß vom Szenenaufbau keine fortlaufende Handlung, die konform geht mit der Statuenentstehung, zu erkennen ist.

b) Singulär ist auch das Werkzeug, das von zwei Arbeitern im Grab des Tj (VII, 1-2) benutzt wird. Sie schlagen mit einer Art Hammer, der aus einer Astgabel als Schaft besteht und einem eiförmigen Stein, der dazwischen eingeklemmt ist (s. Abb. 20)[7]. Auch diese Tätigkeit muß — ähnlich wie die vorige (a) — als ein Arbeitsgang verstanden werden, der am Anfang der Statuenherstellung steht; denn mit diesem Werkzeug kann man nur gröbere Brocken von dem Werkstück abschlagen und keine gezielte Feinarbeit (z.B. Modellieren) verrichten.

Die Beischrift hierzu lautet recht allgemein: *ir.t kꜣ.t in ḥmw.tj(.w)* „Verrichten der Arbeiten von seiten der Handwerker"[8].

c) Am häufigsten wird mit Hammer und Meißel gearbeitet (I?; III-VIII; X; XII-XVIII). Im AR hat der Hammer die Form eines langen keulenförmigen Schlegels, im MR findet man daneben auch den „runden" Hammer (s. Abb. 21)[9]. Der Umgang mit Hammer und Meißel setzt eine gezielte Arbeitstechnik voraus. Das Ansetzen des Meißels und die Schlagkraft des Hammers müssen berechnet und überlegt sein, — im Gegensatz zu dem „Drauflosschlagen" mit Axt (s. bei a) und Steinhammer (s. bei b). Mit diesen Werkzeugen kann bereits eine Modellierung der Statue vorgenommen werden. Die Tätigkeit wird entweder ganz allgemein *ir.t kꜣ.t in qs.tj(.w)* „Verrichten der Arbeit von seiten der Bildhauer" (VII) bezeichnet oder spezieller *srḏ* bzw. *srḏ m twt in qs.tj* (XIII), was die Bedeutung von „schlagen" bzw. „die Statue (zurecht) schlagen durch den Bildhauer" haben muß[10].

d) In zwei Darstellungen (VII; VIII) wird die Statue mit dem Dechsel bearbeitet, um vermutlich Unebenheiten zu beseitigen, denn die Beischrift lautet: *nḏr* „glätten". *Nḏr* ist eine im Holzhandwerk sehr gebräuchliche Bezeichnung und bezieht sich dort auf die Tätigkeit, einen Gegenstand aus Holz oder ein Holzstück mit dem Dechsel zu glätten (s. Abschnitt 1.8.3.2 und 1.8.4.1).

[6] In XXI bearbeitet ein *ḥrj sꜥnḫ(.w)* ein schräg vor ihm liegendes Bildnis.

[7] S. Abb. in: Hayes, The Scepter of Egypt, Vol. I, fig. 192 p. 290.

[8] Zu der von Anthes (a.a.O.) aufgeworfenen Handwerker- und Werkstoffrage s.u., Abschnitt 1.4.3.2d.

[9] S. Anm. 7, ebd.

[10] Zu *srḏ* vgl. Schreiner, der mit dem gleichen Werkzeug einen Türflügel bearbeitet (s. 1.8.2.7 Beleg III), oder den Metallarbeiter, der ein Gefäß über einem Treibamboß durch Schlagen mit dem eiförmigen Stein herstellt (s. 1.2.2e); *srḏ* ist also das Schlagen oder Ausholen zum Schlag mit einem Werkzeug.

e) Häufiger wiederum ist das Polieren einer Statue dargestellt: Die Arbeiter reiben mit eiförmigem Polierstein die Oberfläche der Statue (V-VIII; XII; XV; XVIIIb: ein halbrunder Polierstein ⌓). Dieser Vorgang heißt *sn*^{cc} „glätten, polieren" (VII)[11].

Faßt man die bisherigen Verrichtungen a-e zusammen, so läßt sich weder eine Tätigkeit noch ein Werkzeug anführen, das für die Bildhauerei spezifisch wäre; denn — mit Ausnahme der Benutzung von Steinhämmern (s. bei b)[12] — findet man alles bei anderen Arbeiten wieder, besonders aber im Holzhandwerk[13].

f) Als abschließender Arbeitsgang folgt die Bemalung der Statue, die in kaum einer Darstellung fehlt. Das Bemalen geschieht immer in der gleichen Weise, indem der Maler (*zš* oder *zš qdw.t*)[14] einen Napf und Spachtel (X; XVIII, in XVb mit Finger statt Spachtel) bzw. Pinsel (VIII; X; XVI) oder Palette und Pinsel (XVIII; XIX; XXII) in den Händen hält. Dabei ist jedoch zu unterscheiden zwischen Bemalung des Körpers (I; III; VIII; X; XIII-XIX) und Bemalung am Rückenpfeiler (XVIIIb; XXI; XXII), wobei es sich entweder um das Vorzeichnen einer Inschrift handelt oder um das Ausmalen von Hieroglyphen

Anhand der Tätigkeiten (a-f) und Werkzeuge läßt sich — trotz der Wiedergabe der Statue in ihrem fertigen Zustand — folgender Arbeitsverlauf festlegen: Die gröbste Arbeit findet — sofern es sich um Statuen aus Stein handelt — vermutlich nicht in der Werkstatt, sondern im Steinbruch statt. In der Werkstatt wird der rohe Umriß mit der Axt (a) oder Steinhämmern (b) herausgeschlagen; die feinere Durcharbeitung geschieht mittels Hammer und Meißel (c); der Dechsel ebnet Übergänge (d); die Oberfläche wird poliert (e) und abschließend bemalt (f).

1.4.3.2 Der Werkstoff

Es gibt verschiedene Möglichkeiten, sich der Frage nach dem Werkstoff, aus dem die Statuen gearbeitet sind, zu nähern. Es muß allerdings vorausgeschickt werden, daß eine exakte Beantwortung, ob Stein oder Holz[15], nicht möglich ist, sondern allenfalls eine etwas umstrittene Trennung zwischen hartem Stein einerseits und weichem Stein sowie Holz andererseits.

a) Werkstoffangabe

Anhand der in den Handwerkerszenen dargestellten Statuen ist selten zu ersehen, ob sie aus Stein oder Holz gefertigt sind. Bei Špss-Ptḥ (IX) ist aufgrund der gesprenkelten Bemalung Granit gemeint[16]. Auch bei Rḫ-mj-R^{c} (XVIIIb) ist durch unterschiedliche Bemalung Granit und Kalkstein zu erkennen[17].

Bisher hat man die zwei Bezeichnungen in einer Darstellung (X) stets als Werkstoffangabe zu zwei Statuen aufgefaßt[18]. Es heißt dort *twt n špnn* (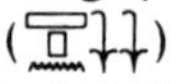) und *twt n ksb.t* (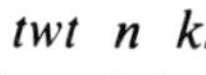). Dabei ist es allerdings merkwürdig, daß beide Statuen nicht bei ihrer eigentlichen Herstellung gezeigt werden, sondern bei ihrer Bemalung; zwei Maler (*zš*) tragen Farbe auf. Außerdem

[11] Auch diese Bezeichnung ist bei anderen Handwerkstätigkeiten belegt; sowohl bei den Schreinern (Polieren eines Bettes, s. Abschnitt 1.8.2.1d) als auch bei Schmuckarbeitern, die Steinperlen polieren, s. Abschnitt 1.3.2.2.

[12] Die gröberen Arbeiten am Stein finden vermutlich im Steinbruch statt.

[13] S. unten, 1.4.3.2c.

[14] Die Maler bilden keinen eigenständigen Berufszweig, sondern verrichten immer Teilarbeit und sind auf Kooperation angewiesen; entweder vollenden sie Statuen (wie hier) oder leisten Vorarbeiten, z.B. als Umrißzeichner, vgl. 1.4.5.1c.

[15] Zu Figuren aus Metall s. unten, 1.4.3.2e.

[16] So beschrieben bei: H. Junker, Die gesellschaftliche Stellung der ägypt. Künstler, S. 9.

[17] Davies, Rekhmire, p. 58.

[18] P. Montet, Scènes, 289f.; J. A. Wilson in: JNES 6, 1947, 234.

sind beide Bezeichnungen als eine Werkstoffangabe oder als Nutzholz nicht wieder belegt. Hingegen könnte 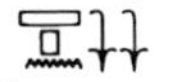 mit *špn/špnn* „Mohnpflanze/Mohnkörner" (Wb IV 444,17 u. 445,5) in Verbindung stehen, so daß hier keine Werkstoffbezeichnung für die Statue vorliegt, sondern die Benennung einer Substanz, die als Farbmittel oder zur Grundierung benutzt wird und aus der Mohnpflanze (den Körnern) gewonnen wurde[19]; *ksb.t* ist als Gartenbaum und wegen seiner Früchte belegt (Wb V 141). Daher ist es wahrscheinlicher, beide Angaben nicht auf den Werkstoff Holz zu beziehen, aus dem die Statuen hergestellt sind, sondern auf aus pflanzlichen Stoffen gewonnene Mittel (aus Mohnkörner bzw. aus den Früchten des *ksb.t*-Baumes), mit denen die fertig modellierten Statuen bestrichen werden; also entweder eine Art Grundierung vor der eigentlichen Bemalung oder bzw. und ein Farbstoff[20].

b) Szenischer Zusammenhang

Lassen die der Statuenherstellung benachbarten handwerklichen Tätigkeiten Rückschlüsse auf den Werkstoff der Statuen zu?

R. Anthes weist darauf hin[21], daß bei Tj (VII; ebenso auch bei XVa) neben den Bildhauern Handwerker Steingefäße ausbohren, wobei beide Arbeitsgruppen die Berufsbezeichnung *ḥmw.tj* tragen[22]. Andererseits macht H. Junker die Feststellung[23], daß die einzelnen dargestellten Werkstätten in ihrer Anordnung nicht der Realität entsprechen müssen, sondern in den Gräbern die Wiedergabe der Werkstätten auf engstem Raum komprimiert wird.

Es ist richtig, daß sich kein einheitliches Schema mit gleicher Abfolge von Handwerkertätigkeiten heraustellen läßt; denn sämtliche Darstellungen variieren in ihrer Anordnung, Auswahl und Ausführlichkeit. Jedoch lassen sich hin und wieder einzelne zusammengehörende Arbeitsvorgänge aufzeigen, wie etwa Perlen- und Gefäßausbohrer[24], die aufgrund des Werkstoffs wie seiner Bearbeitung eine arbeitstechnische Einheit bilden.

Betrachtet man den szenischen Zusammenhang bei der Statuenherstellung, so besteht neben der Uneinheitlichkeit der benachbarten Szenen auch eine gewisse Unsicherheit hinsichtlich der Zuordnung untereinander; z.B. in II, wo der Bildhauer zwischen Gefäß- und Bettenherstellung arbeitet. Es ist in diesem Fall nicht zu entscheiden, welchem Werkstoff — Holz (Bett) oder Stein (Gefäße) — man die Statue zuordnen darf.

Dennoch ergibt sich bei einem Überblick über sämtliche Darstellungen öfter eine Verbindung zur Gefäßherstellung (aus Stein), die sich an der einen Seite anschließt (Statuenherstellung neben Steingefäßen: II; III; V; VII; XVa, — über Steingefäßen: X; XI, — unter Steingefäßen: IV). So gesehen könnte ein Zusammenhang zwischen beiden bestehen hinsichtlich des gemeinsamen Werkstoffs wie auch der Bearbeitung; denn bei der Statuenherstellung aus Stein kommt man ebenfalls nicht ohne Bohrer aus. Für eine bestehende Beziehung zwischen verschiedenen Endprodukten bei gemeinsamem Werkstoff könnte auch die Darstellung in Meir (XVa und b) sprechen: Die Statue aus Stein befindet sich neben der Gefäßherstellung, die Statue aus Holz ist mit dem Holzhandwerk verbunden[25].

[19] A. Lucas, Materials[4], p. 351 sagt, daß Mohnöl wie überhaupt Ölfarben in der altägypt. Malerei nicht nachweisbar sind.

[20] Eine Werkstoffangabe innerhalb der Statuenherstellung ist nicht belegt; außerhalb der Handwerkerszenen s. Montet, ebd.

[21] MDIK 10, 1941, 103f.

[22] S. dazu 1.4.3.2d.

[23] Junker, Die gesellschaftl. Stellung, S. 35f.

[24] S. oben, 1.3.2.2.

[25] Obwohl hier auch ein Gefäß bemalt wird, das sicherlich nicht aus Holz, sondern aus Stein gefertigt ist; folglich ist hier das Bemalen (von Gefäß und Statuen) das verbindende Element.

Aufgrund der Häufigkeit der Verbindung Steingefäße — Statuen in den Darstellungen würde Stein als Werkstoff für Statuen überwiegen[26].

c) Die benutzten Werkzeuge

Ein weiterer Punkt in dieser Fragestellung ist das zur Statuenherstellung benutzte Handwerkszeug. Wie oben bereits ausgeführt (s. Abschnitt 1.4.3.1) sind Axt, Hammer und Meißel sowie Dechsel hauptsächlich Geräte aus dem Schreinerhandwerk. Hingegen kommen die Tätigkeitsbezeichnungen *srḏ* („schlagen") und *snʿʿ* („polieren") auch bei der Metallver- und Steinperlenbearbeitung vor[27]. Trotzdem überwiegt aufgrund der benutzten Werkzeuge ein weicher Werkstoff, und nur einmal (VII) lassen die Steinhämmer mit Sicherheit auf Stein schließen[28]. Dieses Ergebnis muß nicht im Widerspruch zu Punkt b stehen, wo das Material wegen des szenischen Zusammenhangs als Stein angesehen wurde; denn sofern es sich um einen weichen Stein (Kalkstein) handelt, wäre ebenfalls die Verbindung hinsichtlich des Werkstoffs Stein gegeben, wobei es unerheblich ist, ob der Stein hart oder weich ist. Ein weicher Stein läßt sich auch mit allen oben aufgeführten Werkzeugen — einschließlich Steinhämmern — bearbeiten[29].

d) Bezeichnung der Bildhauer (*qs.tj-ḥmw.tj*)

Ein anderes Kriterium für die Werkstoffbestimmung ist nach Anthes die Benennung der Bildhauer[30]. Akzeptiert man seine Darlegung, daß *qs.tj* „Bildhauer in weichem Material, also Holz und auch weichem Kalkstein" bedeutet und *ḥmw.tj* „Bildhauer in Hartgestein", so führt dies letzlich auch zu keiner exakten Beantwortung, ob die Statuen nun aus Holz oder Stein bestehen; eben weil zu dem weichen Material auch weicher Stein miteinbezogen ist. Tatsache bleibt lediglich, daß aufgrund der Handwerkerbezeichnungen in den Darstellungen ein Überwiegen von *qs.tj* vorliegt (im Verhältnis zu *ḥmw.tj* 11:3), wobei *ḥmw.tj* nie allein als Statuenhersteller erscheint, sondern stets zusammen mit *qs.tj*-Bildhauern (VII; IX; XVa/b).

Trotzdem ist Anthes' Bemerkung, „daß der Bildhauer in Hartgestein (d.i. *ḥmw.tj*)... namens- und werkmäßig nicht zu den Bildhauern in weichem Material (d.i. *qs.tj*)... gehört, sondern eben zu den Steinbohrerleuten, die auch Steingefäße herstellen"[31] in dieser Form zu ausschließlich und vermittelt einen falschen Eindruck; denn die drei Belege (VII; IX; XV) rechtfertigen keine so grundlegende Trennung angesichts der überwiegenden Mehrheit von *qs.tj*-Bildhauern. Außerdem lassen sich folgende Einwände dagegen erheben:

1. *Ḥmw.tj* in seiner durchweg indifferenten Bedeutung — entweder als „Handwerker" allgemein oder in einer speziellen Bedeutung (z.B. Steinhandwerker, Schreiner, Gefäßhersteller usw.)[32] — kann hier nicht die Bezeichnung „Bildhauer in Hartgestein" beanspruchen, wenn auch keineswegs der Differenzierung von Anthes in ihrer Ausdeutung widersprochen werden soll.

2. Sicherlich kommt dem gemeinsamen Werkstoff bei verschiedenen Aufgaben eine verbindende Bedeutung zu (s.o. Abschnitt 1.4.3.2 b); aber in diesem Fall gehören die Bildhauer *ḥmw.tj/qs.tj*

[26] Dagegen ließe sich einwenden, daß Stein nur mit königl. Genehmigung zugänglich ist, Holz aber für einen Privatmann eher erreichbar wäre. Vielleicht handelt es sich um eine „Wunsch-Darstellung", die Statuen aus dauerhaftem Stein hergestellt zu wissen und nicht aus Holz.

[27] S. Anm. 10 u. 11.

[28] Abgesehen von Špss-Ptḥ (IX) und Rḫ-mj-Rʿ (XVIIIb), wo Stein anhand der Bemalung erkennbar ist.

[29] So daß Anthes' Zuordnung hinsichtlich der Steinhämmer (MDIK 10, 1941, 103) nicht zwingend ist. Außerdem werden auch in XVIII Statuen aus Granit und Kalkstein zusammen bearbeitet.

[30] MDIK 10, 1941, 103f.

[31] Ebd.

[32] Die lediglich aus dem Kontext oder einer Darstellung zu erschließen ist; vgl. auch Abschnitt 1.5.3.

zusammen[33] und nicht *ḥmw.tj*-Bildhauer/*ḥmw.tj*-Gefäßausbohrer (als eine Gruppe gegenüber den *qs.tj*-Bildhauern). Die Statuenhersteller bilden für sich eine Berufsgruppe, einerlei mit welchem Material sie arbeiten; denn gerade die Bildhauer heben sich unter der Bezeichnung *qs.tj* durch gewisse Besonderheiten von der übrigen Handwerkerschaft ab[34].

3. Zwar gibt es genügend Hinweise für eine ausgeprägte Spezialisierung unter den Arbeitern eines Handwerkszweiges, die sich durch verschiedene Bezeichnungen ausdrückt, welche sich ihrerseits von einem Werkzeug, Material, Produkt oder einer Tätigkeit ableiten können[35]. Aber trotz unterschiedlicher Benennung von Arbeitskräften und Teilarbeitern ist letzlich doch das gemeinsame Produkt das Verbindende[36].

4. Außerdem scheint die Trennung innerhalb von Gesteinsarten, wie es Anthes macht, indem er Holz und weichen Stein als Werkstoffeinheit gegenüber Hartgestein nimmt, etwas fragwürdig zu sein. Naheliegender ist eine Trennung zwischen Holz (Elfenbein, Horn, Knochen) einerseits und sämtlichen Gesteinsarten andererseits. Für diese Aufteilung spricht auch die Darstellung im Grab des Rḫ-mj-Rᶜ (XVIII); dort werden Statuen, Sphinx und Opfertisch aus Granit und Kalkstein zusammen hergestellt, während in einem der oberen Register eine Holzstatue zu den Schreinerarbeiten gehört[37].

Aus diesen angeführten Punkten geht hervor, daß eine Werkstofftrennung im Sinne Anthes' zumindest angezweifelt werden muß. Es sollte daher die Möglichkeit erwogen werden, ob die Bezeichnung *ḥmw.tj* nicht darauf beruhen kann, daß die dargestellten Handwerker jeweils mit einem Werkzeug arbeiten, das aus Stein besteht (Steinhammer in VII; Polierstein in IX und XVa). Diese *ḥmw.tj.w* gehören zwar in die Gruppe der Bildhauer, aber sie verrichten eine Teilarbeit, wozu Steinwerkzeuge benutzt werden, so daß sie in diesem Sinne auch „Stein-Handwerker“ sind[38]. Dem kann außerdem hinzugefügt werden, daß der *ḥmw.tj* mit seinem Werkzeug entweder die grobe Vorarbeit leistet, indem er zunächst die rohe Form der Statue aus einem Block herausschlägt, oder abschließend die Statue poliert (wie ein *ḥmw.tj* auch Steingefäße poliert, s. Kap. V), während der *qs.tj* die eigentliche Feinarbeit (Gliederung und Modellierung) ausführt[39].

Es soll hiermit nicht bestritten werden, daß in den drei Belegen (VII; IX; XVa) Statuen aus Hartgestein hergestellt werden können, aber es soll dagegen Einspruch erhoben werden, zwischen *qs.tj* und *ḥmw.tj* eine grundlegende Trennung bezüglich des Werkstoffs zu sehen. Nicht das Material, sondern Werkzeug und Arbeitsgang sind das Kriterium für die verschiedenen Bezeichnungen. *Qs.tj* leitet sich zwar von weichem Werkstoff (*qs* „Knochen“, s.u. Abschnitt 1.4.4.1) ab, bedeutet aber zu dieser Zeit „Bildhauer“ ohne Hinweis auf den Umgang mit einem bestimmten Werkstoff[40].

[33] Vgl. auch den Titel *imj-rꜣ ḥmw.tj.w qs.tj.w* (LD II, 149h = Couyat et Montet, Ouadi Hammamat, Nr. 40).

[34] Z.B. ist ein *mḥnk ḥmw.tj* nicht belegt, der *mḥnk qs.tj* aber zahlreich; vgl. Abschnitt 1.4.4.4.

[35] Z.B. *gs* — „Ahlenmann“, *nbj* — „Goldarbeiter“; *ṯbw* — „Schuster“; *stj nbw* — „Halskragenknüpfer“; s. auch Abschnitt 3.

[36] Vgl. die einzelnen Handwerkszweige, z.B. Leder-, Metall-, Holzhandwerk.

[37] Davies, Rekhmire, p. 58 und p. 51.

[38] Dagegen läßt sich zwar einwenden, daß gerade bei Tj (VII) ein *qs.tj*-Arbeiter mit dem Polierstein arbeitet; aber dem wiederum ist entgegenzuhalten, daß in Gebrawi I pl. 14 ein *ḥmw.tj*-Arbeiter ein Bett poliert, obwohl diese Tätigkeit üblicherweise von einem *mḏḥ* oder *zšp* ausgeführt wird, s. Abschnitt 1.8.4.4.

[39] Ähnlich vermutet Wilson (JNES 6, 1947, 236): „...the scene in the tomb of Ti may show two successive stages of work on statues of the same materials ...“.

[40] Mit Recht fragt P. Kaplony, Handwerker als Kulturträger (Asiatische Studien 20, 1966, 106 Anm. 16): „Wie hätte sonst *qs.tj* die allgemeine Bezeichnung für ‚Bildhauer‘ und *ḥmw.tj* die allgemeine Bezeichnung für ‚Kunsthandwerker‘ werden können?“.

e) Statuen aus Metall

Rundbilder aus Metall sind erst in den Darstellungen aus dem NR belegt. Die kleinen Figuren (königl. Sphinx: NR Nr. 12, 15; König kniet vor einem Libationsgefäß: NR Nr. 5; kniender König: NR Nr. 22) werden jeweils innerhalb des Metallhandwerks (s. Abschnitt 1.2.2f.) hergestellt. Deswegen darf hier vermutet werden, daß auch die Statuetten aus Metall gearbeitet sind und ein entsprechender Zusammenhang hinsichtlich eines gemeinsamen Werkstoffs vorliegt, wie es bereits bei Statuen und Gefäßen einerseits, Gefäßen und Perlen aus Stein andererseits zu beobachten war.

Die Herstellung der Figuren aus Metall ist stets in der Weise dargestellt, daß ein Arbeiter ihre Oberfläche mit Meißel und Schlagstein bearbeitet.

1.4.4 *Die Bildhauer*

1.4.4.1 Die Lesung von  (*qs.tj* oder *gnw.tj*)

Für die Lesung *gnw.tj* oder *gn.tj* hat sich zuletzt W. Barta ausgesprochen[41]. Er leitet die Nisbebildung nicht von *qs* „Knochen" ab (wie vorher z.B. Anthes, s.o. Abschnitt 1.4.3.2d), sondern von *gn.t*/*gnw.t* „Annalen" und übersetzt daher die Berufsbezeichnung als „der zum Andenken Gehörige". Außerdem vermutet Barta, „daß der Annalenschreiber ursprünglich weiches Material zu seinen Aufzeichnungen verwendete, der Bildhauer dagegen von Anfang an als Steinbildhauer, ob in weichem oder hartem Gestein, angesehen wurde".

Zu dieser Auffassung der Bildhauerbezeichnung ist zunächst zu sagen, daß Handwerkerbenennungen sich immer von realen Dingen herleiten wie Werkstoff, Werkzeug, Tätigkeit oder Produkt. Deswegen kann hier eine Verbindung mit den „Annalen" primär nicht bestehen, sondern die Nisbebildung von muß sich auf einen Werkstoff beziehen, also in diesem Fall von „Knochen" herleiten[42]. Auch die Schmuckarbeiterbezeichnung *qs.tj ẖkr.t nswt* (s. Abschnitt 1.3.3d) „Schnitzer des Königsschmucks" läßt einen Zusammenhang mit *gnw.t*-„Andenken" nicht zu.

Außerdem ist mit P. Kaplony gegen die „Steinbildhauer von Anfang an" (Barta) einzuwenden, daß gerade „in der ältesten Zeit... ausschließlich Statuetten aus Holz, Knochen oder Elfenbein" belegt sind[43]; die Knochenharpune ist von Anbeginn die Hieroglyphe für „Schnitzer/Bildhauer" und wird auch beibehalten von Bildhauern, die Statuen aus Stein herstellen.

Ebenso eindeutig hat Kaplony festgestellt, daß die Lesung für die Knochenharpune nur *qs* sein kann[44]. Daher ist die Lesung *gnw.tj* für „Bildhauer" nicht möglich und kann nur *qs.tj* lauten.

1.4.4.2 Der Titel 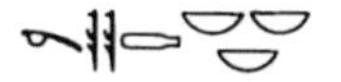

Dieser Titel ist zuletzt von P. Kaplony ausführlich besprochen worden unter Einbeziehung sämtlicher Belege sowie der hierzu bereits geäußerten Bemerkungen[45]. Es sollen hier zwei Punkte, welche die Deutung der Zeichengruppe betreffen, herausgestellt werden:

[41] W. Barta, Das Selbstzeugnis eines altägypt. Künstlers (MÄS 22, 1970), 64.
[42] Vgl. auch die Nisbebildung *ḥmw.tj* oder *bd.tj* (der zum Bohrer bzw. Schmelztiegel Gehörige).
[43] S. Anm. 40, ebd.
[44] P. Kaplony, Kleine Beiträge (ÄgAbh 15), 49 und 161 Anm. 212.
[45] P. Kaplony, IÄF (ÄgAbh 8), 519ff., 404f.

a) Während Wilson die Gruppe noch in vier Bestandteile auflöst:

„der mit der Axt arbeitet"

„Knochenschnitzer"

„der mit dem Spachtel arbeitet"

„der Steingefäße herstellt (oder der mit Poliersteinen arbeitet?)"[46],

reduziert Kaplony die Gruppe auf drei Bestandteile, indem er die von W. Helck dargelegte Bedeutung von *mdḥ* ( ) als Rangelement („Meister") annimmt und dieses Wort vorangestellt[47]. Nach Kaplony ist der Titel aufzufassen als „Vorsteher der Knochenschnitzer ( ),
der Arbeiter mit der Spachtel ( ),
der Hersteller der Steingefäße" ( ).

Zudem setzt er den „Arbeiter mit der Spachtel" mit dem Maurer (*iqdw*) gleich und den „Hersteller der Steingefäße" mit dem *ḥmw.tj*-Handwerker, der die Steingefäße ausbohrt[48].

Die Titelgruppe läßt aber auch eine andere Lesart zu, indem man in ihr weder vier noch drei Bestandteile sieht, sondern nur zwei: Der Einschnitt liegt zwischen und , wie es auch durch die Variante deutlich wird. Es gibt keinen Hinweis dafür, als eine selbständige Berufsbezeichnung aufzufassen; denn die Form + erscheint nirgendwo[49]. Eine Zusammengehörigkeit der Zeichen + erscheint verständlicher, wenn man von der bisherigen Deutung — in Poliersteine oder Steinschalen zu sehen — abweicht. Denn es ist durchaus möglich, als Farbnäpfe zu identifizieren, deren Inhalt mit dem Spachtel ( ) aufgetragen wird[50]. Die Bedeutung oder Aussage von wäre demnach „einer, der mit dem Spachtel Farbe(n) aufträgt" und entspräche dem späteren *zš* bzw. *zš qdw.t* („Maler", wobei die Hieroglyphe für *zš* ebenfalls aus zwei Utensilien besteht: Pinsel [= Spachtel] und Palette [= Napf]). Die gesamte Titelgruppe ist daher in zwei Bestandteile zu zerlegen und zu übersetzen als „Vorsteher der Bildhauer (Knochenschnitzer) und der Maler".

Für diese Aufteilung sprechen auch die Beischriften zu Szene 13 und 15 des Mundöffnungsrituals[51]. Dort stehen jeweils drei Handwerker vor der Statue; die beiden vorderen werden als (*qs.tj*) bezeichnet, der dritte aber (s. Abb. 22)[52]. Dies zeigt deutlich, daß nur als ein einziger Titel zu verstehen ist, weil andernfalls Spachtel und Farbnäpfe sich auf zwei Personen verteilen müßten.

Abb. 22

[46] JNES 6, 1947, 237.

[47] Helck, Beamtentitel (ÄgFo 18), 75.

[48] P. Kaplony, a.a.O., 522.

[49] S. Anm. 52.

[50] Vgl. Darstellung in X; dort trägt der *zš* mit einem Spachtel Farbe aus einem -Tiegel auf. Einen entsprechenden Napf hält der Maler Irj in XVb. In XVIIIb ist nicht zu entnehmen, ob Farbe oder Schmirgel aufgetragen. Vgl. auch Grab 41 (Theben); bei der Herstellung des Mumiensarges — der Maler bemalt gerade die Gesichtsmaske — stehen 12 solcher Näpfe (JEA 13, 1927, pl. 18).

[51] E. Otto, Das ägypt. Mundöffnungsritual, Teil II, Abb. 1 (Darstellung aus dem Grab des Rḫ-mj-Rᶜ).

[52] Nicht wie Otto, a.a.O. Teil I, 63f. , sondern wie Helck in: MDIK 22, 1967, 31f. .

b) Kaplony weist allerdings einen Zusammenhang mit dem im Mundöffnungsritual erscheinenden Titel zurück[53], vielmehr sieht er in ihm eine „archaische Variante von *ḫrp ḥmwt nbt*“[54], indem [Hieroglyphen] „ungefähr dem jüngeren Titel ‚Leiter der Handwerkerschaft‘, den die späteren ‚Oberpriester‘ von Memphis führen“ entspricht[55].

Entgegen dieser Auffassung ist eine Verbindung zwischen dem Titel [Hieroglyphen] und dem Mundöffnungsritual nicht abzulehnen, sondern die oben herausgestellte Bedeutung von [Hieroglyphen] als „Vorsteher der Bildhauer und Maler“ wird gerade durch die im Mundöffnungsritual geschilderten Vorgänge und belegten Titel (Szene 12 und 13) bestärkt[56].

In diesem Zusammenhang sind auch die von W. Helck ausgeführten „Bemerkungen zum Mundöffnungsritual“[57] besonders von Bedeutung. Helck weist darauf hin, daß in Szene 12 die Materialien, in Szene 13 die Handwerker für die Herstellung der Statue genannt werden: Die Materialien sind *ꜣbw* „Elfenbein“ und *rj.t* „Farbe“; die Handwerker sind [Hieroglyphen] (bzw. [Hieroglyphen]) und [Hieroglyphen]. Hier scheint einwandfrei eine Beziehung zwischen Werkstoff „Elfenbein“ und *qs.tj* (Bildhauer, Schnitzer) einerseits und zwischen Farbe (*rj.t*) und Maler ([Hieroglyphen]) andererseits vorzuliegen.

Daraus folgt, daß die Bildhauer und Maler im Mundöffnungsritual und die in der Frühzeit belegten „Vorsteher der Bildhauer und Maler“ als Akteure im Ritual bzw. als Titelträger allein auf die Statuenherstellung zu beziehen sind. Beide — Bildhauer wie Maler — leisten durch Modellieren und Bemalen die entscheidenden Arbeiten bei der Herstellung von Statuen; sie bilden eine Arbeitsverbindung, wobei der eine nicht ohne die Mitarbeit des anderen auskommt[58].

Deshalb scheint Kaplony's Auffassung, in der Titelgruppe mehrere Handwerkerbereiche (Bildhauer, Maurer, Steinhandwerker) vertreten zu sehen, nicht zutreffend zu sein. Ebenso scheidet eine Verbindung mit dem Titel „Oberster Leiter der Handwerkerschaft“ aus. Kaplony selbst führt zu Ij-m-ḥtp an[59], der sich auf dem Statuensockel ebenfalls „Vorsteher der Bildhauer und Maler“ nennt, daß zu dieser Zeit bereits ein „Oberster Leiter jeder Handwerkerschaft“ belegt ist. Daher ist für Ij-m-ḥtp nur die eine Erklärung möglich, daß er das Mundöffnungsritual an der Statue des Djoser überwacht oder vollzogen hat[60]. In diesem Sinne müssen auch alle anderen mit diesem Titel (bzw. dessen Varianten) belegten Personen verstanden werden. Wahrscheinlich muß aber differenziert werden zwischen den als Einzelperson agierenden Handwerkern (Bildhauer und Maler) im Mundöffnungsritual (z.B. Szene 13 und 15) und den Personen im *mḏḥ*-Rang, die beiden Handwerkergruppen gemeinsam vorstehen und somit deren Handlungen überwachen.

Schwieriger ist die Frage zu beantworten, ob man (in der Frühzeit) eine Trennung zwischen einem tatsächlichen Bildhauer und Maler, welche die Statuen in den dargestellten Handwerkerszenen anfertigen und bemalen, und denen, welche das Ritual vollziehen, machen darf,

[53] Kaplony, a.a.O., 520: „Nach diesen späten Belegen kann man den Titel [Hieroglyphen] in der Frühzeit nicht deuten“.

[54] A.a.O., 521.

[55] Kaplony, a.a.O., 405. Er begründet es mit seiner Interpretation (ebd., S. 521f.), indem er in dem Titel eine Aufzählung von Bildhauer, Maurer und Steinhandwerker sieht; s.o. S. 63.

[56] Otto, a.a.O., I, S. 60ff.

[57] MDIK 22, 1967, 31f.

[58] Vgl. dazu die Handwerkerszenen; dort arbeiten Bildhauer und Maler immer zusammen bei der Statuenherstellung, s.o. Anm. 14.

[59] Kaplony, a.a.O., 405.

[60] Vgl. Helck, ebd., Anm. 4 und zuletzt in: MDIK 28, 1972, 99.

indem der rituelle Leiter (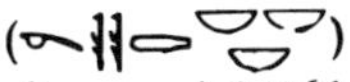) nicht unbedingt Handwerker sein muß, sondern die Rolle als Aufseher oder Leiter „spielt“[61]. Für eine enge Verflechtung sprechen die zahlreichen Hinweise auf den besonderen Status von Bildhauer und Maler, die sich gerade dadurch von den übrigen Handwerkern abheben (s.u. Abschnitt 1.4.4.4). Allerdings ist dies nur aus dem Bereich der höheren Beamtenschicht zu entnehmen, bei der die Handwerkerszenen dargestellt sind; hier könnte möglicherweise die reale Statuenherstellung identisch sein mit dem Ritual, die Statue „zu beleben“.

1.4.4.3 Aufgabenbereich der Bildhauer

In den Darstellungen ist der Bildhauer vorwiegend bei der Herstellung von menschlichen Bildnissen zu sehen, so wie es auch den beiden Textstellen zu entnehmen ist: *ir.t twt pw in qs.tj* (Urk. I 225) „Herstellen dieser Statue durch den Bildhauer“; *qs.tj ir(rw) twt* (Urk. IV 1056) „Der Bildhauer, der Statuen hergestellt hat ...“.

Der Bildhauer kann aber auch Tiere als Rundplastik anfertigen; in XIII wird neben einer Statue ein liegender Löwe bearbeitet: *kꜣ.t m rꜣ-ꜣbw in qs.tj* „Arbeit am Löwen durch den Bildhauer“.

Neben der rundplastischen Arbeit kann ein *qs.tj* auch Reliefs in Holz oder Stein herstellen. Dies geht einmal aus der Signatur des *mḥnk qs.tj Iṯw* (Urk. I 206) hervor, die sich auf einer Holztür mit figürlicher Darstellung befindet; das andere Mal modelliert ein *imj-rꜣ qs.tj.w* Reliefs aus Stein in einem Grab, nachdem der Umrißzeichner (*zš qdw.t*) die Vorzeichnungen gemacht hat[62]. Eine 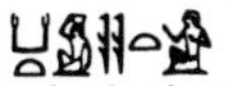 wird auch im Dekret für die Mykerinospyramide genannt (Urk. I 276,2f.); hier skulptiert der Bildhauer die Hieroglyphen auf dem Pyramidion aus Kalkstein[63].

Der Aufgabenbereich eines *qs.tj* umfaßt also das (Nach-)Bilden von Lebewesen (Mensch und Tier; sicherlich aber auch den Gesamtkatalog der Darstellungen in Gräbern und Tempeln) als Rundplastik oder Relief sowie das Ausarbeiten von Hieroglyphen. Der *qs.tj* ist aufs engste mit dem Produkt seiner Arbeit verbunden und ausschließlich ein „Bildner“. Hingegen ist der Aufgabenbereich eines *ḥmw.tj* nicht in dieser Weise zu präzisieren. Der bei der Statuenherstellung anzutreffende *ḥmw.tj* ist nicht ein Bildhauer in dem Sinne wie der *qs.tj*; er leistet eigentlich nur eine Vor- oder Nacharbeit (s. Abschnitt 1.4.3.2d). Ansonsten bohrt er Steingefäße aus, verrichtet Schreinerarbeiten oder erscheint als „Handwerker“ allgemein ohne Rückschluß auf eine spezielle Tätigkeit[64].

1.4.4.4 Rangfolge und Status der Bildhauer

Zunächst folgt eine Zusammenstellung der Bezeichnungen aller in den Handwerkerszenen belegten Bildhauer[65]:

[61] Ebd.; vgl. auch die weitere Verbindung zwischen „Natronhaus“ (Otto, Mundöffnungsritual, I, S. 12 und Szene 8) und dem archaischen Titel  des Kꜣ-m-ḥz.t (Murray, Saqqara Mastabas Vol. I, pl. 3; Kaplony, IÄF, 520).

[62] Sinuhe B 302f.

[63] Da die Verkleidung der Mykerinospyramide im oberen Teil aus Kalkstein besteht. Goedicke, Königl. Dokumente, 78 übersetzt „Steinmetzarbeit“.

[64] Vgl. Anm. 32.

[65] Zu den einzelnen Tätigkeiten bzw. Werkzeugen s. Abschnitt 1.4.3.1.

Werkzeug	Grundstufe	*sḥḏ*	*imj-r3*	*ḥrj*
XI: zerstört			*qs.tj.w* *pr-ʿ3*	
X; XVb: Hammer u. Meißel			*qs.tj.w*	
XVb: Meißel			*qs.tj.w*	
IX: Dechsel		*qs.tj.w*		
VII; XIII; XIV; XVII: Hammer u. Meißel	*qs.tj*			
(I?); VII: Dechsel	*qs.tj*			
VII: Polierstein	*qs.tj*			
IX: Polierstein		*ḥmw.tj.w*		
VII: Steinhammer	*ḥmw.tj*			
XVa: Polierstein	*ḥmw.tj*			
XIX: bemalt Statue			*sʿnḫ.w*	
XXI: bemalt Statue				*sʿnḫ.w*
XIX: dechselt Stuhlbein	*sʿnḫ*			

Wie oben (s. Abschnitt 1.4.3.2d und 1.4.4.3) ausgeführt, werden die *ḥmw.tj*-Handwerker nicht als eine Bildhauergruppe, sondern als Zuarbeiter für die *qs.tj*-Handwerker betrachtet. In den Darstellungen des AR und MR wird der Bildhauer *qs.tj* bezeichnet, in den Darstellungen des NR *sʿnḫ*, obwohl *qs.tj* auch weiterhin inschriftlich für das NR belegt ist[66].

Aus der obigen Aufstellung ist zu entnehmen, daß auch „Vorsteher der Bildhauer (bzw. des Palastes)“ als aktive Handwerker tätig sind und nicht als eine „Aufsichtsperson“ fungieren.

Neben den Bildhauern bei der Arbeit gibt es in den Privatgräbern zahlreiche Darstellungen, die Vertreter dieses Handwerks nicht bei der Ausübung ihres Berufes zeigen, sondern z.B. als Opferträger, als Begleiter des Grabherrn usw. (s.u. Zusammenstellung). Auffallend ist auch, daß die Bildhauer bei der Arbeit sehr oft namentlich genannt werden. Zudem ist eine Reihe von ihnen durch eigene Denkmäler oder Gräber belegt. Was sind die Gründe dafür, daß diese Berufsgruppe einige Besonderheiten aufweist, die in diesem Umfang nicht für andere Handwerkszweige (ausgenommen die Maler, s. Abschnitt 1.4.5.2) zu belegen sind?

H. Junker hat hierzu ausführliches Material zusammengestellt und mehrere Punkte angeführt, die auf eine enge und persönliche Beziehung zwischen Grabherrn (Auftraggeber) und Bildhauer hinweisen[67]. Diese Beziehung ist jedoch weniger auf die „künstlerische Leistung“ zurückzuführen, wie Junker es betont, sondern vielmehr auf die Tatsache, daß der Bildhauer durch seine spezielle Arbeit dem Auftraggeber nahesteht. Denn die Bildhauer heben sich in ihrer beruflichen Tätigkeit durch das Endprodukt (die Statue) von anderen Handwerkern ab: Sie schaffen durch das Anfertigen von Bildnissen eine wesentliche Voraussetzung für die Weiterexistenz des Grabherrn nach dessen Tod; sie stehen an der Grenze zwischen Handwerk und Ritual. Dieses scheint auch primär der Grund für die persönliche Beziehung zwischen Grabherr und Bildhauer zu sein und nicht so sehr, "weil man die Kunst hochschätzte“[68]. Die Kunst im Sinne von handwerklicher Qualität mag auch ihre Bedeutung haben, aber sie steht hier nicht als eine absolute Größe an erster Stelle.

Fünf Punkte lassen sich herausstellen, welche die Besonderheit der Bildhauer gegenüber anderen Handwerkern kennzeichnen[69]:

[66] S. Gardiner, AEO I pp. 66*f.
[67] H. Junker, Die gesellschaftliche Stellung der ägypt. Künstler im Alten Reich.
[68] A.a.O., 97.
[69] Die zwar vereinzelt für Angehörige anderer Handwerkszweige belegt sind, aber nicht in dieser Anhäufung.

1. Namensangabe von Bildhauern bei der Arbeit, in: I; IX; XI; XIII; XVb.
2. Bildhauer mit der Bezeichnung *mḥnk* („Beschenkter"):
   a) *mḥnk qs.tj* Iṯw (Urk. I 206)
   b) *mḥnk qs.tj* Nfr-iḥj (LD II, 60 u. 61 = Junker, Abb. 4,6)[70]
   c) *mḥnk=f mrj=f imj-rȝ qs.tj.w* Nj-ʿnḫ-Ptḥ (Junker, Abb. 3)
   d) *mrj=f mḥnk imj-ḫt qs.tj pr-ʿȝ* Ir-n-ȝḫ.tj (Kairo 1418)
3. Bei der Jagd oder beim Mahl dargestellt:
   a) s. 2b, derselbe
   b) 2c, derselbe
4. Als Opferträger/*ḥm-kȝ*:
   a) s. 2d, derselbe
   b) *imj-rȝ qs.tj.w pr-cȝ* Irj (ebd., Kairo 1418)
   c) *imj-ḫt qs.tj pr-cȝ* Špss-Ptḥ (Junker, Abb. 17)
   d) *qs.tj* Ipj-ʿnḫw (Kairo 1571)
   e) *qs.tj* Gmn-m-ḥȝ.t (ebd.)
   f) *imj-rȝ qs.tj.w* Ḫntj-nfr (Paget u. Pirie, Ptahhotep pl. 38)
   g) *imj-ḫt qs.tj* Ptḥ-/// (v. Bissing, Gem-ni-kai Taf. 10)
   h) *ḥm-kȝ qs.tj* Dwȝ-n-Rʿ (MM D 61)
   i) *ḥm-kȝ qs.tj* Wḥʿ (MM D61)
   j) *ḥm-kȝ imj-rȝ qs.tj.w* Sdȝwg (Junker, Giza IX, 108)
5. Eigene Denkmäler/Gräber:
   a) *qs.tj* Mnw-ḥȝ=f (Stele Kopenhagen)[71]
   b) *mḏḥ qs.tj* Njj (Stele Berlin 7725)[72]
   c) *imj-rȝ qs.tj.w* Ḥm-Rʿ (ebd.)
   d) *imj-rȝ qs.tj.w* Nfrw (Opfertrog Kairo 1351)
   e) *qs.tj* Irj-irw-sn (Stele Louvre C14)
   f) *imj-rȝ qs.tj.w* ʿnḫj (Kairo 1729 = MM C14)
   g) s. 4j, derselbe
   h) mehrere *qs.tj* und *imj-rȝ qs.tj.w* (Stele 323 im Brit. Museum)[73]

Es folgen zunächst einige kommentierende Bemerkungen zu dieser Aufstellung: Die einzelnen Punkte müssen sich nicht gegenseitig ausschließen; es kann z.B. ein Opferträger zugleich ein *mḥnk* sein (s. 2d/4a) oder ein Totenpriester kann zugleich Grabbesitzer sein (s. 4j/5g).

Neben der üblichen Rangfolge (hier nur Grundstufe *qs.tj* und Vorsteherrang *imj-rȝ qs.tj.w* belegt) gibt es hier außerdem die Berufsbezeichnung mit der Erweiterung *pr-cȝ*: *imj-rȝ qs.tj.w pr-cȝ* (4b) und *imj-ḫt qs.tj pr-ʿȝ* (2d, 4c)[74]. Zu der Bedeutung von *imj-ḫt* als Ausdruck einer (beruflichen) Gefolgschaft bzw. Nachfolge zwischen dem so Bezeichneten und einer ranghöheren und älteren Bezugsperson hinsichtlich der beruflichen Laufbahn ist in Kap. V Stellung zu nehmen (s. Abschnitt 1.5.4).

Außer diesen drei Bildhauern mit der Erweiterung *pr-ʿȝ* ist noch der *imj-rȝ qs.tj.w pr-ʿȝ Ḏʿʿm* im Grab des Mrrw-kȝ (XI) heranzuziehen, der bei seiner handwerklichen Tätigkeit dargestellt ist.

[70] Die zitierten Abbildungen beziehen sich auf: Junker, Die gesellschaftl. Stellung der ägypt. Künstler.
[71] O. Koefoed-Petersen, Les stèles égyptiennes, 1948, pl. 1; vgl. Kaplony, IÄF, 485.
[72] Njj nennt sich auf einem anderen Denkmal 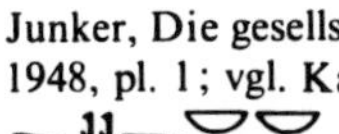 s. Kaplony, IÄF, 520; zu dem Titel s.o. 1.4.4.2.
[73] Hieroglyphic Texts, V. pl. 13.
[74] Zu weiteren Handwerkern des *pr-ʿȝ* s. 2.2.2 und 2.3.1.

Es mag zunächst ungewöhnlich erscheinen, daß Bildhauer des Palastes im Dienst von Privatpersonen anzutreffen sind; jedoch gilt dies vereinzelt auch für andere Handwerkszweige[75]. Allen ist gemeinsam, daß der König seinen Beamten neben realen Geschenken (z.B. Stein, Scheintüren usw.)[76] für deren Grabausrüstung auch die Arbeitskraft seiner eigenen Handwerker zukommen lassen kann.

Andererseits darf das Fehlen einer Erweiterung, also die Berufsbezeichnung allein ohne nähere Bestimmung wie *nswt*, *pr-ˁ3* usw., nicht in der Weise gedeutet werden, daß es sich um freie, unabhängige Handwerker handelt; denn wie das Beispiel von Nḫbw zeigt (s. Abschnitt 1.6.5) kann in den ersten drei Stufen (Grundstufe, *sḥḏ-* und *imj-r3-* Rang) das zuordnende Element (*nswt*) ungenannt bleiben.

Im Gegensatz zu allen anderen Handwerkszweigen, deren einzelne Vertreter sich hin und wieder als Haushaltsangehörige nachweisen lassen durch die Erweiterung mit *pr-n-ḏ.t*[77], scheinen die Bildhauer nicht fest zum Haushalt eines Privatmannes zu gehören, sondern das Charakteristische an dieser Berufsgruppe ist, daß sie von „außerhalb“ kommt und befristet für die Zeit ihrer Arbeit im Haushalt des jeweiligen Auftraggebers lebt. Dies gilt für die Bildhauer des Palastes, die nach Abschluß ihrer Arbeit wieder an den Hof zurückkehren, im gleichen Maße wie für die ohne zuordnende Angabe. Es gibt zumindest keinen Hinweis dafür, daß ein *qs.tj* zum festen Hauspersonal gehört (wie etwa ein Schreiner, Halskragenknüpfer usw., s. Abschnitt 2.2.1); denn ein *qs.tj n pr-ḏ.t* ist nicht belegt. Die ständige Anwesenheit von Bildhauern in einem Haushalt ist auch nicht erforderlich, weil nur sie ausschließlich für die Grabausrüstung arbeiten und lediglich für die Dauer der Statuenherstellung benötigt werden; während andere Handwerker wie Schreiner, Töpfer, Schuster auch für die Produktion von Dingen des täglichen Bedarfs herangezogen werden können.

Neben den Bildhauern, die der König seinen Beamten überläßt, gibt es offensichtlich auch „Lohnarbeiter“, die nicht zum Hof gehören; in Urk. I 225 heißt es: „Ich ließ diese Statuen anfertigen durch den Bildhauer, der zufrieden war mit dem Preis dafür, welchen ich für ihn festgesetzt (gemacht) habe“.

Für alle Bildhauer gilt — einerlei ob Lohnarbeiter[78] oder königl. Arbeiter —, daß sie nicht mit den übrigen Handwerkern im Haushalt gleichgesetzt werden, sondern sich aufgrund ihres Status (sie kommen von „auswärts“) sowie ihrer Arbeitsleistung von diesen abheben. Der besondere Status des Bildhauers beruht vorwiegend auf dem Produkt seiner Arbeit. Die Herstellung einer Statue, welche die Verkörperung des Auftraggebers ist, hat eine engere und persönlichere Beziehung zwischen Dienstherr und Handwerker zur Voraussetzung als das Anfertigen eines Möbels. Der Bildhauer schafft die eigentliche Vorbedingung für die Weiterexistenz des Verstorbenen durch die Statue. Daher ist das Produkt — die Statue — das Kriterium für die Sonderstellung des Bildhauers unter sämtlichen Handwerkern und nicht die handwerkliche (oder künstlerische) Fähigkeit bzw. Ausführung der Arbeit.
Diese Besonderheit findet ihren Ausdruck durch die oben (S. 67) aufgeführten Punkte: Namensnennung, *mḫnk*, *ḥm-k3* usw. beinhalten Wohlwollen, Wertschätzung und Versorgung von seiten des Auftraggebers über die eigentliche Dienstleistung hinaus; *mḫnk* und *ḥm-k3* sind Ehrungen und Zuwendungen in realer Form zugleich, die erst von dem Auftraggeber (Grabherrn)

[75] Vgl. z.B. den „Halskragenhersteller des Königsschmucks“, s. 1.3.1.2.
[76] S. hierzu W. Helck in: MDIK 14, 1956, 64.
[77] Dies gilt — wenn auch ohne entsprechende Beischrift — für die Mehrzahl der dargestellten Handwerker im AR; s. 2.2.1.
[78] Zu den „Lohnarbeitern“ s. 2.2.3.

verliehen oder ausgesprochen werden können und nicht von vornherein mit dem Beruf oder der Person eines *qs.tj* verbunden sind[79].

1.4.5 *Die Maler*

1.4.5.1 Die Berufsbezeichnungen

Eng verbunden mit der Herstellung von Statuen ist deren Bemalung. Dies geht sowohl aus den Darstellungen selbst hervor, wo Bildhauer und Maler unmittelbar zusammen arbeiten (s. Abschnitt 1.4.3.1f) als auch durch den Titel 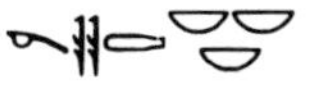 (s. Abschnitt 1.4.4.2). Allerdings ist die archaische Schreibung  für „Maler" nur in diesem Titel und im Mundöffnungsritual belegt. Ansonsten sind für „Maler" folgende Berufsbezeichnungen belegt:

a) *zš*; während bei inschriftlichen Erwähnungen der *zš* in seiner Bedeutung „Maler-Schreiber" nicht immer eindeutig zu ermitteln ist[80], geht aus den Darstellungen im AR hervor, daß hiermit Personen gemeint sind, die Statuen (X; XIII; XIV) bzw. ein Gefäß (XVb) bemalen.

b) *zš pr-mḏ3.t nṯr(j) pr-ˁ3*; „Maler (/Schreiber) an der göttlichen (od. heiligen) Bibliothek (od. Bücherhaus) des Palastes"[81] ist möglicherweise eine Variante zu *zš* bzw. kennzeichnet die höhere Rangstufe gegenüber dem allgemeinen *zš*, indem hier die genaue Bezeichnung „Maler des göttlichen Bücherhauses" mit der Erweiterung — dem zuordnenden Element *pr-ˁ3* — „des Palastes" genannt wird. Andererseits ist eine Verbindung zu der Bezeichnung *zš qdw.t* (s. bei c) belegt, weil der Maler K3-m-ṯnnt sich einmal *zš pr-mḏ3.t nṯr(j) pr-ˁ3* nennt und das andere Mal *sḥḏ zš(.w) qdw.t*[82].

Diese Bezeichnung — „Maler/Schreiber der göttlichen Bibliothek des Palastes" — wird von einer Reihe von Personen getragen, die vorwiegend an exponierter Stelle (als Opferträger, beim Mahl usw., s. Abschnitt 1.4.5.2) dargestellt werden und nur einmal als aktiver Maler (XVb)[83].

Aufgrund der Zuordnung „göttliche Bibliothek des Palastes" ist ersichtlich, daß diese Gruppe nur mit Zustimmung des Königs für Privatleute arbeiten kann; allein dadurch ist schon ihre Sonderstellung — entsprechend der Bildhauer mit der Erweiterung *pr-ˁ3* — bedingt.

[79] Zu *mḥnk* s. auch die im Zusammenhang mit dem „Halskragenknüpfer des Königs" gemachten Bemerkungen Abschnitt 1.3.1.2. — Die Ergänzung in der sog. „Hausurkunde" (Urk. I 157f., zuletzt von H. Goedicke, Private Rechtsinschriften, 150ff., bearbeitet) von *mḥnk* am Anfang erscheint fragwürdig. Denn *mḥnk* ist keine Berufsbezeichnung, sondern eine Auszeichnung, die allenfalls einen sozialen Status kennzeichnet (s.o.). Es fehlt hier sowohl die für einen *mḥnk* notwendige Bezugsperson (nämlich derjenige, der Srf-k3 zum *mḥnk* gemacht hat) als auch die Berufsangabe; in allen anderen Belegen ist diese genannt, so daß die vollständige Form lautet: *mḥnk* + Berufsangabe + Personenname, nicht aber: *mḥnk* + Personenname. (Auch in: R. Macramallah, Idout pl. 21, steht vor dem Opferträger *mḥnk mrj=f* ...(?, vielleicht Rest von einem Werkzeug, Säge?, daher Handwerkerbezeichnung *fnḫ* zu vermuten?) *Q3r*).
Die nicht aufrechtzuerhaltende Ergänzung *mḥnk* in der „Hausurkunde" vor dem Personennamen Srf-k3 verleitet Goedicke (a.a.O., 152) hinsichtlich des Berufes („Künstler") und der daraus resultierenden Personenverteilung (als „Käufer" bzw. „Verkäufer") zu einer irrtümlichen Schlußfolgerung. Die Berufsangabe von Srf-k3 muß offen bleiben. Sogar bei dem *zš Ṯntj* ist nicht zu ermitteln, ob er als „Schreiber" oder „Maler" (Handwerker) tätig ist, so daß sich Goedicke's Auffassung (a.a.O., S. 152: „Es erscheint im hohen Grade unwahrscheinlich, daß ein mit dem Grabbau beschäftigter Künstler (d.i. Srf-k3) von einem Schreiber (d.i. Ṯntj) ein Haus (bzw. Grab) kauft...") in das Gegenteil umkehren ließe.

[80] S. J. Wilson in: JNES 6, 1947, 235; Schreiber ist zugleich Maler; die Abgrenzung ist fließend.

[81] Junker übersetzt „Hofmaler der Bibliothek der Gottesbücher" (in: Die gesellschaftl. Stellung, S. 22) oder „Schreiber der Gottesbücher-Bibliothek des Hofes" (a.a.O., S. 46) oder „der Maler an der Hofbibliothek der Gottesbücher" (a.a.O., S. 54f.). — Für letztere Übersetzung hat sich Junker in: „Der Maler Irj" entschieden; vgl. a.a.O., S. 61, seine Ausführungen zu den „Gottesbüchern". S. auch Barta, Selbstzeugnis eines altägypt. Künstlers, S. 82ff., sowie Kaplony in: Asiatische Studien 20, 1966, S. 119.

[82] S. Junker, Die gesellschaftl. Stellung, Abb. 7, 8.

[83] S. hierzu Junker, Der Maler Irj.

Interessant ist auch der Hinweis, daß der bei seiner Arbeit dargestellte „Maler (*zš*) der südlichen *wꜥb.t* Msj" (X, 2) als Opferträger unter der Bezeichnung *zš pr-mḏꜣ.t nṯr(j) pr-ꜥꜣ* erscheint[84], so daß auch hier eine Verbindung zwischen beiden Angaben bestehen muß. Außerdem ist auch die Form *zš pr-mḏꜣ.t nṯr(j)*, also ohne *pr-ꜥꜣ* belegt[85].

c) *zš qdw.t*; allgemein als „Umrißzeichner, Zeichner" übersetzt[86], kann aufgrund der Darstellungen ebenfalls „Maler" bedeuten (I; VIII; XXI; XXII). Dies geht auch aus der Kollektivbezeichnung in Meir V pl. 19 (XVb) hervor; dort bezieht sich *zš qdw.t* auf die dort tätigen Maler *zš* und *zš pr-mḏꜣ.t nṯr(j) pr-ꜥꜣ*. Aus diesem Beispiel ist zu entnehmen, daß die Trennung zwischen *zš* „Maler" und *zš qdw.t* „Umrißzeichner" nicht immer (zumindest im AR) Gültigkeit hat[87].

Die enge Arbeitsverbindung zwischen *qs.tj* und *zš qdw.t* ist neben den Darstellungen auch aus einigen Textstellen zu entnehmen (Meir V pl. 19; Urk. I 65,4/5; Urk. IV 1056; Sinuhe B 302f.); dabei muß es sich nicht immer um Bildhauer und Maler handeln, sondern es können auch Vorzeichner und „Bildner" gemeint sein, der die Reliefs modelliert (so bei Sinuhe B 302f.).

In Pap. Anast. IV vs. C, 6 gestalten *nšdj*- und *zš qdw.t*-Arbeiter gemeinsam einen Palast (*pr-ꜥꜣ*) aus. Diese Arbeitsverbindung ist in der Weise aufzufassen, daß der Schmucksteinarbeiter (*nšdj*)[88] die von dem *zš qdw.t* vorgezeichneten und/oder ausgeschnittenen Bilder mit (kostbaren) Steineinlagen ausfüllt.

Der *zš qdw.t* kann auch auf Expeditionen in die Steinbrüche mitgenommen werden; die Inschrift Wadi Hammamat Nr. 113 zählt  auf[89].

Der Aufgabenbereich eines *zš qdw.t* ist also recht vielseitig und erstreckt sich nicht nur auf das Bemalen von Statuen (s. Abschnitt 1.4.3.1f) oder Vorzeichnen von Reliefs (Sinuhe B 302; Pap. Anast. IV vs. C, 6), sondern auch auf das Bemalen (oder Ausfüllen) von Hieroglyphen (XVIII; XXI; XXII, es könnten auch Vorzeichnungen gemeint sein) sowie das Dekorieren eines Metallgefäßes mit dem Griffel[90].

d) Zwei weitere Bezeichnungen zeigen, daß eine eindeutige Abgrenzung zwischen Maler und Bildhauer nicht immer eingehalten wird; denn in XVI bemalen ein *qs.tj* und in XIX der *imj-rꜣ sꜥnḫ(.w)* jeweils eine Statue.

Die Tätigkeit des (Be-)Malens wird entweder ganz allgemein *kꜣ.t* „Arbeit" bezeichnet (z.B.: *mꜣꜣ kꜣ.t zš qdw.t*[91]; *zš qdw.t m kꜣ.t*[92]) oder spezieller *zš* „Bemalen" (z.B.: *zš twt* „Statue bemalen", XVb; oder als Tätigkeit des *zš qdw.t* angegeben)[93].

An der Berufsgruppe „Maler" wird besonders deutlich, daß sie lediglich Teilarbeiten verrichtet und immer nur in einer Arbeitsverbindung (mit Bildhauer, Metallarbeiter, Schreiner, Gefäßhersteller) auftreten kann. Entweder leisten sie die Vorarbeit als Umriß- oder Vorzeichner, die dann von einem *qs.tj* oder *nšdj* fortgesetzt wird, oder sie verrichten abschließende Arbeiten

[84] Junker, Die gesellschaftl. Stellung, Abb. 13.

[85] Auf der Scheintür des Mdw-nfr in: S. Curto, Gli scavi italiani a el-Ghiza, Rom 1963, Abb. 32.

[86] Vgl. Gardiner, AEO I p. 71*.

[87] S. auch Gardiner in: JEA 4, 1917, 136f.

[88] Zu den Schmuckarbeitern (*nšdj*) s. Abschnitt 1.3.2.3.

[89] J. Couyat et P. Montet, Les inscriptions... du Ouadi Hammamat (MIFAO 34, 1912). Ob die Abfolge der Bezeichnungen etwas über den Arbeitsablauf aussagt?: 1. *ḫr.tj.w nṯr* brechen Steine, 2. *ḥmw.tj.w* schlagen Steine zurecht, 3. *ḫmꜥ.w*(?) zerkleinern Steine (zu *ḫmꜥ* vgl. Pap. Leyden 348 vs. 10,6 und Gardiner, AEO I p. 71*), 4. *qs.tj.w* „Bildner", 5. *zš.w qdw.t* „Maler".

[90] Im Grab des Ipwkj (s. Liste NR Nr. 15) zwischen Metall- und Schmuckarbeitern; s. Abschnitt 1.2.2e.

[91] Meir V pl. 19.

[92] Jéquier, Le Monument Funéraire de Pepi II, T. III, p. 74, fig. 73.

[93] Urk. I 16; Sinuhe B 302.

bei der Bemalung von Statuen und Gefäßen; außerdem führen sie Beschriftungen bzw. das Ausmalen von Hieroglyphen aus.

1.4.5.2 Die gesellschaftliche Stellung der Maler

Die enge berufliche Verbindung von Bildhauer und Maler hat zur Folge, daß letztere auch eine entsprechende Stellung innerhalb der Handwerkerschaft einnehmen; d.h. die in Abschnitt 1.4.5 genannten Maler gehören in der Regel nicht zum ständigen Hauspersonal, sondern kommen wie die *qs.tj.w* von außerhalb in den Haushalt ihres Auftraggebers. Sie können entweder zu den freien Lohnarbeitern[94] gehören oder sind Angehörige von Palast und Tempel. Dies ist aus folgenden Punkten zu entnehmen.

Die Maler mit der Bezeichnung *zš mdꜣ.t nṯr(j) pr-ꜥꜣ*[95], von denen der eine außerdem „Maler der südlichen *wꜥb.t*-Werkstatt' ist, arbeiten mit königlicher Erlaubnis für die Privatpersonen, in deren Gräbern sie dargestellt sind. Für den Maler Irj (XVb)[96] ist allerdings anzunehmen, daß der König ihn dem Gaufürsten Ppj-ꜥnḫ überlassen hat, und Irj als ständiger Hausgenosse bei Ppj-ꜥnḫ lebt. Dies ist auch ein wesentlicher Grund für die betonte Selbstdarstellung des Malers im Grab des Gaufürsten. Irj's Leistung in seiner Eigenschaft als Maler mag zwar ebenfalls damit honoriert werden, aber mehr noch ist dem Umstand Rechnung zu tragen, daß er sich durch seine Herkunft von den anderen Handwerkern, die zur Grabaustattung beigetragen haben, abhebt; denn Irj gehört von „Haus aus" zum Palast und steht im Dienst des Königs; auf dessen Geheiß ist er in die Provinz gegangen und vermutlich dort bei Ppj-ꜥnḫ geblieben[97].

Außer Irj und Msj, die beide auch bei ihrer handwerklichen Tätigkeit dargestellt werden, ist diese Gruppe vorwiegend als Opferträger gezeigt: Msj, Irj, Mn-iḥj, Sḫm-Rꜥ[98]; auf der Scheintür des Mdw-nfr sind sogar fünf *zš pr-mdꜣ.t nṯr(j)* als Opferträger (zusammen mit einem Sohn des Mdw-nfr) dargestellt[99]; außerdem der *sḥḏ zš(.w) qdw.t Kꜣ-m-ṯnnt* und ein *zš qdw.t*[100]. Beim Mahl ist Irj, bei der Jagd Kꜣ-m-ṯnnt zu sehen, und vor dem Grabherrn steht der *zš qdw.t pr Mꜣtj*, „der Maler am Tempel der Mꜣtj"[101].

Auch die Bezeichnung *mḥnk* ist für die Maler belegt: in Urk. I 16 wird der *zš qdw.t Smr-kꜣ* als *mḥnk=f* des Grabherrn Nb-m-ꜣḫ.t (II) bezeichnet, der das Grab ausgemalt (*zš*) hat; in XIII schaut der *mḥnk zš Ms(n)j*[102] einem anderen Maler zu, der eine Statue bemalt.

Aus dieser Aufzählung — Zugehörigkeit der Maler zum Palast und Tempel, enge persönliche Beziehung zum Grabherrn (als Opferträger oder Begleiter) sowie die Bezeichnung *mḥnk* — geht hervor, daß die Maler ebenso wie die Bildhauer einem höheren Status angehören und nicht mit den übrigen Handwerkern gleichzusetzen sind.

[94] Vgl. dazu Abschnitt 2.2.3.

[95] Irj und Kꜣ-m-ṯnnt sind zudem auch *ḥrj-ḥb*; s. dazu Barta, Selbstzeugnis, 84f.

[96] Vgl. Anm. 83.

[97] Irj bezeichnet sich als *imꜣḫw* „versorgt", was sich hier auf Ppj-ꜥnḫ beziehen muß, bei dem er „versorgt" ist.

[98] Vgl. dazu Junker, Die gesellschaftl. Stellung; die folgenden Nummern beziehen sich auf die dortigen Abbildungen. Opferträger: 10, 11, 13-15, 18, 20, 21.

[99] S. Anm. 85.

[100] Junker, a.a.O., Abb. 8, 16.

[101] Meir V, pl. 30; Junker, a.a.O., Abb. 7, 9.

[102] So nach Champollion, Monuments de l'Egypte, Vol. II, pl. 183;  ; während Gebrawi I, pl. 14 *mḥnk* ohne *n* schreibt.

1.4.6 *Anhang: Bemalung und Bedeutung eines (ḥn)*

Wegen des szenischen Zusammenhangs zur Statuenherstellung einerseits und zu den Malern andererseits soll hier als Anhang die Bemalung eines Gegenstandes angeführt werden, dessen Bedeutung und Verwendungszweck unsicher sind.

Zusammenstellung der Szenen:

I. (AR Nr. 13) H̱nm-ḥtp und Nj-ʿnḫ-H̱nm; steht neben Statuenherstellung und -bemalung: 1-2 bemalen mit Palette und Pinsel

II. (AR Nr. 22) Intj; steht neben einer Statue, die bemalt wird: 1-2 bemalen mit Pinsel

III. (MR Nr. 2) H̱tjj; steht neben Schreinern, die Bett und Kasten anfertigen: 1-2 bemalen mit Pinsel und Napf

IV. (MR Nr. 3) Bꜣq.t; steht neben Statuen: 1-2 halten Pinsel und Napf

In diesen vier Darstellungen wird jeweils ein -förmiger Gegenstand bemalt: Ein stehendes Rechteck, dessen obere Begrenzung aber in zwei spitze Winkel ausläuft. Das Objekt ist etwa mannshoch und hat (in III; IV) ein Muster in Art einer Maserung oder wie ein Flechtwerk. Es ist jedoch fraglich, ob es tatsächlich aus Holz oder Matten besteht, weil Maler mit Pinsel und Napf daran arbeiten, also diese Muster sekundär sein könnten.

Gemeinsam ist bei allen vier Darstellungen die unmittelbare Nähe zu der Statuenherstellung bzw. -bemalung sowie die von Malern (I: *zš qdw.t*) ausgeführte Bemalung.

In diesem Zusammenhang muß auch die Inschrift Urk. I 152 herangezogen werden; dort sagt der Vorsteher der Handwerker (*imj-rꜣ ḥmw.tj.w*) Ṯꜣsj: „Ich habe dieses *ḥn* () gemacht, als ich krank und in Behandlung des *wʿb* war, um darin begraben zu werden". Man hat aus dieser Inschrift, die in ihrem Inhalt nicht ganz verständlich ist, für *ḥn* die Bedeutung „Notgrab" erschlossen (Wb III 100,12). Es ist aber denkbar, *ḥn* mit dem Verbum „schützen" wie mit *ḥn* „Büchse" in Verbindung zu bringen[103]. Außerdem darf angenommen werden, daß dieses *ḥn* mit dem obigen Objekt, das in den Darstellungen bemalt wird, identisch ist. Demnach könnte *ḥn* dazu dienen, die fertige Statue zu schützen, indem sie in das *ḥn* hineingestellt wird; *ḥn* hat dabei etwa die Funktion eines Futterals (so wie die Büchse ihren Inhalt „schützt").

Der obere Abschluß des *ḥn* in Form von zwei spitzwinkligen Dreiecken erinnert an die Windfangvorrichtung von Hausdächern[104]. Vielleicht darf man von daher vermuten, daß das *ḥn* eine Art Kabine ist, in welche die Statue für eine Bootsfahrt hineingestellt wird. Diese Annahme findet eine Bestätigung durch die Bootsdarstellung in Beni Hasan I pl. 16; dort sind fünf Frauen in derartigen „Kabinen" zu sehen, deren Wände ebenfalls Flechtmuster haben und die gleichen spitzen Winkel am oberen Abschluß[105]. Außerdem befindet sich bei II die Bemalung des *ḥn* neben Statuenherstellung und Bootsbau, so daß die thematische Verbindung von *ḥn* — Statue — Boot auch auf einen Sachzusammenhang weisen könnte.

[103] Wb III 101, 8ff. und 100, 11. Zur Interpretation der Inschrift s. auch Junker, Giza IX, 52f.

[104] Z.B. Atlas I 48.

[105] Vgl. auch die Herstellung einer Schiffskabine mit ebensolcher Windfangvorrichtung in Atlas I 420. S. auch Klebs, Reliefs MR S. 106, die von „Schutzwänden" spricht und hierzu auch die in Beni Hasan I pl. 4, 5. Register ungenau wiedergegebene Darstellung zählt. Die genaue Darstellung ist bei Klebs, ebd. Abb. 76 (oder Champollion, Mon. de l'Egypte, Vol. IV pl. 338) zu sehen; hier werden Tierbilder auf die Außenfläche gemalt, ähnlich wie im Grab des Nj-ʿnḫ-Ppj (s. Liste AR Nr. 21). Klebs' Auffassung als „Schutzwand" würde obiger Deutung als Kabine, welche das Standbild auf dem Boot schützen soll (entsprechend einem Lebenden) nicht widersprechen.

1.5 Kapitel V : Die Herstellung von Steingefäßen

1.5.1 *Zusammenstellung der Szenen* : Ausbohren von Steingefäßen

I. (AR Nr. 2) Nb-m-ꜣḫ.t;
1 bohrt großes Gefäß

II. (AR Nr. 4) Ij-mrj;
zerstört; fertige Gefäße

III. (AR Nr. 7) Snḏm-ib Intj;
z.T. zerstört
1 bohrt Gefäß : 

IV. (AR Nr. 8) Kꜣ-m-rmṯ;
1 poliert Gefäß
2 hält fertiges Gefäß

V. (AR Nr. 11) Tj;
1 bohrt Gefäß : 
2 bohrt Gefäß : 
Beischrift darüber : 

VI. (AR Nr. 15) Fragment Kairo;
1 bohrt Gefäß : 
2 poliert Außenfläche 
3 poliert Gefäßinneres
4 bohrt flache Schale
5 poliert Außenfläche 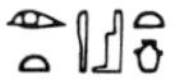
6 bringt Schale

VII. (AR Nr. 18) ꜥnḫ-m-ꜥ-Ḥr;
1 poliert Gefäß 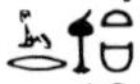
2 poliert Gefäß 
3 bohrt Gefäß 
4 bohrt Gefäß 

VIII. (AR Nr. 20) Mrrw-kꜣ;
1 bohrt Schale
2 bohrt Krug

IX. (AR Nr. 24) Ibj;
1-3 bohren Gefäße 
darunter 3 fertige Gefäße : 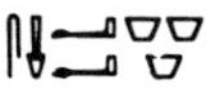

X. (AR Nr. 25) Ḏꜥw;
zerstört; nur fertige Gefäße

XI. (AR Nr. 27) Ppj-ꜥnḫ;
1 bringt fertiges Gefäß 
2-5 bohren Gefäße

XII. (MR Nr. 5) Imn-m-ḥꜣ.t;
1 bohrt Gefäß

XIII. (MR Nr. 8) Snbj;
zerstört;
1-3 bohren Gefäße
XIV. (NR Nr. 4) Ipw-m-R^c;
1-2 bohren Gefäße
3 poliert
XV. (NR Nr. 7) Rḫ-mj-R^c;
1 bohrt Gefäß
XVI. (NR Nr. 11) Ḥpw;
zerstört,
1-2 polieren Gefäß
3 bohrt
XVII. (NR Nr. 15) Nb-Imn u. Ipwkj;
1 bohrt Gefäß

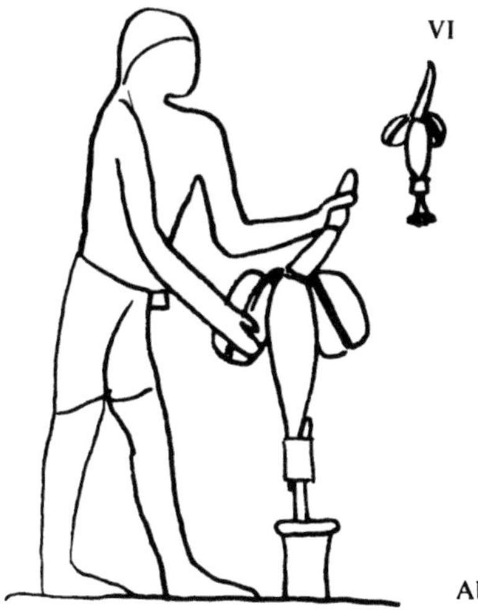

Abb. 23

1.5.2 *Die Steingefäßherstellung*

In den Handwerkerszenen werden Gefäße aus Stein [1], Metall (s. Kap. II) oder Ton (s. Kap. VI) hergestellt. Die drei Werkstoffe müssen sich nicht gegenseitig ausschließen; denn gerade im AR ist die Anfertigung von Metall- und Steingefäßen öfter zusammen dargestellt. Dennoch läßt sich feststellen, daß der Schwerpunkt der Steingefäßherstellung im AR liegt (im AR 11, im MR 2 und im NR 4 Darstellungen), während sie im MR zugunsten der Gefäße aus Ton (s. dort) in den Hintergrund tritt.

In den meisten Szenen schließt sich die Gefäßherstellung direkt an die Statuenherstellung an (I-V; XI; darüber: VII; s. Abschnitt 1.4.3.2b) oder an das Ausbohren von Steinperlen (XIV; XV; XVII; s. Abschnitt 1.3.2.2). Auf den engen Zusammenhang zwischen Gefäßen, Statuen und Perlen hinsichtlich des gemeinsamen Werkstoffs (Stein) und ähnlicher Arbeitsvorgänge (z.B. Bohren) ist bereits hingewiesen [2].

a) Das Ausbohren der in ihrer äußeren Form schon fertigen Steingefäße geschieht immer in der gleichen Weise mittels des Kurbelbohrers [3]. Dieser Bohrer besteht aus einer Triebstange, die sich am unteren Ende gabelt, um den Bohrkopf aufnehmen zu können. Der Bohrkopf kann entweder eine Metall- oder Feuersteinspitze sein oder ein Metallzylinder („Röhrenbohrer"). Am oberen Ende der Triebstange ist die Kurbel als Griff befestigt und sind zwei Steine festgebunden, um die Schwungkraft zu erhöben (s. Abb. 19, 23). In der Regel hält der Arbeiter mit der einen Hand die Griffkurbel, mit der anderen Hand das Gefäß oder die Triebstange, wenn der Bohrer erst wenig in das Gefäß eingedrungen ist [4].

[1] *Lit.*: L. Klebs, Reliefs AR, S. 82ff.; Reliefs MR, S. 107; Reliefs NR, S. 100f. – H. Kayser, Ägyptisches Kunsthandwerk, 14ff. – H. Hodges, Technology in the Ancient World, 95ff. – History of Technology, Vol. I, 191ff. – H. Balcz, Die Gefäßdarstellungen des Alten Reiches, in: MDIK 3, 1943, 50ff. – Marguerite Vandeperre-Bernard, La fabrication des vases en pierre (ancien empire égyptien) in: Traveaux de la Faculté de Philosophie et Lettres de l'Université catholique de Louvain, VI – Section d'Archéologie et d'Histoire de l'Art, I, Paris 1970, 117-142.

[2] Es besteht allerdings kein szenischer Zusammenhang zwischen Gefäßherstellung aus Metall und Stein. Hier ist also der Werkstoff der verbindende Faktor und nicht das Endprodukt.

[3] Zu dem Bohrer vgl.: G. Goyon, Les instruments de forage égyptiens, in: Ex Oriente Lux 21, 1969-1970, 154-163; A. Rieth, Zur Technik des Bohrens im alten Ägypten, in: MIO 6, 1958, 176-186.

[4] Vgl. die unrealistische Darstellung in XV; der Arbeiter hält mit der einen Hand das Gefäß, mit der anderen aber die Triebstange; auf diese Weise ist keine Rotation möglich.

Der Kurbelbohrer hat die Bezeichnung *znḫ.t* (V), von dessen Hieroglyphe  sich die Berufsbezeichnung *ḥmw.tj* („Stein-)Handwerker" herleitet. Obwohl die Lesung *ḥm(w).t* für „Bohrer" nach dem Wb nicht belegt ist, darf sie nicht von vornherein ausgeschlossen werden. In „A Unique Funerary Liturgy" erscheint 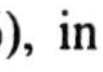 an zwei Stellen (col. 82 und 96), in denen  eindeutig als eine Werkzeugbezeichnung zu verstehen ist[5]. Die Tätigkeit des Bohrens wird als *ir.t kꜣ.t m znḫ.t* (V) „Arbeiten (Ausführen der Arbeit) mit dem Bohrer" bezeichnet.

b) Das Glätten oder Polieren der Innen- und Außenwand der ausgebohrten Gefäße ist in IV; VI; VIII; XVI wiedergegeben. Die Beischrift dazu lautet: *ir.t nms.t* (VI) „Herstellen des *nms.t*-Gefäßes" oder „Polieren (*snꜥꜥ*) der *ꜥꜣ.t*-Steingefäße" (IX)[6].

Außer diesen beiden genannten Gefäßbezeichnungen (*nms.t* und *ꜥꜣ.t*) erscheint in VI *bꜣs* „Salbgefäß". Im übrigen bleiben die dargestellten Gefäßformen in den verschiedenen Zeitabschnitten unverändert: Neben der flachen weiten Schale gibt es Krüge mit und ohne Henkel; die Kanne mit langem Hals, einmal auch mit angesetzter Tülle; zylindrische Gefäße, Salbgefäße und Gefäßuntersätze[7].

Die Arbeiter, welche die Steingefäße herstellen, tragen die Bezeichnung *ḥmw.tj* (III; V; VI; VIII; IX; XI; bzw. *imj-rꜣ ḥmw.tj(.w)* in VIII), was hier mit „Steinhandwerker" zu übersetzen ist. Die verschiedenen Bedeutungsmöglichkeiten von *ḥmw.tj* sollen im folgenden Abschnitt 1.5.3 betrachtet werden.

1.5.3 *Handwerker mit der Bezeichnung ḥmw.tj*

Während sich bei allen übrigen Handwerkerbezeichnungen die Zugehörigkeit zu einem bestimmten Handwerkszweig bzw. sogar die Eingrenzung auf eine spezielle Tätigkeit nachweisen läßt, ist dies bei den als *ḥmw.tj* bezeichneten Handwerkern nur bedingt möglich. Diese zahlenmäßig weitaus am häufigsten belegte Berufsbenennung kann schon zu einem frühen Zeitpunkt sowohl „Steinhandwerker" bedeuten als auch eine allgemein umfassende Bezeichnung für „Handwerker(schaft)" und deren verschiedenen Tätigkeiten. Die genaue Bedeutung läßt sich daher nur im Einzelfall ermitteln, sofern durch Darstellung, Kontext oder Nebentitel zu ersehen ist, welcher spezielle Aufgabenbereich gemeint sein kann.

1.5.3.1 *Ḥmw.tj* (als allgemeine Bezeichnung)

Bereits aus den Handwerkerdarstellungen des AR ist ersichtlich, daß *ḥmw.tj.w* („die Handwerker") und *ḥmw.t* („Handwerkerschaft") als eine übergeordnete Kollektivbezeichnung zu verstehen sind. Dies geht aus einigen Beispielen hervor, in denen der Grabinhaber die Werkstatt mit allen für ihn tätigen Handwerkern inspiziert; die dazu gehörenden Beischriften lauten:

 (AR Nr. 13) „Inspizieren der Arbeit in der Werkstatt der gesamten Handwerkerschaft" und bezieht sich auf: Bildhauer, Maler, Schreiner, Metallarbeiter, Schmuckarbeiter.

 (AR Nr. 24) „Inspizieren jeder Arbeit in der Werkstatt der Handwerker(schaft)" und bezieht sich auf: Bildhauer, Maler, Schreiner, Metall- und

[5] Veröffentlicht von A. Gardiner in: JEA 41, 1955, 9-17; zu den beiden zitierten Stellen s. ebd. pl. 5, p. 14, p. 15. Auch Goyon, a.a.O., 157, sagt, daß *ḥm.t* sowohl „Handwerk" wie „Werkzeug" bezeichnet.

[6] Die Beischrift zu IX steht neben fertigen Gefäßen.

[7] Zu den verschiedenen Gefäßformen s. Abbildungen bei Kayser, a.a.O. und bei Balcz, a.a.O.

Schmuckarbeiter, Gefäßhersteller (*ḥmw.tj*)[8]. Im Grab des Ppj-ʿnḫ (AR Nr. 27) ist allerdings eine Trennung gemacht zwischen: „Besichtigen der Arbeit der Bildhauer und Maler" und „Inspizieren aller Arbeiten der Handwerkerschaft"; letztere Bemerkung bezieht sich auf Metall- und Schmuckarbeiter, Bildhauer und Gefäßhersteller (*ḥmw.tj*).

Näheres über die Bedeutung von *ḥmw.t* als Kollektivbezeichnung für „Handwerker(schaft)" läßt sich aus einer „Inschrift" im Grab des „Aufsehers des Schatzhauses Kꜣ-m-ʿnḫ" erfahren[9]: In der unterirdischen Sargkammer befindet sich eine Darstellung dreier Listen, die Schiffe, Inventar/Geräte und Leinwand aufführen. Jede Liste ist wie ein Magazinraum mit dazugehöriger Eingangstür wiedergegeben. Die erste Liste ist überschrieben: „Die Werft (*wḫr.t*)[10] mit den

Abb. 24
nach Junker, Giza IV Taf. 10

[8] So auch zu ergänzen in Gebrawi II pl. 10 (AR Nr. 25), wo nur noch *mꜣꜣ kꜣ.t...* zu erkennen ist und sich auf Bildhauer, Schreiner, Metallarbeiter, Schmuckhersteller und Bootsbau bezieht.

[9] Junker, Giza IV, Taf. 10.

[10] Zu *wḫr.t* s. Abschnitt 1.8.4.1.1.

Schiffen". Unterhalb der darauffolgenden Aufzählung von Schiffen steht die in diesem Zusammenhang aufschlußreiche Beischrift (s. Abb. 24): (sic) „Handwerkerschaft des K3-m-ᶜnḫ"; daneben sind drei Handwerker dargestellt[11]: a) schmilzt mit dem Blasrohr Metall in einem Tiegel, b) bearbeitet *ḫt*-Holz mit dem Dechsel, c) bearbeitet *ḫt*-Holz mit der Axt.

Alle Figuren sind nur mit wenigen Strichen skizziert („Strichmännlein"), so daß der Gedanke naheliegt, in ihnen ein Determinativ zu *ḥmw.t* „Handwerkerschaft" zu sehen und daß nicht umgekehrt die Beischrift sich auf diese Figuren bezieht (s. dazu weiter unten)[12].

Eingenartig wie diese Darstellung (bzw. „Inschrift") ist auch die Angabe „Handwerkerschaft des K3-m-ᶜnḫ". Sind hiermit Haushaltsangehörige bzw. Handwerker gemeint, die privat für K3-m-ᶜnḫ arbeiten? Oder handelt es sich um Arbeiter, die ihm in seiner Eigenschaft als Aufseher des Schatzhauses unterstellt sind? Da jedoch Szenen, die sich auf das Amt des Grabinhabers beziehen, erst aus dem NR nachweisbar sind und sämtliche Handwerkertätigkeiten aus dem AR sich auf die Herstellung der persönlichen Grabausrüstung beziehen, kann hier keine „biographische" Darstellung gemeint sein[13]. Es muß also eine Handwerkerschaft angesprochen sein, die für K3-m-ᶜnḫ privat bzw. für seine Grabausrüstung arbeitet.

Es liegt allerdings eine Besonderheit darin, daß die hier skizzierten Arbeiter kein erkennbares Produkt anfertigen, sondern nur handwerkliche Tätigkeiten verrichten und daher „hieroglyphisch" anmuten: Der Mann (a) mit Blasrohr und Schmelztiegel entspricht *nbj* „(Metall) schmelzen"[14]; der Mann (c) mit Axt und *ḫt*-Holz entspricht *nḏr* „glätten"[15] und desgleichen der Arbeiter (b) mit Dechsel und *ḫt*-Holz. Man kann also die einzelnen Figuren „lesen" und darf sie zusammen als ein Gruppen-Determinativ — als eine nähere Erklärung — zu *ḥmw.t* auffassen.

Wahrscheinlich besteht ein Zusammenhang zwischen der „Handwerkerschaft" und den darüber genannten Schiffen, indem sie auf der Werft arbeitet und die Schiffe herstellt, die K3-m-ᶜnḫ für sein Begräbnis benötigt[16].

Ebenso allgemein als Handwerker (*ḥmw.tj.w*) oder Handwerkerschaft (*ḥmw.t*) werden die Arbeiter in einer Reihe von Inschriften bezeichnet, in denen von Entlohnung oder Dank des Auftraggebers an die Handwerker, die für ihn gearbeitet haben, die Rede ist[17]. Allerdings ist auch hier in einem Beispiel ein *qs.tj* genannt, der Statuen herstellt, während die *ḥmw.tj.w* vorwiegend mit der Herstellung des Grabes (*iz*) zu tun haben, jedoch ohne daß ihre einzelnen Arbeitsaufgaben näher ausgeführt werden (z.B.: „Was anbelangt dieses Grab; ich stellte zufrieden alle Handwerker, die an/in ihm gearbeitet haben". Urk. I 271).

[11] Möglicherweise ist die vierte, nur schwach erkennbare Figur von dem Zeichner dieser Darstellung wieder gelöscht worden.

[12] So wie es sonst üblich ist; s.o.: „Betrachten der Arbeiten aller Handwerker...", das sich auf die dargestellten Tätigkeiten bezieht.

[13] Helck, Beamtentitel (ÄgFo 18) S. 64 Anm. 1, sieht in der Darstellung Kammern, „aus denen das Schatzhaus bestand".

[14] Vgl. dazu die Schreibung *nbj.t* „schmelzen" mit dem entsprechenden Determinativ ( ) in: Kêmi 15, 1959, pl. 4. S. auch Abschnitt 1.2.4.1.

[15] Vgl. die Schreibung von *nḏr* „glätten" mit dem gleichen Determinativ ( ) in: JEA 24, 1938, pl. 2 (in Urk. I 220, 6 falsch wiedergegeben). S. Anm. 39 von Abschnitt 1.6.5.

[16] Vgl. auch Darstellung und Beischrift in Gebrawi II pl. 10 (Liste AR Nr. 25), wo „die Handwerkerschaft des *pr-n-ḏ.t*" Boote baut; oder im Grab des Tj (Liste AR Nr. 11), wo der *smsw wḫr.t* den Bootsbau beaufsichtigt (Wild, Tj pl. 129).

[17] S. Lohnarbeiter Abschnitt 2.2.3.

Auch der seit Ende der 4. Dynastie öfter belegte Titel „Großer Leiter der Handwerker“[18] kann sämtliche Handwerksbereiche erfassen, obwohl die wenigen konkreten Hinweise, die mit diesem Titel verbunden sind, sich vorwiegend auf das Steinhandwerk beziehen: Z.B. betrachtet die Handwerkerschaft [ ] zusammen mit dem *mḏḥ nswt qd.w* (königl. Architekt)[19] und den beiden „Großen Leitern der Handwerkerschaft“ die Arbeiten an der Mykerinospyramide (Urk. I 18,14). Oder die beiden „Großen Leiter der Handwerker“ arbeiten zusammen mit der „Handwerkerschaft der *wʿb.t*-Werkstatt‘ an zwei Scheintüren (Urk. I 38,15).

Andererseits bezeichnet sich der in die 3. Dyn. gehörende Ḥʿ-bꜣw-Zkr als „Leiter der Handwerker (und) der Werkstatt‘ und zugleich als „Leiter der Schreiner“[20]. An diesem Beispiel wird ein Problem offenkundig: In welchem Verhältnis stehen die beiden Titel oder Berufsangaben zueinander? Die gleiche Frage erhebt sich bei Mṯṯ und Ffj; Mṯṯ ist und zugleich [21], Ffj ist und [22]. Es läßt sich in diesen drei Beispielen nicht mit Sicherheit bestimmen, ob es sich um eine Aufzählung von zwei „Berufen“, d.h. Aufgabenbereichen handelt; oder besteht zwischen beiden ein engerer Zusammenhang, indem die an zweiter Stelle genannte Bezeichnung eine nähere Erklärung zu der ersten Angabe ist?

1.5.3.2 Spezielle Angaben und Hinweise zur Tätigkeit der *ḥmw.tj*-Handwerker

Innerhalb der Handwerkerszene des AR ist der *ḥmw.tj* überwiegend als Steinhandwerker dargestellt: Er bohrt Steingefäße aus (s.o. Abschnitt 1.5.2) oder arbeitet zusammen mit den Bildhauern (*qs.tj.w*) bei der Statuenherstellung (s. Abschnitt 1.4.3.2d). Der *ḥmw.tj* erscheint aber auch im Schreinerhandwerk, indem er ein Bett poliert (s. Abschnitt 1.8.4.4) oder ist im Bootsbau tätig ( )[23], allerdings ist hier auch die Möglichkeit gegeben, als Kollektivbezeichnung aufzufassen.

Die in den Inschriften aus dem Wadi Hammamat belegten *ḥmw.tj*-Handwerker dürfen mit großer Wahrscheinlichkeit als Steinhandwerker aufgefaßt werden, die in den dortigen Steinbrüchen arbeiten. Neben den einfachen Benennungen: Steinhandwerker (z.B. Nr. 20, 123)[24], Aufseher der Steinhandwerker (z.B. Nr. 249), Vorsteher der Steinhandwerker (z.B. Nr. 12, 34, 55) gibt es auch Bezeichnungen mit der Erweiterung *pr-ʿꜣ*, die an dieser Stelle ausführlicher besprochen werden sollen[25].

Die wenigen Belege des Titels „Vorsteher der Steinhandwerker des Palastes“ (*imj-rꜣ ḥmw.tj.w pr-ʿꜣ*) sind auf Inschriften aus Wadi Hammamat begrenzt (Nr. 34, 84, 101). Hiermit zu verbinden ist auch die kleine Gruppe von Handwerkern, welche die Bezeichnung *imj-ḫt ḥmw.tj pr-ʿꜣ* bzw. nur *imj-ḫt ḥmw.tj* trägt[26].

Es ist auffallend, daß dieser sich so bezeichnende Personenkreis nur in Inschriften aus dem Wadi Hammamat aus der Zeit Phiops' I. und durch Darstellungen aus dem Grab MM E1+2 in Saqqara zu Beginn der 6. Dyn. belegt ist. Außerdem ist es bemerkenswert, daß offensichtlich ein und dieselbe Person einmal als *imj-ḫt ḥmw.tj*, das andere Mal als *imj-ḫt ḥmw.tj pr-ʿꜣ* erscheinen kann. Es ist aber nicht ersichtlich, aus welchem Grund das *pr-ʿꜣ* genannt oder

[18] Zur Bedeutung und Zusammenstellung dieser Titelträger s. Helck, Beamtentitel, S. 102ff. Vgl. auch unten Anm. 32.

[19] Dieser Titel ist ausführlich in Abschnitt 1.6.5 besprochen.

[20] MM A2; vgl. auch Abschnitt 1.8.4.2.

[21] MM D26; vgl. auch Abschnitt 1.2.4.2.

[22] MM B10 = Kairo 1359; vgl. auch Abschnitt 1.3.3b.

[23] Gebrawi II pl. 10, s.o. Anm. 16.

[24] Die Nummern beziehen sich auf die Publikation: Couyat et Montet, Les Inscriptions Hiéroglyphiques et Hiératiques du Ouadi Hammamat (MIFAO 34).

[25] Zur Bedeutung und Einordnung von *pr-ʿꜣ* s. Abschnitt 2.3.1.

[26] Vgl. die Personenliste S. 80, wo der Wechsel deutlich wird; zu *imj-ḫt* s. Abschnitt 1.5.4.

weggelassen werden kann. Innerhalb der Handwerkerbezeichnungen beschränkt sich die Form „*imj-ḫt*+ Berufsangabe+*pr-ꜥꜣ*“ auf Steinhandwerker (*ḥmw.tj*)[27] und Bildhauer (*qs.tj*).

Bevor die Frage nach der Bedeutung von *imj-ḫt* untersucht werden soll, erfolgt zunächst eine Zusammenstellung der einzelnen Belege:

Im Grab des Sꜣbw und Špss-Ptḥ (MM E1+2) erscheint jeweils ein Brüderpaar Sꜣbw und Špss-Ptḥ als Opferträger[28];

im Grab des Sꜣbw[29]: *zꜣ=f imj-ḫt ḥmw.tj pr-ꜥꜣ* Špss-Ptḥ
zꜣ=f imj-ḫt ḥmw.tj pr-ꜥꜣ Sꜣbw

Im Grab des Špss-Ptḥ[30]: *zꜣ=f imj-ḫt ḥmw.tj* Špss-Ptḥ
zꜣ=f imj-ḫt ḥmw.tj Sꜣbw.

Letzterer ist außerdem neben seinem Vater dargestellt (*zꜣ=f mrj=f imj-ḫt ḥmw.tj* Sꜣbw).

Aufgrund der Namensgleichheit ist die Generationszugehörigkeit und somit eine Identität der einzelnen Personen erschwert. Da aber die Grabbesitzer Sꜣbw und Špss-Ptḥ Vater und Sohn sind[31], wird es sich auch bei den Opfer bringenden Söhnen um zwei verschiedene Generationen handeln.

Die Väter (Grabinhaber) führen jeweils u.a. den Titel „Großer Leiter der Handwerkerschaft“ und haben folglich mit der Leitung handwerklicher Arbeiten zu tun. Dies ist insofern von Bedeutung, weil nur die Söhne Sꜣbw und Špss-Ptḥ, die „Handwerker“ sind, das noch zu untersuchende *imj-ḫt* (s.u. Abschnitt 1.5.4) in ihrer Berufsbezeichnung führen, nicht aber die übrigen Söhne mit anderen Berufsangaben. Es soll daher an dieser Stelle bereits erwähnt werden, daß *imj-ḫt* offensichtlich einen Hinweis auf die berufliche Zusammengehörigkeit zwischen Vater und Sohn beinhaltet. Demzufolge muß angenommen werden, daß auch zu dieser Zeit (Anfang der 6. Dyn.) der Titel „Großer Leiter der Handwerkerschaft“ in seiner möglichen Auslegung als Priestertitel den Endtitel einer beruflichen Laufbahn darstellt, die anfangs mit handwerklicher Arbeit bzw. deren Beaufsichtigung oder Leitung begonnen hat[32].

Die Belege aus Wadi Hammamat entstammen der Zeit Phiops' I. Aus der folgenden Zusammenstellung ist ersichtlich, daß einige Personennamen wiederholt erscheinen. Für eine mögliche Identität sprechen: Gleicher Zeitraum, gleiche Berufsangabe mit dem festen Bestandteil *imj-ḫt ḥmw.tj* und der sporadisch genannten Erweiterung *pr-ꜥꜣ*. Es liegen hier also ähnliche

[27] Die Übersetzung „Steinhandwerker“ (statt allgemein „Handwerker“) ist aus dem Grunde gerechtfertigt, weil sie in den Steinbrüchen arbeiten.

[28] Z.B. Kairo 1418 (Nischenwand) zeigt mehrere Opferträger, die sich aus Familienmitgliedern (*zꜣ=f mrj=f ḫrj-ḥb zš mḏꜣ.t nṯr* Špss-Ptḥ; *zꜣ=f imj-ḫt ḥmw.tj pr-ꜥꜣ* Sꜣbw sowie Špss-Ptḥ) und Nicht-Verwandten (*zš pr-mḏꜣ.t nṯr pr-ꜥꜣ* Mn-iḥj sowie Intj; *imj-rꜣ qs.tj.w pr-ꜥꜣ* Irj; *mḥnk=f mrj=f qs.tj pr-ꜥꜣ* Ir-n-ꜣḫ.tj) zusammensetzen. Alle Personen üben handwerkliche Tätigkeiten aus. Trotz ihrer verschiedenen Herkunft (Familie und Außenstehende) werden die zum Palast und Tempel gehörenden Maler und Bildhauer mit den eigenen Söhnen gleichgesetzt (abgesehen von der Reihenfolge innerhalb der Opferträger, die eine gewisse Abstufung zeigt: Die Söhne stehen an erster Stelle).
Die Bezeichnung *mḥnk* sowie die Tatsache, daß die auswärtigen Handwerker als Opferträger hinter den Söhnen folgen, zeigen die enge Beziehung und persönliche Wertschätzung zwischen Grabherrn und auswärtigen Handwerkern. Vgl. hierzu Abschnitt 1.4.4.4.

[29] Ebd., Kairo 1418; die Wiedergabe in MM p. 380 ist fehlerhaft.

[30] M. Murray, Saqqara Mastabas, Part I, pls. 29, 30, 31.

[31] Helck, Beamtentitel, S. 106.

[32] Nach Helck (a.a.O., 102) ist mit diesem Titel für die 4./5. Dyn. (ab Mykerinos) die Leitung handwerklicher Arbeiten verbunden, während (a.a.O., S. 103) in der 5. Dyn. der Hauptakzent des Amtes auf der priesterlichen Funktion liegt. — Vgl. auch M. Sandman-Holmberg, The God Ptah, 55f.: „... *wr ḫrp ḥm.t* originally involved nothing more than what is implied in the term, thus that it was the designation of a chief surveyor of handicraft, and that the master of craftsmen who held it were secondarily entitled to take part in the cult of Ptah and Sokar“. — S. auch oben S. 77f.

Verhältnisse vor wie bei dem obigen Brüderpaar Sꜣbw und Špss-Ptḥ; dies wird außerdem dadurch verstärkt, daß auch hier mehrmals *zꜣ=f* als Verwandtschaftsbeziehung angegeben wird. Allerdings ist bei einigen Inschriften (W. Hammamat Nr. 34, 85) die verwandtschaftliche Beziehung innerhalb der Gruppe unklar: Bezieht sich die Filiationsangabe „sein Sohn" auf den vorausgegangegen Namen (ist also nachgestellt), weil *zꜣ=f* in derselben Zeile steht, oder auf den darauffolgenden Namen in der nächsten Zeile? Letzteres ist wahrscheinlicher, weil dadurch auch der an letzter Stelle angeführte Name als „Sohn" ausgewiesen wird, während der zuerst genannte Name als Bezugsperson, d.h. als „Vater" aufzufassen ist[33]. Aber auch unabhängig von dieser Frage läßt sich feststellen, daß die Berufsangabe *imj-ḫt ḥmw.tj* auffallend oft mit *zꜣ=f* („sein Sohn") verbunden ist.

Zusammenstellung der Belege aus Wadi Hammamat:

1. Couyat et Montet, W. Hamm. Nr. 34, pl. 10:

	imj-rꜣ ḥmw.tj.w			Idw *zꜣ=f*
	imj-rꜣ ḥmw.tj.w	*pr-ʿꜣ*		Idw *zꜣ=f*
	imj-ḫt ḥmw.tj	*pr-ʿꜣ*	*špss-nswt*[34] (Mrj-Rʿ)[35]	Ḫw-n-Ḥr *zꜣ=f*
	imj-ḫt ḥmw.tj	*pr-ʿꜣ*		Ššj

2. Couyat et Montet, W. Hamm. Nr. 77:

	imj-ḫt ḥmw.tj			Ttj

6. Couyat et Montet, W. Hamm. Nr. 85, pl. 19:

	imj-ḫt ḥmw.tj			Špss-Ptḥ *zꜣ=f*
	imj-ḫt ḥmw.tj	*pr-ʿꜣ*	*špss-nswt*	Qꜣr *zꜣ=f*
	imj-ḫt ḥmw.tj	*pr-ʿꜣ*		Impj

4. Goyon, W. Hamm. Nr. 21:

	[36]*imj-ḫt ḥmw.tj*		*špss-nswt* (Mrj-Rʿ)	Ḫw-n-Ḥr
	imj-ḫt ḥmw.tj		*špss-nswt*	Nfr-ḥr-n-Ptḥ
zꜣ=f				Sʿnḫ-Ptḥ

5. Couyat et Montet, W. Hamm. Nr. 101:

	imj-rꜣ ḥmw.tj.w	*pr-ʿꜣ*		Wḏʿ
zꜣ=f	*imj-ḫt ḥmw.tj*			Ḫw-n-Ptḥ
zꜣ=f	*imj-ḫt ḥmw.tj*	*pr-ʿꜣ*		Sʿnḫ-Ptḥ
zꜣ=f	*imj-ḫt ḥmw.tj*			Kꜣ.w-Ptḥ
zꜣ=f	*imj-ḫt ḥmw.tj*			Ḫw-n-Ptḥ

6. Couyat et Montet, W. Hamm. Nr. 103 = Urk. 194:

	imj-ḫt ḥmw.tj	*pr-ʿꜣ*	(Mrj-Rʿ)	Nfr
	imj-ḫt ḥmw.tj	*pr-ʿꜣ*	(Mrj-Rʿ)	Ḫw-n-Ptḥ
	imj-ḫt ḥmw.tj	*pr-ʿꜣ*	(Mrj-Rʿ)	Ḫw-n-Ḥr
	imj-ḫt ḥmw.tj	*pr-ʿꜣ*	(Mrj-Rʿ)	Nfr-ḥr-n-Ptḥ
	imj-ḫt ḥmw.tj	*pr-ʿꜣ*		Sʿnḫ-Ptḥ

7. Couyat et Montet, W. Hamm. Nr. 107 = Urk. 193:

	imj-ḫt ḥmw.tj			Ḫw-n-Ptḥ
	imj-ḫt ḥmw.tj			Ḫw-n-Ḥr
	imj-ḫt ḥmw.tj			Qꜣr
	imj-ḫt ḥmw.tj			Nfr
	imj-ḫt ḥmw.tj			Ttj

[33] In der Zusammenstellung ist die Zeilenanordnung nach der originalen Inschrift übernommen.

[34] Zur Bedeutung von *špss-nswt* vgl. Helck, Beamtentitel, 118: Rangtitel der untersten Stufe; Jugendrang von Söhnen höherer Beamter.

[35] Der Personenname kann durch Erweiterung von *Mrj-Rʿ* (Phiops I.) variiert werden.

[36] Spaltzeile.

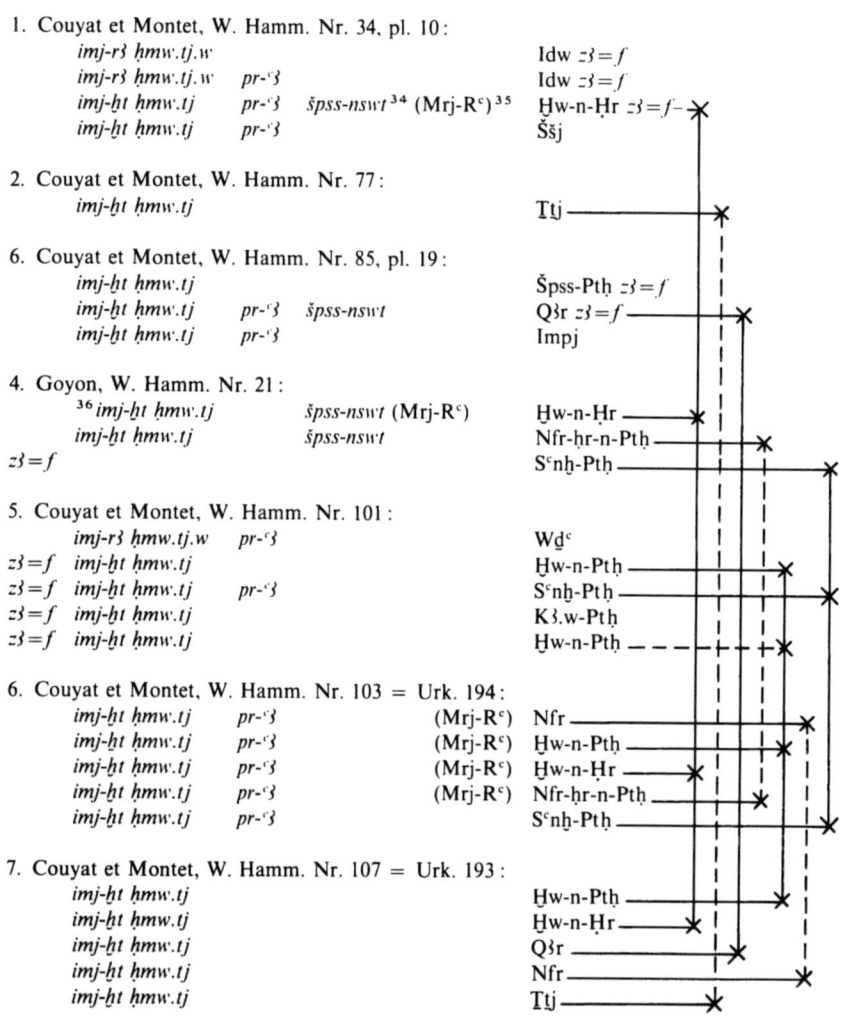

Die Verbindung von *imj-ḫt* mit *qs.tj* ist dreimal belegt[37]:

mḫnk=f mrj=f imj-ḫt qs.tj pr-ʿ3 Ir-n-3ḫ.tj

imj-ḫt qs.tj pr-ʿ3 Ptḥ-ḥtp

imj-ḫt qs.tj Ptḥ-...

Alle drei sind jeweils als Opferträger dargestellt; eine verwandtschaftliche Beziehung zu dem Grabinhaber ist nicht nachweisbar (s. Abschnitt 1.5.4).

Aus der Summe der angeführten Belege ergibt sich:

a) *imj-ḫt* beschränkt sich auf die Berufsbezeichnungen *ḥmw.tj* (Steinhandwerker) und *qs.tj* (Bildhauer);

b) *imj-ḫt qs.tj* und *imj-ḫt ḥmw.tj* können mit oder ohne *pr-ʿ3* vorkommen;

c) *imj-ḫt* erstreckt sich auf einen Personenkreis, der entweder als „sein Sohn", als Opferträger oder als beides zusammen gekennzeichnet ist;

d) alle Belege sind auf den Anfang der 6. Dyn. begrenzt.

1.5.4 *Exkurs: Bedeutung von imj-ḫt*

Bisher wurde *imj-ḫt* im allgemeinen als „Untervorsteher" übersetzt, also eine niedere Rangstufe, die man zwischen Grundstufe und *sḥḏ*-Rang einordnete. H. Goedicke hat aufgezeigt, daß *imj-ḫt* keine Rangstufe bezeichnet, sondern ein „Gefolgschaftsverhältnis" und darüber hinaus ein Ausdruck für ein vertragliches Arbeitsverhältnis ist[38]. Im folgenden soll untersucht werden — wobei allerdings nur Handwerkerbezeichnungen berücksichtigt werden —, inwieweit Goedicke's Darlegung für den oben besprochenen Personenkreis anwendbar ist, daß *ḫt* einen „juristischen Terminus" darstellt und *imj-ḫt* die Bedeutung von „in Vertrag stehen" habe. Für eine Ablehnung als Rangstufe sprechen außerdem zwei Punkte: 1. Nḫbw nennt bei der Aufzählung der einzelnen Stufen seiner beruflichen Laufbahn (*qd n ʿš3.t; sḥḏ qd.w; imj-r3 qd.w*) nicht den „Rang" *imj-ḫt qd*[39]. *Imj-ḫt* wird in dieser Inschrift nur in dem Zusammenhang erwähnt, „als ich *imj-ḫt* meines Bruders, des Vorstehers der Arbeiten" war[40]. 2. In den verschiedenen Handwerkerbezeichnungen findet sich neben der einfachen Benennung (Grundstufe) nur ein *sḥḏ* oder *imj-r3*, um eine Rangstufe anzuzeigen; allein für Steinhandwerker und Bildhauer ist *imj-ḫt* belegt[41].

Jedoch bestehen Einwände gegen Goedickes Auffassung, in *imj-ḫt* einen juristischen Begriff zu sehen, der einen „Verdingungsvertrag" ausdrücken soll[42]. Denn dagegen spricht die Tatsache, daß *imj-ḫt qs.tj* und *imj-ḫt ḥmw.tj* in zahlreichen Belegen mit dem Titelelement *pr-ʿ3* verbunden sind. Goedicke setzt für seine „Vertrags"-Personen das „Vorhandensein einer Bevölkerungsklasse, die an sich frei war" voraus[43]. Es ist aber kaum denkbar, daß Bildhauer und Steinhandwerker mit einem befristeten Vertrag für den König arbeiten, also König und Handwerker Vertragspartner sind; denn das Titelelement *pr-ʿ3* weist die *imj-ḫt*-Handwerker ebenso wie die anderen Handwerker, die eine Erweiterung mit *pr-ʿ3* in ihrer Berufsbezeichnung führen, in den Dienst des Königs[44]. Es sind Handwerker, die im oder für den Palast bzw. dessen Verwaltung arbeiten und auch von dieser Institution versorgt (entlohnt) werden. Arbeitet ein Handwerker des Palastes dennoch

[37] Kairo 1418 (vgl. o. Anm. 28); Junker, Die gesellschaftl. Stellung, Abb. 17; Bissing, Mastaba des Gem-ni-kai, Bd. I, Taf. 10. Vgl. zu diesen drei Bildhauern Zusammenstellung in Abschnitt 1.4.4.4.

[38] H. Goedicke, Private Rechtsurkunden, 222ff.

[39] Vgl. hierzu im einzelnen Abschnitt 1.6.5.

[40] Urk. I 216,9; s. Goedicke, Private Rechtsurkunden, 229.

[41] S. oben die Zusammenstellung a-d.

[42] Goedicke, a.a.O., 231.

[43] Ebd.

[44] Hierzu vgl. Abschnitt 2.3.1.

für einen Privatmann, so geschieht dies nur mit Zustimmung des Königs und nicht, weil er „frei" ist[45].

Goedicke's Interpretation von *imj-ḫt* läßt sich auch auf einen *imj-ḫt ḥmw.tj* ohne die Erweiterung *pr-ꜥꜣ* nicht anwenden; denn überprüft man die Belege aus den Inschriften von Wadi Hammamat (s. Zusammenstellung S. 80), so stellt sich heraus, daß die Erweiterung *pr-ꜥꜣ* nicht immer geschrieben sein muß[46]. Außerdem kommt hinzu, daß die Expeditionen in die Steinbrüche nur auf königlichen Befehl stattfinden können, so daß auch in diesem Fall (*imj-ḫt ḥmw.tj* ohne *pr-ꜥꜣ*) eine Vertragsvereinbarung zwischen Arbeiter (*ḥmw.tj*) und Auftraggeber (König) nicht denkbar ist.

Da *imj-ḫt* weder eine Rangbezeichnung darstellt noch der stattdessen von Goedicke gemachte Vorschlag als ein Terminus für Verdingung auf den hier untersuchten Personenkreis der Handwerker Gültigkeit haben kann, soll eine neue Interpretation von *imj-ḫt* versucht werden:

Es erscheint bemerkenswert, daß die Form „*imj-ḫt* + Handwerkerbezeichnung" auffallend oft innerhalb von Angehörigen einer Familie vorkommt: „Ich war *imj-ḫt* meines Bruders" (Urk. I 216,9)[47]; *zꜣ=f imj-ḫt ḥmw.tj Sꜣbw* und *zꜣ=f imj-ḫt ḥmw.tj Špss-Ptḥ* sind Söhne des Sꜣbw bzw. Špss-Ptḥ (zur verwandtschaftl. Beziehung s.o., S. 79); in den Inschriften aus Wadi Hammamat Nr. 34 und 101 (s. Zusammenstellung S. 80, Nr. 1 u. 5) werden die dort genannten „*zꜣ=f imj-ḫt ḥmw.tj*" von einem *imj-rꜣ ḥmw.tj.w* angeführt, der demnach ihr Vater sein muß.

Aufgrund dieser Familienbeziehung (Vater-Sohn, älterer Bruder-jüngerer Bruder) einerseits und des Rangunterschieds (Vorsteher bzw. Großer Leiter — einfache Benennung) andererseits entsteht der Eindruck, als gehörten diese beiden Faktoren zusammen, um die Voraussetzung für die Bezeichnung *imj-ḫt* zu bilden. *Imj-ḫt* wäre dann in dem Sinne „in der Folge (im Gefolge)" = „Nachfolger" zu verstehen; d.h., das ältere Familienmitglied befindet sich bereits in gehobener Position (z.B. Vorsteher), der Sohn oder jüngere Bruder ist in dem gleichen Beruf tätig, steht aber noch am Anfang der Berufslaufbahn und ist somit ein seinem Vater (oder Bruder) im Beruf Nachfolgender. *Imj-ḫt* ist also kein offizieller (institutionalisierter) Rang (wie z.B. *imj-rꜣ*), sondern drückt die private, familiäre und berufliche Verbundenheit zwischen ranghöherem Vater und rangtieferem Sohn aus.

Dies gilt auch für die belegten Handwerker (Bildhauer), bei denen eine verwandtschaftliche Beziehung zu einer „Bezugsperson" (z.B. Grabinhaber) nicht offenkundig ist: z.B. gehört der *mḥnk=f mrj=f imj=ḫt qs.tj pr-ꜥꜣ Ir-n-ꜣḫ.tj* (Kairo 1418; s.o. S. 80) eindeutig nicht zu der Familie des Sꜣbw; denn die Bezeichnung *mḥnk* darf geradezu als ein Kriterium gewertet werden, um „auswärtige" Handwerker, die weder zur leiblichen Familie noch zum eigenen Haushalt gehören, zu erkennen[48]. *Imj-ḫt* soll hier ebenfalls zum Ausdruck bringen, daß der „Bildhauer des Palastes" den Beruf seines Vaters oder eines anderen Familienangehörigen ausübt[49]. Allerdings ist *imj-ḫt* in der Weise doch ein juristischer Terminus — wenn auch nicht im Sinne Goedicke's (s.o.) —, als damit der Anspruch des Nachfolgenden auf das Einrücken in die Stellung seines Vorgängers (Vater, älterer Bruder) bekundet wird. Dies aber kann

[45] Z.B. in Abschnitt 1.3.1.2 (Schmuckarbeiter des Königs) oder 1.4.4.4 (Bildhauer des Palastes); Abschnitt 2.2.2.
[46] S. in Abschnitt 1.5.3.2; 2.1; 2.3.
[47] Zur Laufbahn dieser „Architekten"-Familie s. Abschnitt 1.6.5.
[48] S.o. Anm. 28 und Abschnitt 1.3.1.2.
[49] Goedicke (a.a.O., 227, 231) weist darauf, daß *imj-ḫt* außer bei „Künstlern" oft für Totenpriester belegt ist. Auch für diese Gruppe gilt, daß sie Nachfolger ihres Vaters (des amtierenden Totenpriesters) sind.

offensichtlich nur mit staatlicher (königlicher) Zustimmung geschehen, weil der betreffende Personenkreis diesem Organisationsbereich (*pr-ʿ3*) angehört.

Diese Auslegung von *imj-ḫt* wird eher bestärkt als beeinträchtigt durch die Tatsache, daß bei den *ḥmw.tj*-Handwerkern Väter und Söhne öfter derselben Berufsgruppe angehören, obwohl die Bezeichnung *imj-ḫt* hier nicht vorkommt, sondern der Rangunterschied zwischen beiden Generationen durch *sḥḏ* und *imj-r3* ausgedrückt wird; z.B.: Vater Inj-ḥ3=f: . Sohn ʿnḫ-ḥ3=f: (Junker, Giza IX, 172); Vater W3š-Ptḥ: . die Söhne W3š-Ptḥ und Špss-Ptḥ : (S. Hassan, Exc. Giza II, 5,9)[50].

1.5.5 *Ḥmw-Handwerker* (im Neuen Reich)

Zusammenfassend ergibt sich aus dem Bisherigen für die Bedeutung von *ḥmw.tj* (*ḥmw.t*) im AR:

1. „Steinhandwerker" innerhalb der Handwerkerszenen; in diesem Sinne sind auch die in den Wadi Hammamat-Inschriften genannten *ḥmw.tj.w* aufzufassen. Nur in einer Darstellung ist der *ḥmw.tj* inmitten von Schreinern tätig, indem er ein Bett poliert[51], während es beim Bootsbau nicht zu entscheiden ist, ob hier die Kollektivbezeichnung „Handwerkerschaft" gemeint ist (s. Abschnitt 1.5.3.2).

2. Als Kollektivbezeichnung für die gesamte Handwerkerschaft mit ihren verschiedenen Tätigkeitsbereichen bzw. als allgemeine Bezeichnung ohne Rückschluß auf einen bestimmten Handwerkszweig.

Im NR — hier die Schreibung *ḥmw(w)* — gilt auch weiterhin die allgemeine Bedeutung „Handwerker"; jedoch läßt sich in der speziellen Ausdeutung eine Verlagerung zugunsten von „Holzhandwerker" feststellen[52]. Außerdem werden Appositionen an *ḥmw* angefügt, um einen bestimmten Arbeitsbereich zu kennzeichnen; z.B. „jeder Handwerker, der den Dechsel führt"[53] oder an *ḥmw* wird ein Objekt (Produkt oder Werkstoff) angehängt:
Wagenbauer *ḥmw wrrj.t* oder *ḥmw mrkb.t*, Rudermacher *ḥmw wsr.w*, Goldarbeiter *ḥmw nbw*, Hersteller von Steingefäßen *ḥmw ʿ3.t nb.t*[54]; Hersteller von Pfeilen *ḥmw ʿḥ3.w*[55]; Vorsteher der Werkstatt der Waffen *imj-r3 ḥmw.t m ḫpš*[56].

In anderen Beispielen gehört der *ḥmw* und besonders der *ḥmw wr* zur Werft (*wḫr.t*)[57]; z.B. in Pap. Lansing 5,2 *ḥmw p3 ntj m wḫr.t* („der Handwerker, welcher auf der Werft...") und ebd. 5,3 *p3 ḥmw wr*[58]. *Ḥmw wr* scheint eine spezielle Bezeichnung im Schiffsbauhandwerk zu sein, weil sie vorwiegend in diesem Bereich belegt ist: Auch in Pap. Anastasi IV 7,9 wird

[50] Zu Handwerkern als Angehörige der „*wʿb.t*-Werkstatt" s. Abschnitt 2.3.4.

[51] Er arbeitet mit dem Polier-„stein", Abschnitt 1.8.2.1; vgl. auch Abschnitt 1.4.3.2d.

[52] Gardiner, AEO I p. 66*; Simpson (in: Pap. Reisner II p. 22) unterscheidet zwischen Kollektivbezeichnung („craftsmen") und „echtem Plural" („carpenters").

[53] Pap. Sallier II 4,8; vgl. Helck, Lehre des Dw3-Ḫtjj, 42.

[54] S. Wb III 82, 9ff.

[55] Gardiner, AEO I p. 68*.

[56] Quibell, Exc. at Saqqara, Vol. IV (1908-10), pl. 78, 3. *ḥm-t* ( ) in der Bedeutung „Werkstatt, Atelier" erscheint in der 19. Dyn., s. Wb III 86, 7; auch verbunden mit dem *imj-r3*-Rang, vgl. z.B. ASAE 32, 1932, pp. 116, 118, 126f.

[57] Vgl. in Abschnitt 1.5.3.1: bereits im AR bei K3-m-ʿnḫ werden Handwerker in Verbindung mit *wḫr.t* genannt.

[58] A. Erman u. H.O. Lange, Pap. Lansing, S. 57. Vgl. auch *ḥmw.tj ntj ḥr (t)3 wḫr.t* „Handwerker, der auf der Werft" (Werftarbeiter) in Pap. Boulaq XX 2, 13-22; XXI 2, 10 in: ZÄS 57, 1922, 60.

ein *ḥmw wr* im Zusammenhang mit der Reparatur eines Bootes und der Werft *wḫr(.t)* (ebd. 8,6) genannt[59]. In Pap. Leyden 348 vs. 10,5 folgt innerhalb einer Aufzählung von Berufen der *ḥmw wr* hinter dem  [60]. *Ḥmw* und *ḥmw wr* werden gemeinsam in dem Werfttagebuch aus der Zeit Thutmosis' III. mehrfach aufgeführt[61]. Ebenso bezeichnet sich Iwn-nꜣ als *ḥmw wr* von verschiedenen Schiffen (Urk. IV 1631).

Welche Bedeutung hat *wr* in dieser Berufsbezeichnung? Handelt es sich um eine Rangstufe („Großer Handwerker" oder „Großer der Handwerker")[62] oder um eine Apposition zu *ḥmw* („Handwerker des Großen")? Letztere Auffassung müßte dann so gedeutet werden, daß *wr* eine Anspielung auf die Größe der Werkstücke sei wie Schiffsplanken oder Mastbäume; der *ḥmw wr* hätte also vorwiegend mit umfangreichen Holzteilen zu tun und nicht mit „Kleinholz" wie etwa der Möbeltischler.

Da *ḥmw wr* immer in einem sachbezogenen Zusammenhang steht (*ḥmw wr* von Schiffen, „*ḥmw wr* der Zimmermannsarbeit () von allen Götterbarken")[63] und nicht in direkter Verbindung mit einer Personengruppe, entfällt hier die Deutung, in *ḥmw wr* einen „Vorsteher (o.Ä.) der Handwerker" zu sehen. *Ḥmw wr* muß als eine feststehende Verbindung aufgefaßt werden, die eine spezielle Bezeichnung für „Konstrukteur (von Schiffen)" oder „Werftmeister" darstellt. *Ḥmw wr* könnte in diesem Sinne eine spätere Form des im AR belegten *smsw wḫr.t* „Ältester der Werft" sein (s. Abschnitt 1.8.4.1.1).

[59] Bibl. aeg. VII, p. 42.

[60] Ebd., p. 137; aber getrennt von „Steinmetzen" (*ḫr.tj.w-nṯr*) ebd., 10, 6 aufgeführt.

[61] Glanville, Records of a Royal Dockyard in: ZÄS 66, 1931, 105-121, 1*-8* und ZÄS 68, 1932, 7-41; W. Helck, Materialien zur Wirtschaftsgeschichte (Teil V), 874ff.

[62] R. Caminos übersetzt (LEM p. 160) *ḥmw wr* als „shipwright" (Bootsbauer) bei Pap. Anast. IV 7, 9 (s.o.) und als „chief craftsman" (ebd., p. 448) bei Pap. Leyden 348 vs. 10, 5 (s.o.); Glanville übersetzt „foreman in charge of a gang of shipwrights" (ZÄS 68, 1932, 7f.; vgl. ebd., 18).

[63] So bei Iwn-nꜣ, Urk. IV 1630ff.; in anderen Beispielen mit „Werft" verbunden (s.o.).

1.6 Kapitel VI : Die Herstellung von Tongefäßen

1.6.1 *Zusammenstellung der Szenen :*

I. (AR Nr. 11) Tj;

1 sitzt am Brennofen 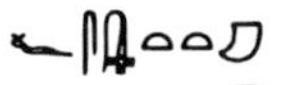
2 dreht Gefäß auf der Scheibe 
3 trägt fertiges Gefäß
4 formt od. glättet Rand
5 glättet (bestreicht?) Außenseite : 
6 glättet (bestreicht?) Innenseite

II. (MR Nr. 3) Bꜣq.t;

Register a :
1 formt Gefäß auf der Scheibe
2-3 treten Ton : 
4 knetet Ton : 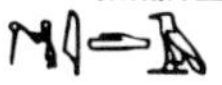
5 bringt Tonklumpen
6-11 formen Gefäße auf je einer Scheibe

Register b (Fortsetzung von Register a) :
12 steht vor fertigen (ungebrannten) Gefäßen : 
13 hält runde Scheibe 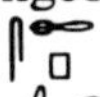
14 sitzt am Brennofen 
15 empfängt gebrannte Gefäße von 16
16 reicht gebrannte Gefäße an 15 
17 trägt Schulterjoch mit fertigen Gefäßen 

III. (MR Nr. 5) Imn-m-ḥꜣ.t;

1 Aufseher
2 formt Gefäß
3 schürt Brennofen
4 bringt Tonklumpen
5 formt Gefäß auf der Scheibe
6-7 treten Ton
8 reicht fertiges Gefäß an 9
9 füllt Brennofen mit Gefäßen
10 trägt Schulterjoch mit Gefäßen
11 knetet Ton
12-14 formen Gefäße auf je einer Scheibe

IV. (MR Nr. 6) H̱nm-ḥtp;

1 entnimmt dem Brennofen Gefäße 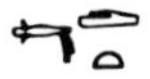
2 formt Gefäß auf der Drehscheibe

V. (MR Nr. 7) Ḏḥwtj-ḥtp;

1 knetet Ton 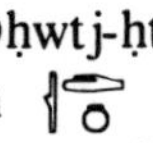
2 bringt Klumpen(?) 

3 sitzt an der Drehscheibe
4 ebenso
5 formt zylinderförmige Untersätze

VI. (NR Nr. 9) Qn-Imn;
1 tritt Ton
2-3 arbeiten gemeinsam an einer Drehscheibe
4 füllt Brennofen mit Gefäßen

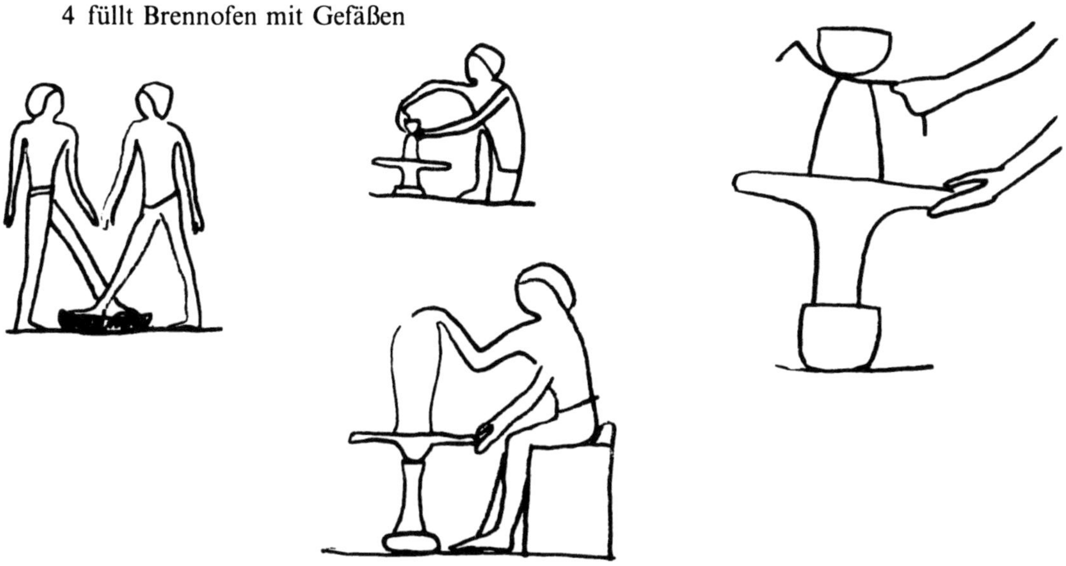

Abb. 25

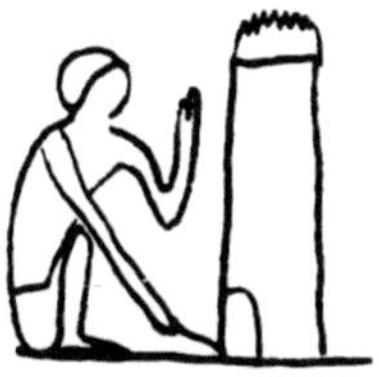

Abb. 26

1.6.2 *Vorbemerkung*

Neben Gefäßen aus Metall (s. Abschnitt 1.2.2f.) und Stein (s. Kap. V) werden Krüge, kleine Näpfe und Untersätze (Ständer) aus Ton angefertigt. Jedoch ist die Herstellung von Tongefäßen vergleichsweise selten dargestellt[1]. Sie erscheint am häufigsten und am ausführlichsten in den Gräbern der Gaufürsten aus dem MR (II-V) und nur einmal jeweils im AR (I) und im NR (VI). Während letztere Darstellungen (I; VI) in Verbindung mit der Brot- und

[1] *Lit.*: L. Klebs, Reliefs AR, S. 90; MR, S. 116f.; NR, S. 158f. P. Montet, Scènes, 254-256. – Lucas, Ancient Egyptian Materials[4], 367-385. – History of Technology Vol. I, 370-409. – H. Balcz in: MDIK 3, 1932, 82ff. – H. Kayser, Ägypt. Kunsthandwerk, 71-109. – Helck u. Otto, Kleines Wörterbuch d. Ägyptologie[2], S. 385f. („Töpferei, Töpferscheibe").

Bierzubereitung stehen, befinden sich die Szenen aus dem MR inmitten weiterer handwerklicher Tätigkeiten.

Bemerkenswert ist die szenische (und räumliche) Trennung von Stein- und Tongefäßherstellung im Grab des Tj (I). Hier muß vermutlich zwischen Werkstoff (Stein-Ton) und seinem Verwendungszweck differenziert werden: Gefäße aus dauerhaftem Stein für das „ewige Leben" in Verbindung mit der Grabausrüstung; Tongefäße für das „tägliche Leben" in Verbindung mit Brot- und Bierzubereitung, zumal die Beschaffenheit des Tons von Bedeutung ist für die Aufbewahrung von Nahrungsmitteln (Bier, Wein, Öl). Hier wie auch bei Qn-Imn (VI) bildet die Herstellung von Tonkrügen und Bier eine arbeitstechnische Einheit. Dies könnte zwar ebenfalls für die Szenen aus dem MR (II-V) gelten, jedoch wäre es auch denkbar, daß hier der Ton als ein Werkstoff-Ersatz für Stein zu werten ist, weil die Herstellung nicht in diesem thematischen Zusammenhang erscheint und die Anfertigung von Steingefäßen nur einmal (III) belegt ist.

1.6.3 *Handwerkliche Tätigkeiten*

Der Ablauf der einzelnen Arbeitsgänge — vom Kneten des Tons bis zum Brennen der Gefäße — stellt sich so dar[2]:

a) Zunächst wird der Ton von einem (VI) oder zwei Arbeitern (II; III) mit den Füßen „durchgewalkt". Dieser Vorgang hat die Beischrift *ḥwj (?)ꜣḥt* (II). Obwohl nur *ꜣḥ.t* (in V, 2: 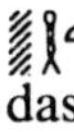) zu erkennen ist, könnte hier die Lesung *qꜣḥ.t* gelautet haben, was auch als *qrḥ.t* sowohl das Material „Ton" wie die Töpferware („Tongefäß") bezeichnen kann[3]. *Ḥwj (q)ꜣḥ.t* bedeutet hier „Töpferton treten (mit den Füßen ‚schlagen')". Auf diesen Vorgang bezieht sich auch die im Pap. Sallier II 5,9 geäußerte Bemerkung zum Töpfer(handwerk): „den Stößel machend mit seinen Beinen, wobei er selbst die Stoßstange ist"[4]. Auch der anschließende Text läßt sich mit dieser Tätigkeit in Verbindung bringen, indem man  mit *ḥwj (q)ꜣḥt* gleichsetzt, so daß — in der Übersetzung fortfahrend — es heißen könnte: „Wobei er den Hof eines jeden Hauses zerstört, indem er die Erde (Erdboden) schlägt" (d.h. mit den Füßen tritt)[5]. *Iwt(n)* ist ebenso wie *ꜥmꜥm.t*[6] oder *dbn*[7] im Töpferhandwerk belegt.

Eine weitere Werkstoffbezeichnung *sjn* kommt bei der Gefäßherstellung selbst nicht vor, sondern nur im Zusammenhang mit der Bierzubereitung; dort werden die Krüge, bevor das Bier eingefüllt wird, mit *sjn* ausgeschmiert[8]. Nach Kaplony kennzeichnet *sjn* „im Unterschied zu *qꜣḥ* den feingeschlemmten Siegelton"[9].

[2] Entspricht nicht immer der Abfolge innerhalb der Darstellungen, die hin und wieder die verschiedenen Teilarbeiten nicht in ihrer folgerichtigen Entwicklung zeigen; vgl. Zusammenstellung der Szenen Abschnitt 1.6.1.

[3] Vgl. hierzu Pap. Sallier II 5, 7: 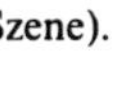, GČ 94, 1: (Helck, Lehre des Dwꜣ-Ḫtjj, S. 53ff.); P. Seibert, Charakteristik, S. 133.

[4] Helck, a.a.O., S. 57.

[5] Helck, ebd., übersetzt: „...die öffentlichen Plätze einrammt"; Seibert, ebd.: „Zerstoßen ist sein Vorplatz"; Brunner, Lehre des Cheti (ÄgFo 13), S. 22: „...zerstoßen (sein) Fußboden".

[6] Pap. Lansing 4, 4 und 4, 5.

[7] Pap. Sallier II 5, 8.

[8] Vgl. LD II, 74a; dort werden keine Gefäße hergestellt, sondern lediglich mit ausgeschmiert. S. auch Helck, Das Bier im Alten Ägypten, S. 36 (17. Szene).

[9] Orientalia 41, 1972, 210.

Ebenso muß *id3* (II, 4) die Angabe zu einem Werkstoff sein. Jedenfalls darf *id3* nicht verbal aufgefaßt werden[10], sondern als ein Substantiv, weil es in den Belegen als Objekt erscheint: *ḥwj id3* (II, 4; s.u. bei b), *sḫt id3* (LD II, 74a; beim Ausschmieren von Bierkrügen)[11].

b) Neben den Arbeitern, die den Ton durchwalken, formt oder knetet ein anderer Mann in vorgebeugter Haltung eine kleinere Menge Ton mit den Händen. Diese Handlung wird entweder als *qd* (V, 1) „formen" oder als *ḥwj id3* (II, 4; s.o.) „(durch Hand-‚Schläge') Ton kneten" bezeichnet.

c) Der nächste Arbeiter reicht den Klumpen an einen anderen weiter, der vor einer Drehscheibe hockt (II; III; V). Die Drehscheibe[12] besteht aus einem Fuß mit Ständer als Drehpunkt und der darauf aufsitzenden Scheibe bzw. aus Scheibe mit Ständer (aus einem Stück), welcher sich in dem Fuß dreht (s. Abb. 25)[13]. Die Scheibe wird mit der einen Hand in Schwung gebracht, während die andere Hand den Tonklumpen bzw. das entstehende Gefäß auf der Scheibe hält. In der Darstellung des Qn-Imn (VI) setzt der Töpfer die Scheibe mit seinem Fuß in Bewegung und wird von einem zweiten Mann unterstützt, der die Scheibe mit den Händen berührt (und vielleicht auf die Drehgeschwindigkeit entsprechend einwirkt). In den Darstellungen I-IV hocken die Töpfer vor der Drehscheibe, in V-VI sitzen sie auf einem Stuhl.

Das fertige Gefäß wird mit einer Schnur oder einem Draht von dem restlichen Ton auf der Scheibe abgetrennt (II; III)[14]. Die Tätigkeit an der Drehscheibe heißt *qd hnw* (I, 2) „forme *hnw*-Krüge", wie auch das Kneten mit den Händen bezeichnet wird (s. bei b).

d) Nachdem eine größere Anzahl von Gefäßen fertig geformt ist, werden sie zum Trocknen ausgebreitet (III: *sš*? für *sšr* „trocknen")[15].

e) Eine Reihe weiterer Arbeitsgänge sind von der Darstellung (und Beischrift) her nicht exakt zu bestimmen und daher auch nicht ihrem Handlungsablauf entsprechend einzureihen. Sie müssen jedoch zwischen dem Formen der Gefäße auf der Scheibe (s. bei c) bzw. Trocknen an der Luft (s. bei d) und dem Brennen im Ofen (s. bei f) liegen. So bleibt es im einzelnen unklar, ob es sich um Glätten, Formen mit der Hand, Polieren oder Auftragen eines Überzugs (Glasur) handelt[16]. Die dazugehörigen Beischriften lauten: *qd ḏwjw* „forme *ḏwjw*-Gefäße" (I, 5); *ʿbb ḏwjw* (I, 4) sowie *ʿbʿb.t* (II, 15), was bedeuten könnte „mache (mit einem Überzug) glänzend"[17].

f) Mit Sicherheit läßt sich erst wieder der Brennvorgang bestimmen. Der mannshohe aufgemauerte Ofen ist in allen Darstellungen zu sehen. An einer Stelle des runden Ofens befindet sich unten in Bodennähe eine kleine Öffnung (s. Abb. 26), in die ein Arbeiter mit einem Stab hineinstochert (I, 1; II, 14; III, 3), um das Brennholz zu schüren oder neues nachzulegen. Denn das Brennmaterial befindet sich am Boden und darüber die gestapelten Gefäße, welche durch die obere Öffnung hineingelegt werden (III; IV)[18]. Während des Brennvorgangs wird die obere Öffnung zugedeckt; jedoch können hier Flammen herausschlagen[19].

[10] Wb I 152, 16: „vom Glattstreichen? Ausschmieren? eines Kruges"; Kaplony, Kleine Beiträge (ÄgAbh 15) S. 117: „einen Krug rundherum glattstreichen".

[11] Vgl. hierzu (*sḫt id3*) Simpson, Pap. Reisner III, p. 9; Reisner I, p. 77 (*sḫt s3tw*); Reisner III, p. 41 (*sḫt ḏb.t*), und Urk. IV 1153, 10 = Davies, Rekhmire pl. 59.

[12] Zur Drehscheibe s. H. Hodges, Technology, 59f.; History of Technology, Vol. I, 200.

[13] Beni Hasan IV pl. 20.

[14] Ebd.

[15] Wb IV 295; oder nach Wb IV 294 „streichen, bestreichen"; dies würde bedeuten, daß die Gefäße „einen Überzug erhalten, lasiert werden".

[16] Zu den einzelnen Vorgängen vgl. Lucas, Ancient Egyptian Materials[4], 368ff.

[17] Wb I 177 *ʿb3* „funkeln, leuchten" bzw. *ʿbʿb* (Wb I, 178), jedoch erst im NR belegt.

[18] H. Hodges, Technology, 57f.; History of Technology, Vol. I, 394.

[19] El-Bersheh I pl. 27, 2.

Die Beischriften zu dem Brennvorgang lauten: *fs.t tꜣ* (I, 1) bzw. *qrr tꜣ* (II, 14) „Ofen heizen“. Das Brennen der Gefäße wird in dem schon oben erwähnten Pap. Sallier als  bzw. 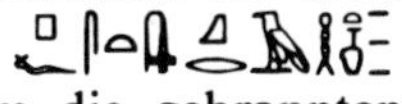 bezeichnet[20].

Um die gebrannten Gefäße herauszunehmen (IV, 1: *šdj.t* „Herausnehmen (der Gefäße)“) wird — wie auch schon beim Füllen des Ofens mit Gefäßen — ein Podest (II-IV; in VI mit mehreren Stufen) an die eine Seite des Ofens gesetzt; wahrscheinlich dort, wo sich die kleine Öffnung befindet, um so die Luftzufuhr abzuschneiden und auf diese Weise das Ausgehen des Feuers zu beschleunigen.

Abschließend werden die fertigen Gefäße von einem Arbeiter mit einem Schulterjoch fortgetragen (II: *iṯj s.t r pr-šnꜥ* „sie (die Gefäße) zum Wirtschaftsgebäude bringen“; III).

1.6.4 *Bezeichnung für „Töpfer“*

Die Bezeichnung *qd* erscheint innerhalb der Darstellungen einmal als Verbum (I, 2 s. bei c; I, 5 s. bei e; V, 1 s. bei b), das andere Mal als Berufsbezeichnung (IV, 2). *Qd*[21] kann aber auch die Bedeutung „Maurer“ haben[22]. Beide Berufsgruppen sind durch die Beschaffenheit ihres Werkstoffes miteinander verbunden: Ein weiches Material aus Schlamm- oder Tonerde, das durch ihre Hände seinem Zweck entsprechend geformt (*qd*) wird. In den meisten Fällen ist die jeweilige Bedeutung von *qd* — „Maurer“ oder „Töpfer“ — nur aus dem Kontext zu erschließen, sofern nicht ausdrücklich unterschieden wird zwischen *qd nḏs(.t)* (der, welcher „Kleines“ formt) und *qd inbw* (der, welcher „Mauern“ baut)[23].

1.6.5 *Exkurs*: Die Rangstufen in der Laufbahn von „Kgl. Architekten“

In diesem Abschnitt sollen die mit *qd* (Maurer) gebildeten Berufsbezeichnungen unter besonderer Berücksichtigung der Abfolge der Rangstufen betrachtet werden (s. Liste auf S. 90). Damit ist die Frage verknüpft, wie sich die Verbindung der Worte *mḏḥ* + *qd* zueinander verhält, die sich in der Berufsangabe (s. Liste, z.B. Stufe IV) finden (ist das Nebeneinander beider Bezeichnungen eine Einheit oder eine Aufzählung?), und wie sich der Tätigkeitsbereich dieser Personengruppe darstellt[24].

Da die Handwerkerszenen in den Gräbern Werkstätten- bzw. Hausarbeit zeigen, ist es nicht weiter verwunderlich, daß der Maurer in diesem Zusammenhang nicht erscheint. Lediglich im Grab des Rḫ-mj-Rꜥ (NR Nr. 7) sind Maurer bei der Arbeit dargestellt[25]. Daher stammen die hier angeführten Belege für „Maurer“ durchweg aus Inschriften des AR, wobei insbesondere

[20] Pap. Sall. II 5, 7/8 bzw. GČ 100, 3 (s. Helck, a.a.O., 54).

[21] Zu *qd* s. Kaplony, Kleine Beiträge, S. 117: bauen, Töpfe rundmachen, formen. Vgl. auch Simpson, Reisner I, p. 81 und II, p. 41.

[22] Urk. IV 1153 (Davies, Rekhmire, pl. 59).

[23] *Nḏs* kann mit einem Topf determiniert werden, z.B. Pap. Lansing 4, 4; Helck, a.a.O., 53; Gardiner, AEO I, pp. 72*f.

[24] Die Berufsbezeichnung *mḏḥ* — ohne *qd* — und in der Bedeutung „Zimmermann“ wird im Zusammenhang mit den Holzhandwerkern behandelt, s. Abschnitt 1.8.4.1.

[25] Vgl. Urk. IV 1152, 7 die ein Ziegelbauwerk errichten; Davies, Rekhmire, pl. 60.

zwei Familien über vier bzw. zwei Generationen hinweg reich an Hinweisen für diese Berufsgruppe sind; es handelt sich um die Familien des Nḫbw[26] und K3-m-ḥz.t[27] (s. Liste).

Zusammenstellung der Rangstufen aus dem qd-Handwerk („Maurer")

Stufe I: 
Urk. I 158: Ijnj
S. Hassan, Exc. Giza II fig. 219: K3-ṯzw
Urk. I 216,1: Nḫbw (*qd n ꜥš3.t*) C2

Stufe II: 
Junker, Giza VI, 178f.: Špsj
Urk. I 230: Msḏr
LD II, 54: Rꜥ-nk
Urk. I 216,11: Bruder des Nḫbw C1
Urk. I 216,2: Nḫbw C2

Stufe III: 
Urk. I 93: 3 Personen
Urk. I 216,12: Bruder des Nḫbw C1
Urk. I 216,2: Nḫbw C2
Urk. I 206: K3-m-ḥz.t b1
ebd.: Ḥtp-k3 .... b2
WZKM 54, 1957, 93 Abb. 2: K3-pw-nswt,
Varianten: *imj-r3 qd.w n ḫnw*
n wꜥb.t
n pr-ꜥ3 .... b3
Urk. I 95: Ṯtj ()

Stufe IV: 
Borchardt, Grabdenkm. d. Sahure, Pl. 54: 2 Personen
Urk. I 18,3 u. 20,7: bei Dbḥnj
Urk. I 216,13: Bruder des Nḫbw C1
Urk. I 216,3: Nḫbw C2
Urk. I 206: Sn=f-ꜥnḫw .... a
ebd.: K3-m-ḥz.t b1
ebd.: Ḥtp-k3 .... b2
ebd.: K3-pw-nswt b3
ebd.: Mmj b4
Quibell, Teti Pyr. North Side, p. 19: K3-m-ḥz.t,
Variante: 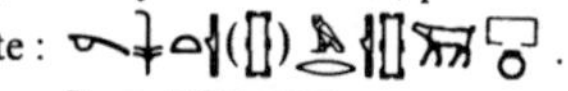 b1

Stufe V: (*smr wꜥ.tj*) 
LD II, 77f.: Snḏm-ib Intj .... A
LD II, 75: Snḏm-ib Mḥj B1
ASAE 13, 1914, 249: Ḫnm-ntj B2
Urk. I 216,15: Bruder des Nḫbw C1
Urk. I 216,4 u. 94: Nḫbw C2
Jequier, Mon. du Fun. Pepi II, Vol. II pl. 48: Impj .... D
Außerdem: Kurzform 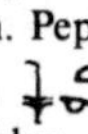
Urk. I 215 u. 219: Nḫbw C2
Quibell, ebd.: K3-m- ḥz.t b1

[26] Hinweise zur Genealogie dieser Familie: A) Vater: Snḏm-ib Intj (s. Baer, Rank and Title, Nr. [455]; vgl. Liste AR Nr. 7). — B1) Sohn: Snḏm-ib Mḥj (s. Baer, a.a.O., Nr. [456]; vgl. Liste AR Nr. 10). — B2) Sohn: Ḫnm-ntj (s. Baer, a.a.O., Nr. [402]). — C1) Enkel: Bruder des Nḫbw (erwähnt in Urk. I 216). — C2) Enkel: Nḫbw (Baer, a.a.O., Nr. [286]. — D) Urenkel: Impj (Baer, a.a.O., Nr. [286A]; ein weiterer Urenkel S3bw-Ptḥ, ebd. Nr. [286B]). Bei Baer, ebd., sind Zitate und Belege dieser Personen zusammengestellt; vgl. auch Helck, Beamtentitel, S. 137ff. (A u. B1 als Titularvezire).

[27] Zur Familie des K3-m-ḥz.t s. H. Kees, Eine Familie kgl. Maurermeister aus dem Anfang der 6. Dynastie (WZKM 54, 1957, 91-100): a) Vater: Sn=f-ꜥnḫw. — b1) Sohn: K3-m-ḥz.t. — b2) Sohn: Ḥtp-k3. — b3) Sohn: K3-pw-nswt. — b4) Sohn: Mmj.

a) Die Rangfolge

Durch die Inschrift des Nḫbw (Urk. I 216) wird die Laufbahn mit den einzelnen Rangstufen innerhalb dieser Berufsgruppe verdeutlicht; Nḫbw bezeichnet sich als:

 Stufe I
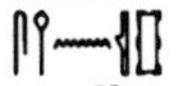 Stufe II
 Stufe III
(*ḫrj-tp nswt*) 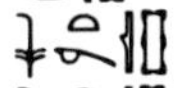 Stufe IV
(*smr wꜥ.tj*)  Stufe V

sowie 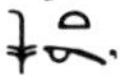, das noch hinsichtlich seiner Bedeutung und seiner Rangstufe zu bestimmen ist (s. unter c). Aus dieser Abfolge ergibt sich:

1. Die Stufen I-III werden mit der Grundstufe *qd* (Maurer) und dem vorgesetzten Rang *sḥḏ* bzw. *imj-rꜣ* gebildet. Das Fehlen von *nswt* darf hinsichtlich seiner Zuordnung nicht in der Weise interpretiert werden, daß Nḫbw etwa als „freier Lohnarbeiter/nicht zum König (oder Staat) gehörig“ tätig war; sondern er wird auch zu der Zeit, als er diese Titel führte, für den König gearbeitet haben[28]. Daher sind vermutlich auch die anderen Personen, die eine dieser Bezeichnungen tragen (Zusammenstellung, Stufe I-III) hier einzuordnen: Sie haben ebenfalls im Dienst des Königs gestanden, ohne daß es aus ihrer Berufsbezeichnung ausdrücklich hervorgeht[29].

Die Stufe III „Vorsteher der Maurer (Bauleute)“ kann mit einer näheren Angabe versehen werden, die Auskunft gibt über ihre organisatorische Zugehörigkeit, wie z.B.:
Vorsteher der Bauleute an der Pyramide
Vorsteher der Bauleute der *wꜥb.t*-Werkstatt
Vorsteher der Bauleute des Palastes (*pr-ꜥꜣ*)
Vorsteher der Bauleute der Residenz (*n ḫnw*)[30].

2. Erst von Stufe IV an erscheint *mḏḥ*, und zwar zusammen mit *nswt*. Die Stufen IV und V müssen die Fortsetzung von Stufe III sein und haben sich demnach aus der Grundstufe *qd* entwickelt; denn die Verbindung *mḏḥ* + *qd* (+ *nswt*) gibt es nicht im *sḥḏ* — oder *imj-rꜣ* — Rang. Der Bestandteil *nswt* ist ebenfalls ein Titelelement, durch das zum Ausdruck gebracht wird, daß der Titelträger für den König persönlich tätig ist[31].

Doch in welchem Sinn ist *mḏḥ* hier zu verstehen: Als handwerkliche Berufsbezeichnung oder ebenfalls als Titelelement (etwa in der Bedeutung von *imj-rꜣ*)[32]? Führt man *mḏḥ* auf seine Bedeutung zurück, wie sie in den Handwerkerszenen gebraucht wird (Abschnitt 1.8.4.1) so ist *mḏḥ* ein Schreiner oder Zimmermann, dessen Werkstoff das Holz ist. Der *qd* hingegen hat mit Ton oder Lehm als Töpfer bzw. Maurer zu tun (Abschnitt 1.6.4). Warum erscheint aber *mḏḥ* erst ab Stufe IV und nicht von Anfang an (als *mḏḥ qd*), der dann als Bauarbeiter mit beiden Werkstoffen — Holz und Lehm — zu schaffen hätte?

[28] Die einzelnen Rangstufen werden eingeleitet (Urk. I 216): *nḏ-n=j ḥm=f* (Seine Majestät gab mir das Amt...); s. Ende Abschnitt 2.1.

[29] Junker meint (Giza VI, 179), daß *sḥḏ qd.w* nicht „einfacher Maurerpolier“ bedeuten kann, weil Špsj immerhin ein eigenes Grab besitzt. Dies ist insofern richtig, weil Erweiterungen (wie *pr-ꜥꜣ*, *nswt* usw.) zu einer Berufsbezeichung unerwähnt bleiben können. Daher ist eine genaue organisatorische Zuweisung nicht immer möglich, sondern nur eine allgemeine Feststellung, daß die Handwerker entweder im „Staatsdienst“ oder für einen Privatmann tätig sind. Vgl. hierzu Abschnitt 2.1.

[30] Zu den einzelnen Zuordnungen s. Abschnitt 2.3.4; 2.3.1; 2.2.2.

[31] S. hierzu Abschnitt 2.3.3.

[32] S. Helck, Beamtentitel, 75f.; vgl. hierzu auch den Titel für „Bildhauer“, s. Abschnitt 1.4.4.2.

b) Tätigkeitsbereich

Um Aufschluß über den Tätigkeitsbereich des  (+*m pr.wj*) wie auch des noch nicht eingeordneten Titels 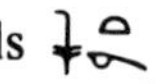 (s. Zusammenstellung) zu gewinnen, sollen hier die entsprechenden Textstellen angeführt werden:

1. In der Inschrift des Dbḥnj besichtigt ein 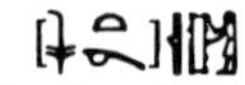 (Urk. I 18,10) zusammen mit den beiden „Großen Leitern der Handwerker" sowie der Handwerkerschaft die Arbeiten am Bau der Mykerinospyramide. Ebenfalls dort sind die beiden „Großen Leiter der Handwerker" zusammen mit dem 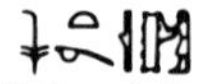 (Urk. I 20,7) gekommen, nachdem Steine gebracht worden sind. Stufe IV  befaßt sich demnach mit Bauwerken aus Stein, die — wenigstens an diesen Stellen — für den Totenkult bestimmt sind.

2. Nḫbw leitet als *smr wꜥtj*  (Urk. I 94,5/6) eine Expedition zum Wadi Hammamat; desgleichen in Urk. I 93,7/8, wo er von 2 Gottessieglern (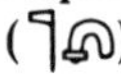), 5 Handwerkern (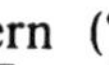) und 3 „Vorstehern der Bauarbeiter" () begleitet wird. Stufe V 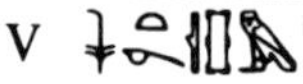 führt also Expeditionen in die Steinbrüche durch; ebenso sind daran Personen der Stufe III beteiligt[33].

3. Als *smr wꜥ.tj* 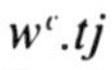 (Urk. I 215,9) leitet Nḫbw Arbeiten am königlichen (Pyramiden-) Denkmal (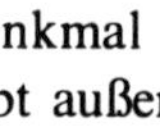) in Heliopolis sowie an Ka-Häusern in Unterägypten (Urk. I 219,13) und hebt außerdem zwei Kanäle aus[34].

Zusammenfassung von Rangstufe und ausübender Tätigkeit:

Rangstufe	Pyramide	Ka-Häuser	Kanal	Wadi Hammamat
III				
IV				
V				

Es handelt sich also um Bauten für den königlichen Totenkult, um Materialbeschaffung und Kanalaushub. Es sind alles Unternehmungen, die nur auf königliche Weisung hin von dieser Personengruppe durchgeführt werden können. Abgesehen von den Kanälen sind die anderen Bauvorhaben vorwiegend aus Stein und nicht aus Lehmziegeln oder Holz. Bei diesen Aufgaben hat ein 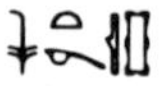 bzw.  allerdings nichts mit der eigentlichen Handwerksarbeit (z.B. Steinetragen) zu tun, sondern ihm obliegt in dieser Position Planung, Entwurf, Durchführung, Berechnung und Organisation von Baustoff und Arbeitskräften, so daß 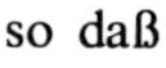 am besten mit „Königlicher Architekt" zu übersetzen ist[35].

c) Einordnung von 

Belege für  finden sich bei Nḫbw an drei Stellen: Urk. I 215,9 und 219,13 bezeichnet er sich jeweils als *smr wꜥ.tj* ; außerdem in Urk. I 220,12, wo er sagt, er sei besser als irgendein anderer , den der König beauftragt hat. Auch Kꜣ-m-ḥz.t führt diese Bezeichnung. Er hat ähnlich wie Nḫbw mehrere Rangstufen (III-V, s. Zusammenstellung) durchlaufen.

Allerdings erscheint 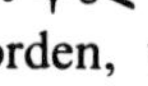 nicht innerhalb der Rangaufzählung bei Nḫbw.  ist sicherlich nicht ausgelassen worden, weil Nḫbw bei sich und seinem älteren Bruder die Abfolge sehr detailliert wiedergibt. Bei beiden gipfelt die Laufbahn in *smr wꜥ.tj* 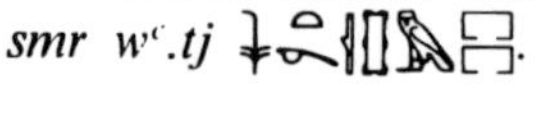. Diese höchste

[33] Die ebenfalls im Dienst des Königs stehen müssen, wenngleich sie lediglich als *imj-rꜣ qd.w* bezeichnet werden; s. Anm. 29.

[34] Vgl. auch die Veröffentlichung dieser Inschrift von D. Dunham, The Biographical Inscriptions of Nekhebu in Boston and Cairo (JEA 24, 1938, 1ff.).

[35] Helck, a.a.O., 104, 137; Kees (WZKM 54, 1957, 92) übersetzt „Königl. Maurermeister". Allerdings übersetzt er *imj-rꜣ qd.w* als „Maurermeister" (ebd., 94), ohne zwischen *mḏḥ* und *imj-rꜣ* zu differenzieren.

Rangstufe führt Nḫbw auch in den beiden Inschriften aus Wadi Hammamat[36]. Es ist daher anzunehmen, daß Nḫbw auch hier (Urk. I 215,9 und 219,13) seinen höchsten und letzten Rang nennt, worauf auch der vorangestellte Hofrangtitel *smr wˁ.tj* hindeutet. Demnach könnte *smr wˁ.tj* [hieroglyphs] als eine Kurzform von Stufe V *smr wˁ.tj* [hieroglyphs] aufzufassen sein; also [hieroglyphs] = [hieroglyphs].

Bei Kꜣ-m-ḥz.t ist nicht ersichtlich, ob [hieroglyphs][37] eine Variante von Stufe IV ist, indem *imj-rꜣ qd.w ḫnw* eine nähere Bestimmung oder Ergänzung zu [hieroglyphs] ist — entsprechend der Stufe III bei Kꜣ-pw-nswt (s. Zusammenstellung) —, oder eine Variante zu Stufe V, wobei möglicherweise der Bestandteil *m pr.wj* durch „Vorsteher der Bauarbeiter der Residenz“ ersetzt wird[38]. Für letztere Annahme spricht das für Kꜣ-m-ḥz.t belegte [hieroglyphs], das nach Nḫbw mit Stufe V gleichzusetzen ist.

d) Bedeutung von [hieroglyphs]

Da nach der bisherigen Ausführung, [hieroglyphs] als Kurzform für die höchste Rangstufe dieser Laufbahn angesehen werden kann, ergeben sich einige Fragen hinsichtlich der Bedeutung: Wie kommt es gerade zu dieser Kurzform, warum wird sie mit *mḏḥ* gebildet und nicht mit *qd*, wie verhält sich [hieroglyphs] zu [hieroglyphs] + [hieroglyphs] (Stufe IV)?

Der Ausgangspunkt dieser Laufbahn ist *qd* (s.o. a). *Qd* ist in jeder Rangstufe (I-V) enthalten, während *mḏḥ* ab Stufe IV — zusammen mit *qd* — genannt wird. Die Betonung in der gesamten Abfolge liegt also bei *qd*. Aus dem Aufgabenbereich ging ebenfalls hervor (s.o. b), daß dieser Personenkreis überwiegend mit Vorhaben zu tun hat, bei denen Stein (evtl. Ziegel) als Baustoff des *qd* vorrangig ist und Holz (als Werkstoff des *mḏḥ*) von sekundärer Bedeutung[39].

Wie ist daher [hieroglyphs] zu übersetzen? „Königlicher Zimmermann“ erscheint nicht zutreffend und vermittelt einen falschen Eindruck[40]. Deshalb muß erwogen werden, ob [hieroglyphs] hier (wie auch bei Stufe IV u. V) tatsächlich die Berufsbezeichnung *mḏḥ*-„Zimmermann“ oder das Titelelement *mḏḥ* bedeutet[41], wobei [hieroglyphs] als altertümliche Schreibung zu verstehen ist und eine Überhöhung von *imj-rꜣ* darstellt.

Für diese Auffassung sprechen folgende Punkte:

1. [hieroglyphs] erscheint erst in den höchsten Rangstufen (IV u. V).
2. Es gibt innerhalb dieser Laufbahn keinen *imj-rꜣ mḏḥ.w* ([hieroglyphs])[42], sondern lediglich *imj-rꜣ qd.w* als Stufe III, auf die dann [hieroglyphs] + [hieroglyphs] als Stufe IV folgt.
3. Die Form [hieroglyphs] + [hieroglyphs] + [hieroglyphs] leitet sich in ihrer Entwicklung von [hieroglyphs] als Grundform ab, nicht von [hieroglyphs].
4. Der Tätigkeitsbereich bezieht sich vorwiegend auf Stein(Ziegel)bau, nicht auf Holzkonstruktionen.

[36] Urk. I 93 und 94; hier mit seinem Hofnamen „Mr-Ptḥ-ˁnḫ Mrj-Rˁ“ bezeichnet.

[37] Junker, Giza VI, 179, gibt den Titel nicht vollständig wieder: [hieroglyphs]; ebenso in Urk. I 206.

[38] S. dazu nächste Seite.

[39] S. Abschrift der Boston-Inschrift des Nḫbw (JEA 24, 1938, pl. 2 Zeile 4 (Urk. I 220 ist fehlerhaft): [hieroglyphs]. Dunham (ebd., p. 2) übersetzt: (Ka-Häuser)... „built and faced(?) the woodwork thereof having been placed (in position), having been cut in Lower Egypt“. Hierin ist ein Hinweis auf eine Ziegel-Holzkonstruktion zu sehen. — Zur Schreibung von *nḏr* (glätten) vgl. die entsprechende Wiedergabe im Grab des Kꜣ-m-ˁnḫ (Junker, Giza IV, Taf. 10), s.o. Abb. 24 (in Abschnitt 1.5.3.1).

[40] Der *mḏḥ*-Zimmermann hat ausschließlich mit dem Werkstoff Holz zu tun (s. 1.8.4.1); vgl. auch *mḏḥ pr-nswt*, Abschnitt 2.3.2.

[41] Vgl. Anm. 32.

[42] Nur innerhalb von Holzhandwerkern belegt, s. Abschnitt 1.8.4.1.

5. Außerdem läßt sich ein entsprechender Beleg für den Metallarbeiter () ᶜnẖw nachweisen: Er bezeichnet sich als: [43].

Hieraus ergibt sich: 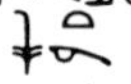 (*mḏḥ*+*nswt*) bilden zusammen ein Titelelement, wobei  am besten mit „Meister" zu übersetzen ist. Innerhalb von Handwerkertiteln ist der „Königliche Meister" bei Bauarbeitern („Architekten") und Metallarbeitern in höchster Position belegt. Die Lesung lautet daher *mḏḥ nswt qd.w* (+ *m pr.wj*) und nicht *mḏḥ qd nswt* (+ *m pr.wj*).

Jedes Element — *mḏḥ* wie *nswt* — kann auch allein vorkommen (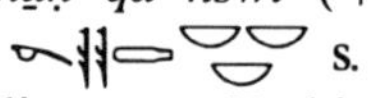 s. Abschnitt 1.4.4.2, *ṯbw nswt* s. Abschnitt 2.3.3). In diesem Fall ist durch die enge Verbindung von archaischer Schreibung des Rangelementes „Vorsteher/Meister" mit dem zuordnenden Element *nswt* der Titelträger in die engste persönliche Umgebung des Königs sowie in den obersten Rang seines Amtes einzureihen[44]. Bemerkenswert ist allerdings, daß K3-m-ḥz.t sich daneben *imj-r3 qd.w ẖnw*, sozusagen „einfacher" ‚Vorsteher der Bauarbeiter der Residenz' (s.o. c) nennt. Möglicherweise kann zu dieser Zeit der *mḏḥ*-Rang nur in Verbindung mit *nswt* verliehen werden, während Berufszuordnungen, die nicht direkt an den König als Person (*nswt*), sondern an eine Verwaltungseinheit — in diesem Fall *ẖnw* „Residenz" — gebunden sind, das Rangelement *imj-r3* führen.

Gegen die Auffassung, *mḏḥ* als Rangelement zu deuten, könnte jedoch der Ausgangspunkt dieser Fragestellung sprechen: Die oben (unter d) dargelegte Meinung, daß  als Kurzform von 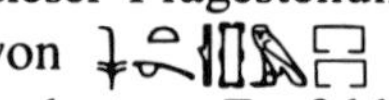 anzusehen sei. Denn in dieser Weise würde 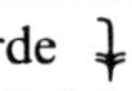 „Königlicher Meister" bedeuten. Es fehlt dabei aber jeglicher Hinweis auf einen Tätigkeitsbereich. Allerdings läßt sich dem entgegenhalten, daß zumindest bei Nḫbw aus dem Kontext sein Aufgabenbereich ersichtlich ist sowie seine ausführlichen Berufsbezeichnungen. Letzteres gilt auch für K3-m-ḥz.t und ᶜnẖw (Metallhandwerk). Es ist also auch bei diesen Titelträgern erkennbar, auf welchen Tätigkeitsbereich sich *mḏḥ nswt* beziehen muß.

[43] Kêmi 15, 1959, pl. V; vgl. Abschnitt 1.2.4.2.
[44] Vgl. Abschnitt 2.3.3 (Handwerkerbezeichnung+*nswt*).

1.7 Kapitel VII: Anfertigung von Steinmessern

1.7.1 *Zusammenstellung der Szenen*:

I. (MR Nr. 3) Bꜣq.t;
1 hält Messer und ein stabähnliches Gerät
2 berührt mit dem Gerät die Klinge
3-4 ebenso: 

II. (MR Nr. 5) Imn-m-ḥꜣ.t;
fertige Messer mit und ohne Umwicklung am Griff
1 hält Klinge und Stab (s. I, 1)
2 berührt mit dem Gerät die Klinge
3-5 ebenso wie 1

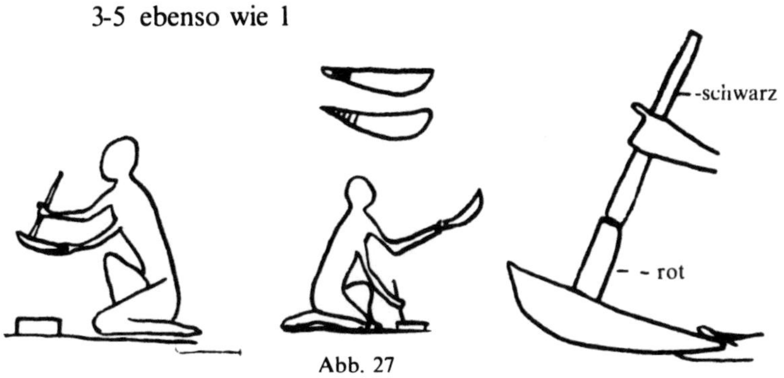

Abb. 27

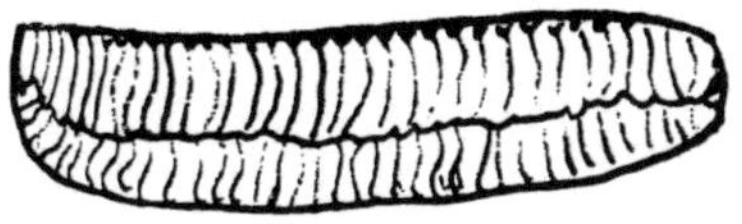
Abb. 28

1.7.2 *Die Herstellung von Steinmessern*

Die Herstellung von Messern (aus Feuerstein) ist nur durch zwei Darstellungen in den Gräbern aus Beni Hasan belegt[1]. Der gezeigte Arbeitsvorgang ist in beiden Szenen sehr ähnlich: Jeder Arbeiter hält in der einen Hand die bereits in ihrem Umriß fertig geformte Klinge und in der anderen Hand einen stabähnlichen Gegenstand. Dieser besteht wahrscheinlich aus zwei Teilen, einem Schaft (schwarz) und einem an das eine Ende angefügten Stück (rot; s. Abb. 27)[2]. Dieses Gerät berührt entweder die Klinge oder den vor dem Arbeiter stehenden niedrigen Untersatz[3].

Die Tätigkeit wird als *sḫ.t sf.w* (I, 3-4) „Messer (aus Flint) schärfen (schlagen)" bezeichnet und ist mit dem sog. „pressure-flaking" gleichzusetzen[4]. Um ein besonders dünnes Messer

[1] In beiden Darstellungen dem Lederhandwerk benachbart. Vgl. auch L. Klebs, Reliefs MR, S. 107f.
[2] Vgl. Beni Hasan III, p. 35, pl. 8.
[3] Möglicherweise dient er als Unterlage für das Zurechtschlagen der Klinge in ihrer rohen Form (Umriß); jedoch ist dieser Vorgang nicht dargestellt.
[4] H. Hodges, Technology, 39; History of Technology, Vol. I, pp. 137-139, 509.

mit regelmäßiger und sehr scharfer Schneide zu erhalten, drückt man einen Knochen oder ein Stück Holz — hier vielleicht einen Holzschaft mit einem Steinsplitter größerer Härte — gegen die Klinge über die Kante weg. Diese Technik hinterläßt auf der Klinge parallellaufende Furchen (s. Abb. 28)[5].

Es lassen sich zwei verschiedene Messerformen erkennen: Eine mit geradem Rücken und gebogener Schneide (I; II), die andere ist sichelförmig, Rücken und Schneide sind also gerundet. Einige fertige Klingen haben am Griffende eine Umwicklung (II).

[5] Z.B. abgebildet in: Petrie, Arts and Crafts, pl. 92.

1.8 Kapitel VIII: Holzhandwerk (Produkte – Tätigkeiten/Werkzeuge – Handwerker)[1]

1.8.1 *Vorbemerkung*

Innerhalb der Handwerkerszenen nimmt die Anfertigung von Holzprodukten einen sehr breiten Raum ein. Dies beruht sicherlich darauf, daß das Inventar eines Hauses bzw. Grabes vorwiegend aus dem Werkstoff Holz hergestellt ist. Dieses Kapitel ist wegen der Vielzahl von Verrichtungen in drei Abschnitte gegliedert, indem zuerst die Produkte (Abschnitt 1.8.2), dann einzelne Tätigkeiten zusammen mit den entsprechenden Werkzeugen (Abschnitt 1.8.3) und abschließend die Handwerkerbezeichnungen (Abschnitt 1.8.4) besprochen werden.

Dieser Handwerkszweig unterscheidet sich von den übrigen in zwei Punkten:

a) Kein anderer Werkstoff wird zu so vielfältigen und verschiedenen Endprodukten verarbeitet. So umfaßt z.B. die Beischrift im Grab des Rḫ-mj-Rᶜ (Liste NR Nr. 7; Urk. IV 1149): „Herstellen von Möbeln aus Elfenbein, Ebenholz, *ssnḏm*, *mrw*, *ᶜš*", die Herstellung von Mobiliar (Bett, Kasten, Stuhl), Schrein, Säule, Königsstatue sowie die verschiedenen Tätigkeiten: Sägen, Glätten, Polieren, Meißeln, Löcher bohren. Diese komplexe Anhäufung von Einzelhandlungen mag zum Teil mit Einschränkung auch für andere Materialien gelten, jedoch sind sie innerhalb der Darstellungen so typisiert, daß Leder nur zu Sandalen[2], Stein zu Gefäßen oder Statuen, Metall vorwiegend zu Gefäßen verarbeitet werden[3].

b) Während z.B. bei der Anfertigung von Metall- und Tongefäßen oder Sandalen eine kontinuierliche Abfolge zwischen Bearbeitung des Werkstoffes und Verarbeitung zu einem Produkt erkennbar ist, läßt sich dies kaum für den Werkstoff Holz und seine verschiedenen Erzeugnisse nachweisen[4]. Zwar erscheinen fertige Produkte und das Zubereiten von einzelnen Holzteilen abwechselnd nebeneinander (z.B. Tj, AR Nr. 11; Rḫ-mj-Rᶜ, NR Nr. 7), aber es ist nicht eindeutig ersichtlich, für welchen Gegenstand ein Brett zugerichtet wird. Es wird also kein Herstellungsprozeß eines einzelnen Objektes gezeigt, sondern fertiges Produkt und Bearbeiten von Einzelteilen stehen meistens unverbindlich nebeneinander[5].

Aus diesen Gründen, und um einen besseren Überblick über die einzelnen Handlungen vermitteln zu können, sind die Holzarbeiten in die drei Abschnitte gegliedert, die ihrerseits unterteilt sind in:

[1] *Lit.*: L. Klebs, Reliefs AR, S. 87-89; MR, S. 113-115; NR, S. 134-155. – P. Montet, Scènes, 298-315. – H. Kayser, Ägypt. Kunsthandwerk, S. 267-306 (mit zahlreichen Abbildungen fertiger Gegenstände, Abb. 241-284). – A. Lucas, Ancient Egyptian Materials⁴, 429-456. – History of Technology, Vol. I, 684-703.

[2] S. Kap. I; im NR allerdings Zubehör aus Leder für Wagen und Waffen, s. Kap. IX.

[3] Wobei Statuen- und Gefäßherstellung jeweils eigene Handwerkszweige bilden (s. Kap. IV u. V), also das Endprodukt für die Trennung ausschlaggebend ist (und nicht der gemeinsame Werkstoff beide miteinander verbindet).

[4] Ausgenommen der Bootsbau, welcher hier nicht besprochen wird.

[5] Abgesehen die Herstellung von Schreinen mit dem dazugehörigen Dekor (s. Produkt Nr. 3 in Abschnitt 1.8.2.3).

1.8.2 *Produkte*
1.8.2.1 1. Bett
1.8.2.2 2. Sitzmöbel
1.8.2.3 3. Schrein
1.8.2.4 4. Sarkophag
1.8.2.5 5. Kasten
1.8.2.6 6. Zepter
1.8.2.7 7. Türflügel
1.8.2.8 8. Türriegel
1.8.2.9 9. Türrahmen
1.8.2.10 10. Säule, Pfeiler
1.8.2.11 11. „Stöcke biegen“

1.8.3 *Tätigkeiten/Werkzeuge*
1.8.3.1 1. Sägen
1.8.3.2 2. Dechseln
1.8.3.3 3. Dechselklinge schärfen
1.8.3.4 4. Brett mit Axt behauen
1.8.3.5 5. Schlagen mit Hammer und Meißel

1.8.4 *Bezeichnungen der Holzhandwerker*
1.8.4.1 1. *mḏḥ*
1.8.4.2 2. *fnḫ*
1.8.4.3 3. *zšp*
1.8.4.4 4. *ḥmw.tj*
1.8.4.5 5. *sʿnḫ*

1.8.2 *Produkte*

1.8.2.1 Bett

Zusammenstellung der Szenen:

I. (AR Nr. 2) Nb-m-ꜣḫ.t;
1-2 stehen an den Bettenden u. polieren

II. (AR Nr. 4) Ij-mrj;
Bett a)
1 bringt Brett (?, zerstört): 
2 arbeitet mit Schlegel und Meißel: 
3 arbeitet mit Dechsel: 
Bett b)
4 hält Schlegel(?)
5 poliert
}: 

III. (AR Nr. 6) Nfr;
1-2 polieren Bett

IV. (AR Nr. 7) Snḏm-ib Intj;
Bett a)
1 arbeitet mit Schlegel und Meißel: 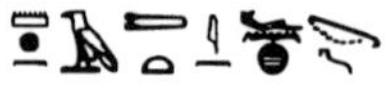

2 hält Dechsel(?) :
3 bringt Brett :
Bett b)
4 ebenso wie 2 } :
5 poliert
6 bringt Brett :

V. (AR Nr. 8) Kꜣ-m-rmṯ;
1-2 polieren

VI. (AR Nr. 11) Tj;
1-2 polieren :

VII. (AR Nr. 13) H̱nm-ḥtp u. Nj-ʿnḫ-H̱nm;
1 Aufseher(?) : (?)
2 arbeitet mit Hammer u. Meißel :
3 arbeitet mit Dechsel

VIII. (AR Nr. 14) Fragment London;
1 arbeitet mit Meißel u. Schlegel :
Rest zerstört

IX. (AR Nr. 20) Mrrw-kꜣ;
1-2 polieren :

X. (AR Nr. 23) Šdw;
1-2 hocken auf dem Bett :

XI. (AR Nr. 24) Ibj;
1-2 polieren :

XII. (AR Nr. 25) Ḏʿw;
1-2 polieren :

XIII. (AR Nr. 27) Ppj-ʿnḫ;
1-2 polieren :

XIV. (MR Nr. 2) H̱tjj;
1-2 polieren :

XV. (MR Nr. 5) Imn-m-ḥꜣ.t;
1 poliert(?)
2 arbeitet mit Hammer u. Meißel
3 arbeitet mit Dechsel

XVI. (NR Nr. 7) Rḫ-mj-Rʿ;
1 hält Bohrer und betätigt den Bogen (Drillbohrer)
2 drückt den Bohrer in das Holz ein

XVII. (NR Nr. 25) Mn-ḫpr-Rʿ-snb, usurpiert in der Ramessidenzeit;
1-2 flechten Bespannung der Liegefläche

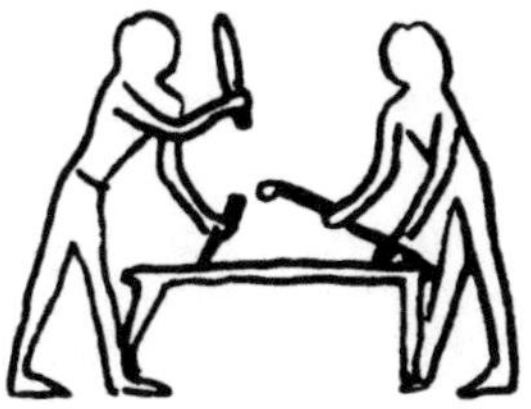

Abb. 29

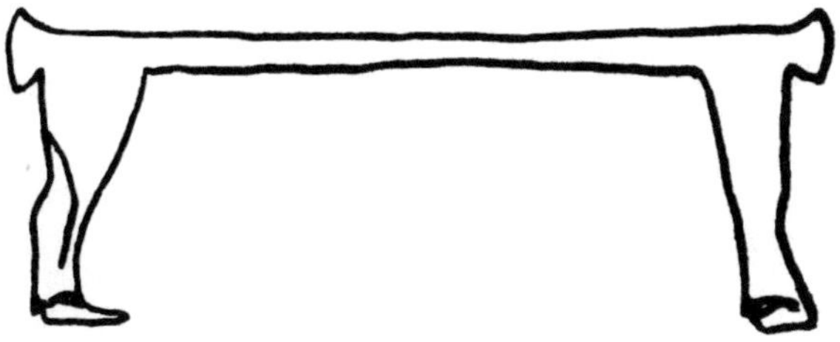

Die Bezeichnung für das Bett lautet *ꜣṯ.t* (IVa; VI; VII; IX-XII)[6]. In zwei Darstellungen wird eine genaue Werkstoffangabe gemacht: Ebenholz (*hbnj* in VI) und *ssḏm*-Holz[7] (XII).

Durchweg sind zwei Arbeiter gemeinsam mit der Fertigstellung eines Bettes beschäftigt[8], die aber nicht die gleiche Tätigkeit verrichten müssen[9]. Obwohl die Anfertigung eines Bettes beinahe zu einer „Hieroglyphe" (zwei Handwerker bearbeiten ein Bett, das zwischen ihnen steht, s. Abb. 29) erstarrt ist, läßt sich aus der Summe der Darstellungsbelege folgender Arbeitsablauf ablesen, indem man die von den Handwerkern benutzten Werkzeuge betrachtet:

a) Das Zurechtschlagen oder Glätten des Bettrahmens mittels eines Dechsels (II; XV) oder eines an seinem einen Ende gebogenen Gerätes (IV), das wahrscheinlich auch einen Dechsel darstellt. Die Bezeichnung dieser Handlung lautet *nḏr* (II; IV) „glätten" und wird von einem *mḏḥ* (IIa; IVa) „Schreiner" ausgeführt.

b) Ein weiterer Arbeitsgang ist die Herstellung von Löchern in den Bettrahmen; sie sollen zur Aufnahme der Bespannung für die Liegefläche dienen. Die Löcher werden mit Hammer bzw. Schlegel und Meißel geschlagen (II; IV; VII; VIII; XV). Diese Tätigkeit heißt *mnḫ* (IIa) „meißeln (mit dem Meißel bearbeiten)" oder mit anschließendem Objekt *mnḫ ꜣṯ.t* (IVa; VII) „das Bett mit dem Meißel bearbeiten" und wird von einem *mḏḥ* (VIII) „Schreiner" oder *fnḫ* (IVa) „Tischler" bezeichneten Arbeiter ausgeführt. Im NR werden die Löcher mit dem Drillbohrer hergestellt (XVI)[10]: Ein Arbeiter drückt den Bohrer in das Holz, während der andere den Bohrer hält und den Bogen bedient.

c) In dem in der Ramessidenzeit usurpierten Grab des Mn-ḫpr-Rʿ-snb ist zu sehen, wie zwei Arbeiter lange Schnüre halten, um die Bespannung für die Liegefläche zu flechten oder zu knüpfen.

d) Die am häufigsten dargestellte Tätigkeit ist das Polieren des Bettrahmens (I; IIb; III; IVb; V-VII; IX; XI-XIV). Die Beischrift hierzu lautet entweder *ḥwj* (IIb)[11] „glätten (schlagen)" oder *snʿʿ* (IVb?; XIII; XIV) „polieren" bzw. mit Objekt *snʿʿ ꜣṯ.t* (VI; IX oder *snʿʿ m ꜣṯ.t* XI; XII) „das Bett polieren". Die Ausführenden haben verschiedene Bezeichnungen[12]: *fnḫ* (IVb) „Tischler", *mḏḥ* (IX) „Schreiner", *ḥmw.tj* (XI) „Handwerker" und *zšp pr-ḏ.t* (VI) „Polierer des *pr-ḏ.t*"[13].

Eng verbunden mit der Bettenherstellung ist in zwei Darstellungen das Bringen eines Brettes, das die Bezeichnung *mr.t* hat und für das Fußende bestimmt ist (IIa, IVb: *mr.t*; IVa: „Bringen des *mr.t*-Brettes durch den *fnḫ*-Tischler").

1.8.2.2 Sitzmöbel

Zusammenstellung der Szenen:

I. (AR Nr. 8) Kꜣ-m-rmṯ;
fertiger Tragstuhl

[6] Zum Bett vgl. Jéquier, Frises, 240ff.

[7] Helck, Materialien V, 906.

[8] In XV drei Arbeiter.

[9] Es kommt vor, daß einer mit dem Dechsel, der andere mit Hammer und Meißel arbeitet.

[10] Obwohl er auch schon im AR benutzt wird (s. Produkt Nr. 5 in Abschnitt 1.8.2.5); vgl. auch Drillbohrer beim Perlenbohren, Abschnitt 1.3.2.1 (Abb. 19).

[11] Vgl. auch *ḥwj m sn.t* beim Polieren von Kästen (Produkt Nr. 5 in Abschnitt 1.8.2.5).

[12] Zu den verschiedenen Berufsbezeichnungen im Holzhandwerk s. Abschnitt 1.8.4; zu den Beifügungen (wie *pr-n-ḏ.t*) s. Abschnitt 2.2.1.

[13] Obwohl das Determinativ zu *zšp* (z.B. in VI) einen △-förmigen Stein zeigt, erkennt man bei der Handlung den halbrunden Reibstein ⌓ (△ oder 0 für Stein und Metall, ⌓ für Holz und weichen Stein?).

II. (AR Nr. 13) Ḫnm-ḥtp u. Nj-ʿnḫ-Ḫnm;
1 bearbeitet Fußbank(?) mit Dechsel: 
III. (AR Nr. 14) Fragment London;
1 bearbeitet Stuhl mit Dechsel 
IV. (AR Nr. 24) Ibj;
1 bearbeitet Tragstuhl mit Dechsel: 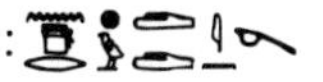
V. (AR Nr. 25) Ḏʿw;
1 bearbeitet Tragstuhl mit Dechsel: 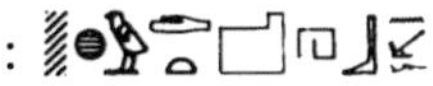
VI. (NR Nr. 7) Rḫ-mj-Rʿ;
1 bohrt Löcher mit Drillbohrer in einen Stuhl mit Rückenlehne
VII. (NR Nr. 16) Ḥwjꜣ;
1 bearbeitet (Stuhl-)Bein mit Dechsel: 
VIII. (NR Nr. 17) Nfr-ḥtp;
1 bearbeitet (Stuhl-)Bein mit Dechsel

Abb. 30

Abb. 31

In II „glättet" (*nḏr*) ein Handwerker ein Möbel mit schräger Oberfläche (s. Abb. 30) mittels eines Dechsels. Dieser Gegenstand heißt *gsꜣw.t* und erscheint als *gsꜣ.t* auch in den sog. Gerätelisten[14]. Das Wb (V 206, 1) nennt für *gsꜣ* die Bedeutung „Art Ruhebett (in geneigter Form)". Allerdings deutet die geringe Größe des dargestellten Objektes eher auf einen Schemel oder eine Rückenstütze hin.

In den Darstellungen aus dem AR erscheint neben dem „Sitz"-Stuhl in der Form eines ungegliederten Blockes (ohne Beine) mit niedriger Rückenlehne (III) eine Art Tragstuhl (Abb. 31) oder Sänfte (I; IV; V)[15]. Seine Bezeichnung ist *ḫwdd* (IV) oder *ḫwd.t* (V), und er kann aus Ebenholz (V: *hbnj*) gefertigt sein. Stuhl wie Tragstuhl werden mit dem Dechsel geglättet (IV: *nḏr*). Der Arbeiter hat die Bezeichnung *mḏḥ* (III; IV) „Schreiner".

Die Darstellung aus dem NR (VI) zeigt einen Stuhl mit höherer Lehne und vier Beinen in Form von Tierbeinen. Bei diesem Stuhl bohrt ein Arbeiter Löcher mit dem Drillbohrer in den Stuhlrahmen für die spätere Bespannung (vgl. Bettenherstellung, 1.8.2.1b); ein zweiter Arbeiter schnitzt am Zapfen eines Stuhlbeins. Solche tierfüßigen Beine werden auch in VII und VIII mit dem Dechsel hergerichtet, allerdings ohne Stuhl. Da hier kein Endprodukt dargestellt ist, könnten die Beine auch für ein anderes Möbel (z.B. Bett) bestimmt sein. In VII arbeitet der Handwerker, der hier die Bezeichnung *sʿnḫ* „Bildhauer (Bildner)"[16] hat, zusammen mit Bildhauern in einem Raum.

[14] Vgl. Junker, Giza IV, 71 u. Taf. 9; Jéquier, Frises, 243.
[15] Vgl. Jéquier, a.a.O., 251 ff.
[16] S. Abschnitt 1.4.4.4 u. 1.8.4.5.

1.8.2.3 Schrein

Zusammenstellung der Szenen :

I. (AR Nr. 2) Nb-m-ꜣḫ.t;
1 steht mit ausgestreckten Händen vor fertigem Schrein

II. (AR Nr. 4) Ij-mrj;
fertiger Schrein :

III. (AR Nr. 11) Tj;
1 poliert Schrein :

IV. (AR Nr. 13) Ḫnm-ḥtp u. Nj-ꜥnḫ-Ḫmn;
1 poliert Schrein :

V. (AR Nr. 24) Ibj;
1-2 polieren Schrein :

VI. (AR Nr. 25) Ḏꜥw;
fertiger Schrein :

VII. (AR Nr. 27) Ppj-ꜥnḫ;
Schrein (zur Aufnahme einer Vase)

VIII. (MR Nr. 3) Bꜣq.t;
1-2 verkleiden Schrein mit Goldstreifen :

IX. (NR Nr. 4) Ipw-m-Rꜥ;
fertiger Schrein

X. (NR Nr. 7) Rḫ-mj-Rꜥ;
Schrein a :
1-2 polieren Schrein mit Querleisten (zur Aufnahme von Dekor?)
Schrein b : mit Dekor
1 schnitzt -Zeichen
2 dechselt
3 wie 1
4 zersägt Holz
5-6 bearbeiten die Schreinwand
5 mit Schlegel u. Meißel
6 mit Dechsel
Schrein c :
1-2 bemalen Außenwand, mit Pinsel und Palette

XI. (NR Nr. 11) Ḥpw;
1-2 polieren Schrein

XII. (NR Nr. 12) Imn-ḥtp-zꜣ-z;
Schrein od. Kasten? Der obere Abschluß sowie Seitenrahmen sind nicht angegeben; eigentlich nur Sockel u. Querleisten.
1-2 setzen Dekor (im Wechsel) ein
3 bearbeitet mit Dechsel
4 bearbeitet Holzteil mit Dechsel

XIII. (NR Nr. 15) Nb-Imn u. Ipwkj;
Schrein mit Dekor, ohne Seitenrahmen
1-2 schnitzen -Zeichen
3 dechselt -Zeichen

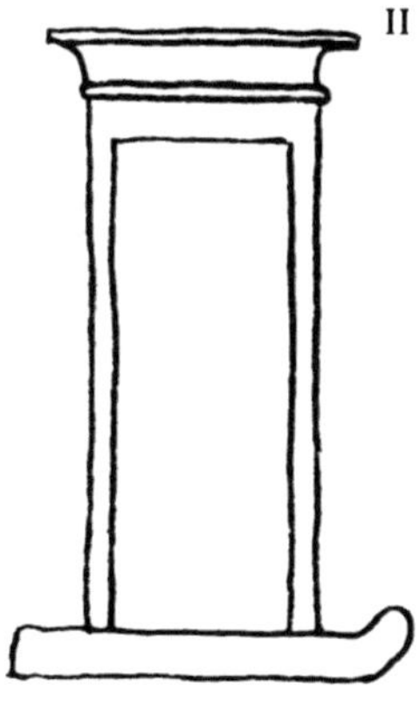
II

Abb. 32

4 bearbeitet Holzteil mit Dechsel
5 fügt Dekor ein
6 hält Querleiste
7 dechselt 𓎬-Zeichen
8 sägt Holz

XIV. (NR Nr. 17) Nfr-ḥtp;
fertiger Schrein; daneben Statue

XV. (NR Nr. 20) Ipwj;
1-2 hämmern
3-4 meißeln

In den Darstellungen erscheint hin und wieder ein schmaler hoher Schrein, der zur Aufnahme einer Statue bestimmt ist (bei Xc und XIV steht die fertige Königsstatue neben dem Schrein). Dieser Statuenschrein hat geschlossene Seiten und steht auf einem flachen Untersatz mit aufgebogenem Rand an der vorderen Seite, der als Schlitten dient (Abb. 32). Der Schrein trägt als Eigenname entweder die Bezeichnung *zḥ-nṯr*[17] (II; IV) oder *pr-wʿb* (III) „Reines Haus" und kann aus *wʿn*-Holz hergestellt sein (II; VI).

Daneben gibt es einen breiten Schrein (fast so breit wie hoch) mit durchbrochenen Wänden, die aus Dekor-Hieroglyphen bestehen. Diese Art Schrein kann zur Aufnahme von Kultgerät gedient haben. Er ist im AR nur einmal belegt (VII); dort birgt er ein Libationsgefäß und erscheint sonst nur in den Tempelwerkstätten des NR.

Folgende Verrichtungen werden an den Schreinen — durchweg von zwei Arbeitern zusammen — durchgeführt: Der Schrein wird mit dem Reibstein poliert (*snʿʿ*: III, IV „polieren"; V; Xa; XI). Die Arbeiter werden *mḏḥ* (V) „Schreiner" oder *zšp* (III) „Polierer" bezeichnet. Die Beischrift in V: „es ist wie etwas von Öl" muß so verstanden werden, daß das Holz durch das Polieren so glänzend wie Öl geworden ist. Anschließend wird der Schrein entweder bemalt (Xc) oder mit Goldfolie verkleidet (VIII)[18].

Im NR werden die Wände mit den Zeichen 𓊽 und 𓎬 dekoriert[19]. Mehrere Arbeiter sind damit beschäftigt, die Zeichen herzustellen, indem sie die entsprechenden Teile aus Ebenholz und Elfenbein zurechtsägen, die Konturen mit Dechsel und Schnitzmesser herausarbeiten; andere fügen die fertigen Zeichen in die Querleisten am Schrein ein (Xb; XII; XIII).

1.8.2.4 Sarkophag

Zusammenstellung der Szenen:

I. (AR Nr. 1) Mrj=s-ʿnḫ;
1-2 polieren Sarg

II. (AR Nr. 3) Ḫw-n-Rʿ;
1-2 polieren Sarg

III. (AR Nr. 4) Ij-mrj;
zwei fertige Särge: [illegible]

Abb. 33

[17] Wb III 465, 10: „Kleine hölzerne Kapelle"; vgl. auch Grdseloff, Das ägypt. Reinigungszelt, 39ff. (*zḥ-nṯr* „Gotteszelt").
[18] Vgl. in Abschnitt 1.2.2g.
[19] Vorher schon (im AR) bei Szene VII.

IV. (AR Nr. 6) Nfr;
1-2 setzen Deckel auf Sargkasten
V. (AR Nr. 9) Wp-m-nfr.t;
1-2 polieren Sarg: 
VI. (AR Nr. 12) Srf-kꜣ;
1-2 polieren Sarg 
3 Aufseher: 
VII. (MR Nr. 5) Imn-m-ḥꜣ.t;
fertiger Sarg in Kastenform
1-2 polieren Deckel an einem zweiten Sarg
3 kniet davor

Drei Darstellungen aus dem NR zeigen die Herstellung eines anthropoiden Sarges in verschiedenen Phasen:

VIII. (NR Nr. 17) Nfr-ḥtp;
Umwickeln der Binden
Bestreichen mit „Stuckmasse"
Polieren des Kopfteils
Beschriften der äußeren Hülle
Fußteil bearbeiten
IX. (Theben, Grab 41, Imn-m-ip.t; JEA 13, 1927, pl. 18);
die einzelnen Verrichtungen finden in verschiedenen Räumen statt, die durch einen Toreingang miteinander verbunden sind:
Umwickeln der Binden
Bemalen der Gesichtsmaske
Bearbeiten des Maskenteils (Polieren; Ausbohren des Auges mit dem Drillbohrer zur Aufnahme der Pupille).
X. (NR Nr. 20) Ipwj;
Anfertigung des Maskenteils
Nacharbeiten der Maske, die am Rumpf angesetzt ist
Bemalen des Kopfteils

Die Fertigstellung von Sarkophagen ist relativ selten dargestellt, gemessen an ihrer Bedeutung für die Grabausstattung.

Im AR ist der Sarkophag ein rechteckiger Kasten, dessen Seiten als Hausfassade gegliedert sind (I; II; IV-VI), mit einem gewölbten Deckel (s. Abb. 33)[20]. Obwohl nur einmal *wꜥn*-Holz (III) als Material angegeben ist, darf man vermuten, daß die überwiegende Zahl aus Holz besteht und nicht aus Stein[21]. Dafür spricht der szenische Zusammenhang mit den Holzhandwerkern (III; IV; VI) sowie die Bezeichnung der Arbeiter als *mḏḥ* (VI) „Schreiner" und *zšp* (V) „Polierer", die nur in Verbindung mit Holz vorkommen.

Der Sarg hat die Bezeichnung *qrs* (III; V; bzw. *qs* in IV). Der dargestellte Arbeitsvorgang ist auf das Polieren der Außenfläche beschränkt (*snꜥꜥ*: V und VI „polieren"; I; II; VII), und zwar geschieht dies mit Hilfe von Wasser und Sand (*dj mw dj šꜥ* (V) „gib Wasser,

[20] Belege dieses Typs s. bei Junker, Giza II, Taf. 14; VIII, S. 165; IX, S. 122.

[21] Junker, Giza I, S. 56: Dieser Typ kann sowohl aus Holz wie aus Stein gefertigt sein. Bei den Mitgliedern der königl. Familie (Szene I u. II) vermutlich Steinsärge.

gib Sand"). Die Schmirgelmasse wird dann mit dem Polierstein auf der Oberfläche hin- und hergerieben. Die Ausführenden heißen *zšp* (V) oder *mḏḥ* (VI), wobei hier ein *imj-rꜣ mḏḥ.w* (VI) dem Vorgang zuschaut. In IV setzen zwei Arbeiter gerade den Deckel auf den Sargkasten.

Im MR hat der Sarg ebenfalls Kastenform, jedoch ist der Deckel flach (VII). Er besteht aus Holz und wird poliert.

Drei Darstellungen aus dem NR (VIII-X) zeigen die Herstellung eines anthropoiden Sarges, wobei die einzelnen Phasen der Anfertigung zu sehen sind (Bestreichen mit der Stuckmasse, Umwickeln von Binden, Polieren, Bemalen, Beschriften der äußeren Hülle). In X rezitiert ein Priester vor dem fertigen Sarg das Mundöffnungsritual[22]. Hier wie auch bei VIII sind weitere fertige Gegenstände für die Grabausrüstung zu sehen. Demnach handelt es sich offensichtlich um Werkstätten, welche die für eine Bestattung notwendigen Requisiten anfertigen. Diese Werkstätten gehören weder zu einem Privathaushalt (wie im AR und MR) noch sind sie mit den übrigen Darstellungen der Tempelwerkstätten aus dem NR gleichzusetzen. Sie können daher nur als eine spezielle Werkstatt für funeräre Gegenstände angesehen werden, die entweder einem Tempel als Sonderwerkstatt angegliedert ist oder als eigenständige Produktionsstätte in Nähe der Nekropole liegt, und wo ein Privatmann seine Grabausrüstung in Auftrag geben kann.

1.8.2.5 Kästen

Zusammenstellung der Szenen :

I. (AR Nr. 11) Tj;
Kasten a:
1 bohrt Löcher mit Drillbohrer in die Oberseite eines kleinen Kastens:

Kasten b:
1-2 polieren einen langen Kasten auf niedrigen Füßen:

II. (AR Nr. 24) Ibj;
Kasten a:
1-2 polieren Kasten: 
Kasten b:
1-2 polieren Kasten: 
daneben ein Arbeiter mit -Zepter

III. (AR Nr. 25) Ḏʿw;
1-2 polieren Kasten 
daneben ein -Zepter

IV. (MR Nr. 2) Ḫtjj;
Kasten (od. Sarg?), ohne Füße:
1 arbeitet mit Hammer u. Meißel:
2 arbeitet mit Dechsel

V. (NR Nr. 8) Mnṯw-ijwj;
Kasten a (Schott, Photo 8510):
1 bearbeitet Kastendeckel mit Dechsel
Kasten b (Schott, Photo 8513):
1 ebenso wie a):

[22] Vgl. E. Otto, Mundöffnungsritual, Bd. II, 26f.

VI. (NR Nr. 25) Mn-ḫpr-Rᶜ-snb (usurpiert i.d. Ramessidenzeit);
1-2 bohren Löcher mit Drillbohrer in Kasten(?)
1 drückt den Bohrer, 2 bedient Bogen

In einigen Darstellungen werden große lange Kästen[23], die auf niedrigen oder halbhoben Füßen stehen, hergestellt. Über ihre spezielle Verwendung läßt sich nichts Genaues sagen, sondern nur, daß sie als Aufbewahrungsort für Kleider und Gerät benutzt werden sollen (s.u.). Die Bezeichnung für den kleineren Kasten ist *cfḏ.t* (Ia), während der größere *hn* (Ib; IIb) oder *msṯp.t* (III) heißt. Die Schreibung *iṯn.t* (IIa) scheint verderbt zu sein[24], so daß hier vermutlich ebenfalls *msṯp.t* zu lesen ist. Ebenso muß auch der anschließende Genitiv *n.t nṯr wᶜb* (III) in beiden Belegen (also auch in IIa) übereinstimmen. Davies liest *wᶜb nṯr* als einen Priestertitel (Kasten des Gottespriesters)[25], was in diesem Zusammenhang unwahrscheinlich ist. Sofern nicht eine fehlerhafte Schreibung für „Natron" (z.B.)[26] ist, wäre auch eine Deutung dessen, was das Zeichen selbst darstellt (Stab mit Zeugstreifen), denkbar, so daß es sich hier um einen „Kasten des reinen Stabes" handeln könnte, d.h. der Kasten wäre zur Aufbewahrung eines solchen Stabes bestimmt. Für diese Interpretation und für einen Zusammenhang zwischen Kasten und Stab (oder Zepter) spricht auch, daß hier (III und IIb) ein -Zepter daneben steht[27]. Die Beischrift zu dem Kasten in IIb lautet *hn n ᶜbꜣ* „Kasten des *ᶜbꜣ*-Zepters".

Die dargestellten Tätigkeiten beschränken sich auf das Bohren von Löchern in die Oberseite bzw. Kanten (Ia; IV; VI), Glätten mit dem Dechsel (V) und Polieren der Oberfläche (Ib; IIa+b; III). Die Löcher werden entweder mit Hammer und Meißel geschlagen (*mnḫ*: IV, „meißeln")[28] oder mit dem Drillbohrer gebohrt (Ia; VI), was *htj* (Ia) „bohren" bezeichnet wird[29]; der Arbeiter heißt *fnḫ* (Ia) „Tischler".

In IV wird ein Kasten und in Va+b werden die Deckel von zwei Kästen mit dem Dechsel bearbeitet. Der Handwerker wird *sᶜnḫ* (Vb) bezeichnet[30].

Am häufigsten ist das Polieren der Kastenoberfläche dargestellt (Ib; IIa+b; III), das von zwei Arbeitern gemeinsam ausgeführt wird. Diese Tätigkeit heißt entweder *ḥwj m sn.t* (Ib; IIa+b) „mit dem Polierstein bearbeiten (schlagen)"[31] oder *snᶜᶜ* (III) „polieren". Die Handwerker haben die Bezeichnungen *zšp* (Ib) „Polierer" oder *mḏḥ* (IIa+b) „Schreiner".

1.8.2.6 Zepter

Zusammenstellung der Szenen:

I. (AR Nr. 13) Ḫnm-ḥtp u. Nj-ᶜnḫ-Ḫmn;
1 vergoldet *ᶜbꜣ*-Zepter :

II. (AR Nr. 24) Ibj;

[23] Jéquier, Frises, 247ff.
[24] Wb I 151, 4 nennt nur diesen Beleg; sonst im Nä, aber mit Fragezeichen.
[25] Davies, Gebrawi II, p. 10.
[26] Bissing, Gem-ni-kai, Bd. 1, Taf. 5; vgl. auch Kästen für Natron und Perfum bei Jéquier, a.a.O., 247ff.
[27] S. Produkt Nr. 6 in Abschnitt 1.8.2.6.
[28] In diesem Fall nicht ganz eindeutig, ob Kasten oder Sarg dargestellt ist.
[29] S. Anm. 10; zu *htj* s. Simpson, Pap. Reisner II p. 37.
[30] S. Anm. 16.
[31] Vgl. *ḥwj* bei der Bettenherstellung (Abschnitt 1.8.2.1).

1 poliert *ꜥbꜣ*-Zepter
2 bearbeitet *wꜣs*-Zepter mit Dechsel :
III. (AR Nr. 25) Ḏꜥw;
1 bearbeitet *wꜣs*-Zepter mit Dechsel :
fertiges *ꜥbꜣ*-Zepter :
IV. (MR Nr. 3) Bꜣq.t;
1 vergoldet *ꜥbꜣ*-Zepter :

Es werden zwei Formen von Zeptern, die als Zeichen der Würde aufzufassen sind, hergerichtet: a) Das *wꜣs*-Zepter wird mit dem Dechsel bearbeitet und hat die Beischrift *nḏr in mḏḥ m ꜥꜣ* (II, 2; III) „glätten durch den Schreiner, tüchtig (sehr)".

b) Das *ꜥbꜣ*-Zepter[32] wird poliert (II, 1) oder vergoldet (*sšr*: I, IV; „bestreichen")[33]; in III steht ein fertiges *ꜥbꜣ*-Zepter aus *ḏꜥm*-Gold" neben einem Kasten (s. Abschnitt 1.8.2.5). Diese Beischrift muß so verstanden werden, daß das Zepter nicht massiv aus Metall gefertigt ist, sondern aus einem Holzkern mit Blattgold besteht. Hierfür spricht einmal der szenische Zusammenhang mit den Schreinerarbeiten (und nicht mit dem Metallhandwerk) wie auch die obigen Belege des Vergoldens.

1.8.2.7 Türflügel

Zusammenstellung der Szenen:
I. (AR Nr. 4) Ij-mrj;
1 arbeitet mit Dechsel
2 ebenso :
II. (AR Nr. 9) Wp-m-nfr.t;
1-2 polieren mit Steinen :
III. (AR Nr. 20) Mrrw-kꜣ;
1 glättet mit Dechsel :
2 schlägt mit Hammer u. Meißel
IV. (AR Nr. 23) Šdw;
1 arbeitet mit Dechsel (?, zerstört) :
V. (AR Nr. 27) Ppj-ꜥnḫ;
Türflügel selbst ist nicht dargestellt, nur aus der Beischrift über 3 zu entnehmen :

Abb. 34

[32] Zur Lesung (*ꜥbꜣ*, *sḫm*, *ḫrp*) s. Jéquier, a.a.O., 181 f.; vgl. auch Staehelin, Untersuchungen zur ägypt. Tracht, 157.
[33] Vgl. Abschnitt 1.2.2g.

1-2 schlagen mit Hammer u. Meißel auf ein flach abgestuftes Brett (vgl. VI)
3 schärft Dechselklinge mit dem Wetzstein

VI. (NR Nr. 4) Ipw-m-Rꜥ;
1-2 fügen die bereits zurechtgehauenen Teile eines Türflügels mittels Hammerschlägen zusammen.

VII. (NR Nr. 19) Nfr-rnp.t;
1 bearbeitet schmales Brett mit Dechsel; neben ihm fertige Türteile

Zu den Produkten des Schreinerhandwerks gehören auch Bauteile aus Holz, wie z.B. Säulen (s. 1.8.2.10) oder Türen. Sie müssen wegen des szenischen Zusammenhangs, der Werkzeuge, mit denen sie bearbeitet werden, sowie der Bezeichnungen der Handwerker aus Holz gefertigt sein [34].

Der Türflügel (*ꜥꜣ*: III-V) wird überwiegend — wie auch andere größere Objekte (Bett, Nr. 1; Schrein, Nr. 3; Sarg, Nr. 4; Kasten, Nr. 5) — von zwei Arbeitern gemeinsam bearbeitet (I-III; V-VI). Sie glätten mit dem Dechsel (*nḏr*: I, IV und *srḏ*: III) [35], wobei der Handwerker *mḏḥ* (I, 2; III) „Schreiner" heißt, oder schlagen Löcher mit Hammer und Meißel (*mnḫ*: III; V).

In VI setzen zwei Handwerker einen Türflügel aus zwei vorgefertigten und einander angepaßten Holzteilen zusammen; mit Hammerschlägen auf einen zweiten umgekehrten Hammer (wegen gezielter Druckverteilung, s. Abb. 34), der auf dem oberen Teil aufliegt, werden die Verbindungsstifte, welche die beiden Holzteile zusammenhalten sollen, in das Holz getrieben. Ein entsprechender Vorgang muß in V gemeint sein. Die Beischrift lautet *mnḫ šw.t tw n.t ꜥꜣ* „meißele diese Seite der Tür" [36]. Dort ist zwar kein fertiger Türflügel dargestellt, aber zwei Arbeiter schlagen Löcher in ein flach abgestuftes Brett, vermutlich zur Aufnahme von Holzstiften. Ein entsprechendes Ergänzungsstück muß dann diesem angepaßt werden, so daß beide Teile zusammen einen Türflügel ergeben [37].

Als abschließende Tätigkeit ist wiederum das Polieren anzusehen, das in II von einem *mḏḥ* „Schreiner" und einem *zšp* „Polierer" ausgeführt wird. Hierzu wird Wasser (zusammen mit Sand als Schmirgelmasse, Abschnitt 1.8.2.4, beim Sarg Beleg V) benötigt, denn die Beischrift lautet: „verstreiche dein Wasser gut".

1.8.2.8 Türriegel

Zusammenstellung der Szenen:

I. (AR Nr. 4) Ij-mrj;
1 bearbeitet Riegel von einem Türverschluß mit Dechsel (daneben Türflügel): 

II. (AR Nr. 6) Nfr;
1 poliert Pfosten vom Türverschluß

In zwei Darstellungen aus dem AR wird ein Türverschluß hergestellt, dessen Funktion auf dem ersten Blick unverständlich erscheint und daher auch von O. Koenigsberger mißverstanden wurde (s.u.). Es handelt sich hierbei um den üblichen Riegel —•—, der aber in einem

[34] Türflügel aus Metall s. Abschnitt 1.2.2c.
[35] Zu *srḏ* vgl. auch 1.2.2e (Metallarbeiten) und 1.4.3.1c (Statuenherstellung).
[36] Blackman übersetzt *mnḫ* mit „mach gut" (Meir V p. 28); zu *šw.t* „Seite" vgl. Wb IV 425.
[37] Aus Mangel an großen und gleichmäßigen Brettern „flickte" man sogar Holz zusammen, vgl. Kayser, Ägypt. Kunsthandwerk, Abb. 244.

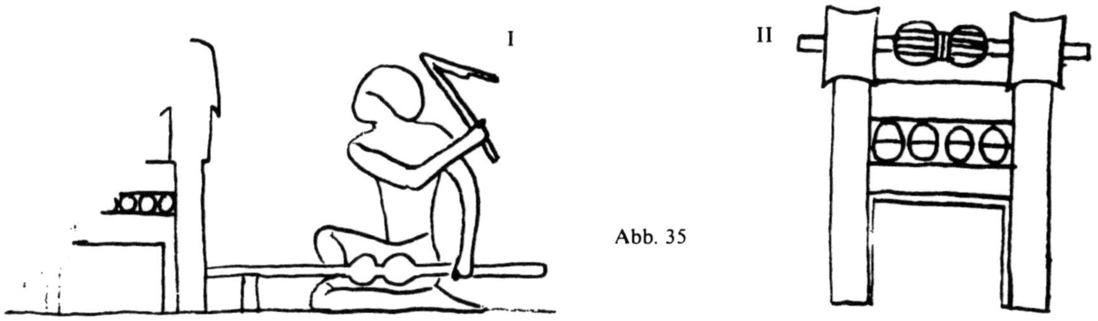

Abb. 35

auffälligem Lager ruht, das aus zwei senkrechten Balken mit einer Querverbindung besteht (s. Abb. 35).

In II poliert ein Arbeiter den fertigen Türverschluß, wobei der Riegel in seinem Lager liegt; in I glättet (*nḏr*) der Handwerker (*mḏḥ*) den Riegel (*z*), der hier neben dem Lager liegt, weil er noch mit dem Dechsel bearbeitet wird.

Dieser Riegel mit seinem besonderen Lager ist nur funktionsfähig bei einer Tür, die aus zwei Flügeln besteht, welche aber in der Mitte nicht zusammenstoßen (wie es bei einer „echten" Flügeltür der Fall ist), sondern an einem feststehenden Mittelpfosten anschlagen, der zugleich den Halt für diese Riegelkonstruktion bietet (s. Abb. 36).

Der einzige Beleg für die Wiedergabe eines solchen Riegels bei einer Tür war bis jetzt ein Hausmodell aus dem Grab des Meket-Re[38]. Dort ist eine Tür zu sehen, deren Außenfront zwei Türflügel zeigt, die sich aber nicht berühren, sondern zwischen denen ein senkrechter Pfosten steht; ihre Innenseite (d.i., wohin sich die Tür öffnet) läßt eben diese Riegelkonstruktion erkennen (s. Abb. 36). Koenigsberger hält das Riegellager samt Mittelpfosten bei dieser Nachbildung für nicht tatsächlich existierend, sondern für einen „Begriff", den „man liest Türflügel, Riegel, Türflügel"[39]. Er sagt weiter: „Das, was wir zwischen den beiden Türflügeln sehen, ist kein Pfeiler, sondern eine Lücke zwischen zwei Worten, nämlich zwischen ‚Türflügel-Türflügel' zwischen die das Zeichen für den zusammenhaltenden Riegel geschrieben ist"[40].

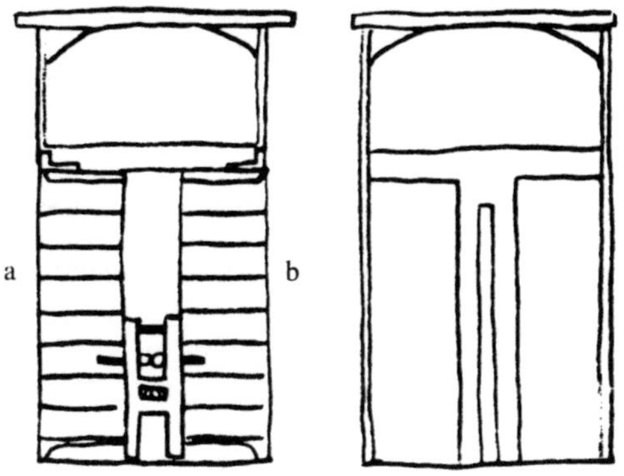

Abb. 36

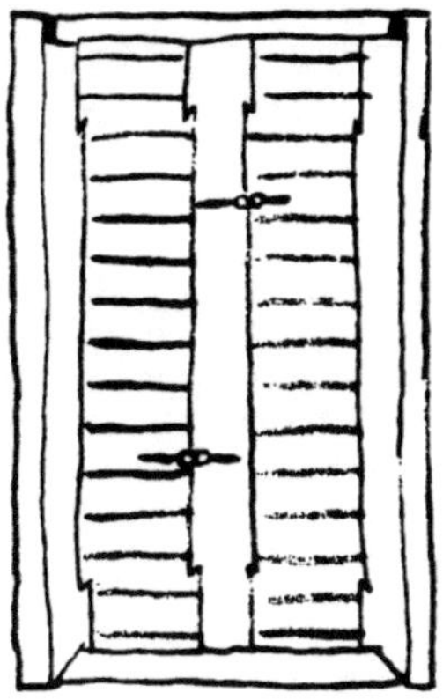

Abb. 37

[38] Winlock, Models of Daily Life, 17ff., pls. 10, 56f.
[39] Koenigsberger, Die Konstruktion der ägypt. Tür (ÄgFo 2), S. 43.
[40] Ebd.

Dabei geht Koenigsberger von einer falschen Fragestellung aus; er fragt: „Wozu braucht das Haus zwei Türen nebeneinander und warum soll durch eine komplizierte Riegelkonstruktion verhindert werden, daß sie beide gleichzeitig geöffnet werden können?“. Zwar läßt sich der erste Teil der Frage nicht beantworten, aber zum zweiten Teil ist zu bemerken, daß beide Türflügel durchaus gleichzeitig offenstehen können, wenn man den Riegel erst zur einen Seite (b) schiebt, die Tür (a) öffnet und dann den Riegel zur anderen Seite (a) bewegt, so daß er die zweite Tür (b) freigibt.

Außerdem gibt es weitere Belege für die Flügeltür mit feststehendem Mittelpfosten: Da ist zunächst die Türdarstellung in einem Grab aus Meir[41]. Zwei Türflügel sind durch einen Mittelpfosten voneinander getrennt. Allerdings sind hier zwei Riegel in unterschiedlicher Höhe angebracht, von denen der eine zur linken, der andere zur rechten Türseite übergreift (Abb. 37).

Ebenfalls gehören die Scheintüren in den sieben Kapellen des Sethos-Tempels in Abydos hierher[42]. Dort ist an der hinteren Wand jeder Kapelle jeweils die „Außenseite“ einer solchen Türkonstruktion zu erkennen: Zwei Türflügel, die getrennt sind durch einen Pfeiler, dessen oberer Abschluß als Papyrusdolde stilisiert ist. Dieser Pfeiler muß den Halt für die obige Riegelkonstruktion bilden, die hier an der anderen Seite („Innenseite“) zu denken ist.

Es muß also neben der „echten“ Flügeltür, bei der sich die inneren Türkanten berühren und die viel häufiger dargestellt ist, auch diese Ausführung der „unechten“ Flügeltür gegeben haben. Ein Vorteil dieser Konstruktion liegt darin, daß sie eine bessere (sichere) Schließvorrichtung bietet, weil der Mittelpfosten zusammen mit dem Riegellager größerem Druck standhalten kann.

1.8.2.9 Türrahmen

Zusammenstellung der Szenen:

I. (NR Nr. 2) Dwꜣ-r-nḥḥ;

a) Türrahmung für eine „unechte“ Flügeltür

1-4 polieren, sie halten Polierstein u. Napf mit Schmirgelmasse(?) in den Händen

Abb. 38

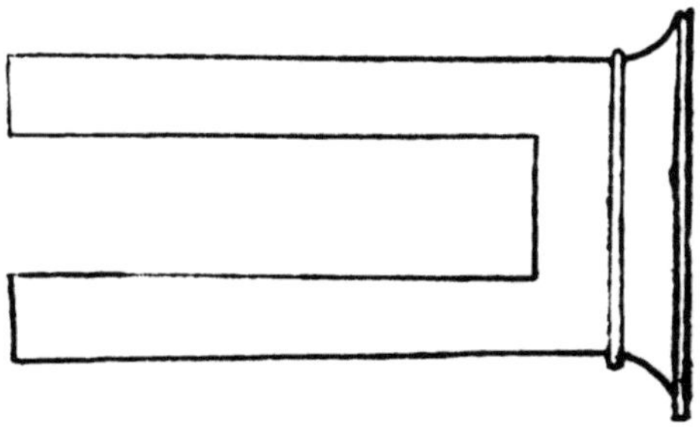

Abb. 39

b) Tür- oder Torrahmen für eine einflügelige Tür

1-3 tragen Farbe auf oder malen Hieroglyphen aus, sie halten Pinsel und Palette

[41] Meir III pl. 20 (12. Dyn.).

[42] A. Gardiner, A.M. Calverley, The Temple of King Sethos I at Abydos, Vol. I, pls. 21, 29; Vgl. auch Türrahmung, Abb. 38.

In einer Darstellung werden neben einer Säule (s. 1.8.2.10) zwei Türrahmen hergestellt, von denen der eine für eine (b) einflügelige Tür bestimmt ist, der andere (a) für eine Tür mit zwei Flügeln und einem Mittelpfosten[43]. Die Türflügel sind noch nicht eingesetzt und beide Türrahmen liegen flach auf dem Boden. Die Flügeltür wird von vier Arbeitern, die jeder einen Tiegel und Reibstein in den Händen halten, abgeschmirgelt bzw. poliert (Abb. 38). Der andere Rahmen (b, Abb. 39) wird bemalt oder mit Inschriften versehen, denn die drei hier tätigen Handwerker arbeiten mit Palette und Pinsel.

Aufgrund der erhaltenen Türrahmen an ägyptischen Baudenkmälern würde man vermuten, daß diese Bauteile aus Stein hergestellt sind. Jedoch spricht der Grabinhaber in seiner Biographie davon, daß er die Bauarbeiten an einem Tempel leitete, „dessen Wände, Pfeiler und Türen aus Elfenbein, Ebenholz und *ssḏm*-Holz sind, beschlagen mit Gold"[44].

1.8.2.10 Säulen

Zusammenstellung der Szenen:

I. (AR Nr. 6) Nfr;
Säule mit offenem Lotusblütenkapitell:
1 bearbeitet Kannelierung am Säulenschaft mit Dechsel
2 bearbeitet Kapitell mit Dechsel
3 hält Hand ans Kapitell, Dechsel hängt über der Schulter

II. (NR Nr. 2) Dwꜣ-r-nḥḥ;
Säule mit Palmenkapitell
1-3 arbeiten mit Dechseln
4-7 knieen auf dem Schaft u. polieren

III. (NR Nr. 7) Rḫ-mj-Rᶜ;
Lotusbündelsäule
1-3 polieren Schaft

IV. (NR Nr. 8) Mnṯw-ijwj;
Säule mit Palmenkapitell
1 arbeitet mit Hammer u. Meißel am Schaft

V. (NR Nr. 23) Fragment Berlin;
auf der Abbildung (Atlas I 384) nicht zu erkennen:
„ein Tischler bearbeitet dünne Holzsäule mit Kapitell vermittels Dechsels" (Beschreibung ebd.).

In den Darstellungen I, III-V handelt es sich um Säulen aus Holz, weil sie inmitten anderer Holzprodukte hergestellt werden. Bei II ist nicht zu entscheiden, ob Holz oder Stein als Werkstoff gemeint ist; denn auch Kalkstein kann mit dem Dechsel bearbeitet werden[45]. Die Säulen enden mit einem Lotusblüten- (I), Lotusbündel- (III) oder Palmenkapitell (II; IV). Sie liegen entweder in Schräglage auf einem senkrechten Stützbalken (I) oder sind horizontal auf Stützen „aufgebockt" (II; III), um das schon fertige Kapitell nicht dem Druck auf den Boden auszusetzen. In IV wird die senkrecht stehende Säule mit Hammer und Meißel bearbeitet.

[43] Vgl. Türriegel (Produkt Nr. 8 in Abschnitt 1.8.2.8), wo der Riegel zu so einer Tür hergestellt wird.
[44] Urk. IV 1379, 5ff.; vgl. auch Produkt Nr. 10 in Abschnitt 1.8.2.10 (Säulen).
[45] S. Statuenherstellung, s. Abschnitt 1.4.3.1d und 1.4.3.2c.

Mehrere Arbeiter benutzen den Dechsel (I; II; V) oder polieren den Säulenschaft (II; III, s. Abb. 40).

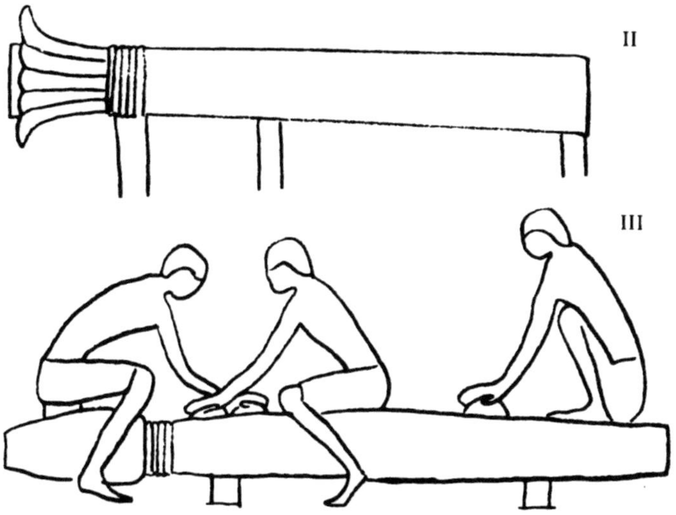

Abb. 40

Im Grab des Ḫnm-ḥtp und Nj-ʿnḫ-Ḫnm (Liste AR Nr. 13) bearbeitet ein „Schreiner" (*mḏḥ n pr-ḏ.t*) einen *Ḏd*-Pfeiler mit dem Dechsel. Dieser Pfeiler dient aber nicht als architektonisches Element, sondern als Kultsymbol. Über ihm liegen Dechsel und Säge nebeneinander, die hier nicht als Berufsbezeichnung (*fnḫ*) aufzufassen sind, sondern als Werkzeuge des *mḏḥ*[46].

1.8.2.11 „Stöcke biegen"

Zusammenstellung der Szenen:

I. (AR Nr. 11) Tj;
 1 sitzt auf dem Stock (B)
 2 hält Stock (D)

II. (AR Nr. 12) Srf-kꜣ;
 1 hält Stock über Flamme:
 2 hält Stock senkrecht vor sich:
 3 sitzt auf dem Stock (B)
 4 hält Stock (D):

III. (AR Nr. 16) Špss-Ptḥ;
 ohne Abbildung, Beischriften nach Montet, Scènes, 313f.

IV. (AR Nr. 20) Mrrw-kꜣ;
 1 sitzt auf dem Stock (B):
 2 hält Stock (D)
 3 entrindet Holz

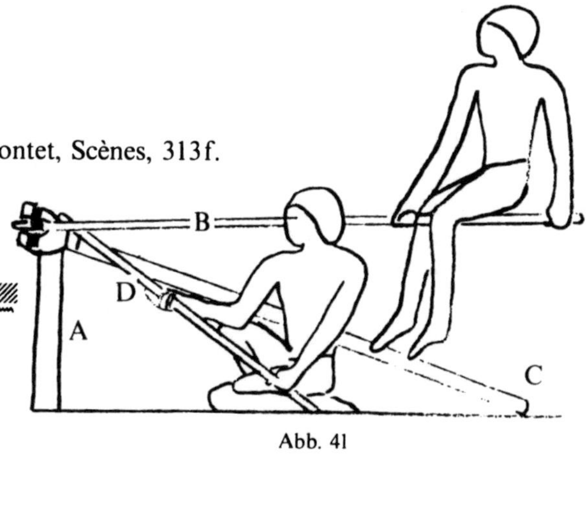

Abb. 41

[46] Zu Handwerkerbezeichnungen s. Abschnitt 1.8.4.

V. (AR Nr. 23) Šdw;
1 sitzt auf dem Stock (B):
2 hält Stock (D)

VI. (MR Nr. 2) Ḫtjj;
1 sitzt auf dem Stock (B)
2 hält Stock (D)
3 hält Stock in ein Gestell

VII. (MR Nr. 3) Bꜣq.t;
1 schält Stock:
2 hält Stock über einen Tiegel:
3 hält Stock in ein Gestell:
4 sitzt auf dem Stock (B):
5 hält Stock (D)

VIII. (MR Nr. 5) Imn-m-ḥꜣ.t;
1 hält Stock über Tiegel, darüber liegen Bogen
2 hält Stock in ein Gestell

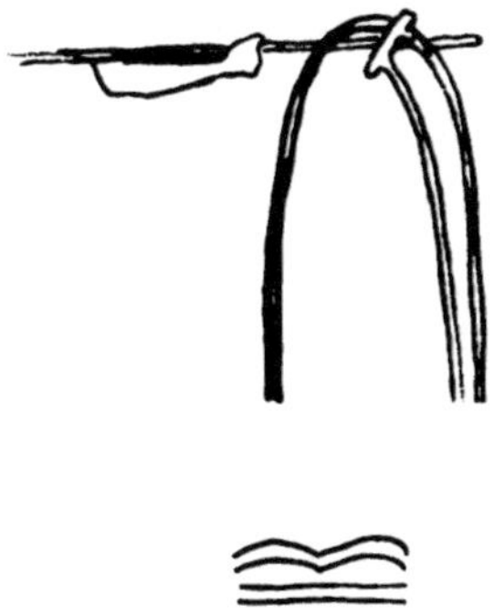

Abb. 42

Die hier besprochene Tätigkeit ist hinsichtlich ihrer Ausführung sowie des erzielten Produktes bzw. dessen Verwendung nicht immer mit Sicherheit zu bestimmen. Nur in zwei Darstellungen (VI; VIII) ist aufgrund des szenischen Zusammenhangs ersichtlich, daß dieser Arbeitsvorgang mit der Herstellung von Waffen in Verbindung steht[47].

Bevor eine Beschreibung des arbeitstechnischen Verfahrens versucht wird[48], muß darauf hingewiesen werden, daß das „Stöcke biegen" in zweifacher Weise zu verstehen ist: Gerade Stöcke, die „krumm" gebogen werden sollen, und gekrümmte Stöcke, die gerade gebogen werden sollen. Es kann also durch ein und denselben Arbeitsprozeß ein unterschiedliches Ergebnis erzielt werden, wobei jeweils der ursprüngliche Zustand des Stockes (krumm oder gerade) und seine spätere Verwendung ausschlaggebend sind.

Innerhalb der Darstellungen ist nicht immer zu klären, ob ein einziges Verfahren oder zwei verschiedene wiedergegeben sind. Es sind folgende Verrichtungen zu erkennen:

a) Ein Arbeiter schält mit einem scharfen Gegenstand (Messer oder Dechsel?) die Rinde von einem geraden Stock (IV, 3; VII, 1), was einmal als *stp*(?) *ḫt* (VII, 1) „Holz(rinde) ablösen" bezeichnet wird.

b) Der Stock wird mit einer Flüssigkeit bestrichen, wie aus der Beischrift *c.t mdw* (II, 2) „befeuchten des Stabes" und *iꜥ mdw pw* (III) „befeuchte diesen Stab" hervorgeht. Im Gegensatz zu dem allgemeinen *ḫt* (unbearbeitetes Holz, allgemeine Bezeichnung) kennzeichnet *mdw* den geraden glatten Stab.

c) Der angefeuchtete Stab wird über eine Flamme in einem Tiegel gehalten, wodurch offensichtlich die Feuchtigkeit wieder entzogen werden soll. Dieser Vorgang heißt (*f*)*sj mdw tp* (II, 1) „den ersten (besten) Stab erhitzen" oder *ḫt ḫt* (VII, 2) „Holz erhitzen" (VIII, 1 ohne Beischrift).

Das künstliche Befeuchten (b) sowie das anschließende Dämpfen (c) hat bereits zur Folge, daß der Stab sich unter Einwirkung der Hitze krümmt und sich außerdem nicht mehr

[47] In VIII liegen doppelt gekrümmte Bogen daneben, in VI werden Lanzenschäfte mit dem Dechsel bearbeitet. Vgl. Abschnitt 1.9.4.

[48] Vgl. hierzu: Klebs, Reliefs AR, S. 89; MR, S. 118; P. Montet, Scènes, 311-315.

verziehen kann. Es wäre auch denkbar, daß dies Verfahren dazu dient, die Rinde zum „Platzen" zu bringen, so daß sie sich leichter von dem Holz lösen läßt (s. a). Es ist letztlich aber nicht zu entscheiden, welcher von beiden Effekten erzielt werden soll bzw. ob der eine die Begleiterscheinung des anderen ist.

d) In seiner Zuordnung zu dem Bisherigen ist das Krümmen oder Begradigen eines Stockes mittels eines besonderen Gestells unklar[49]. Dieser Apparat (s. Abb. 41) besteht aus drei verschiedenen Stöcken (A, B, C), die sich in einem Punkt treffen (I; II; IV): Der kurze (A) steht senkrecht auf dem Boden und endet oben in eine Gabel, die als Auflage dient. Auf ihr liegt das Ende des zweiten und langen Stockes (B) waagerecht auf; A und B bilden zusammen an ihrem Schnittpunkt einen rechten Winkel. Ein dritter, schräg vom Boden verlaufender Stock (C) endet ebenfalls in diesem Winkel. Alle drei Stöcke (A, B, C) treffen sich also in einem Punkt und sind durch eine Umschnürung miteinander verbunden.

Der Stab (D), welcher gekrümmt oder begradigt werden soll, wird von einem Arbeiter in den von Stock B und Stock C gebildeten Winkel geschoben. Ein zweiter Arbeiter sitzt auf dem Stock B und drückt ihn mit seinem Körpergewicht nieder. Durch den Druck verringert sich der Winkel und der Stab D wird „in die Zange genommen" (in der Art eines Nußknackers).

Die Beischrift zu diesem Vorgang lautet *ḫnd mdw* (II, 4) bzw. *ḫnd mdw in smjtj* (III). Die Bedeutung „Stäbe krümmen" für *ḫnd mdw* ist allein aus den Darstellungen erschlossen (s. Wb III 312, 15), wobei eine Verbindung mit *ḫnd* „treten, gehen" möglicherweise nicht auszuschließen ist: Bei der Gehbewegung wird das Bein bzw. Kniegelenk gebeugt („Krümmen") und gestreckt („Begradigen")[50]. Die Bedeutung von *smjtj* (III) findet allerdings keine rechte Erklärung. Montet faßt in *smjtj* als Berufsbezeichnung auf („par le dresseur de branches" „celui qui fait conforme")[51]. Vielleicht ist *smjtj* auch als eine kausative Nisbebildung von *mj* abzuleiten: „Einer, der etwas gleichmacht, „ebnet", begradigt". Möglicherweise ist diese Bezeichnung als *(s)imj.tj* in der defektiven Beischrift bei V wiederzuerkennen[52].

Der nur im ersten Teil verständliche Text *wȝḥ mnḫ iw mdw pw* (I) „drücke tüchtig; es ist ein Stab" bzw. *wȝḥ r mnḫ iw mdw pn* (IV) „drücke tüchtig; es ist dieser Stab" bezieht sich auf den sitzenden Mann, der mit seinem Körpergewicht den Stock B herunterdrückt[53].

Neben dieser Ausführung des Gestells, das immmer von zwei Arbeitern bedient werden muß, erscheint im MR (VI-VIII) noch eine Variante, bei der ein Arbeiter allein das Krümmen oder Begradigen eines Stockes vornehmen kann (s. Abb. 42)[54]. Dort heißt es bei diesem Vorgang *ʿqȝ ḫt* (VII, 3) „mach das (krumme) Holz gerade". Da zwei ihm benachbarte Handwerker mit dem anderen Gerät arbeiten und die Beischrift ebenfalls *ʿqȝ* (VII, 4-5) „richtig; gerade" lautet, ist zu ersehen, daß beide Verfahren den gleichen Effekt erzielen.

Wenn bereits durch Befeuchten und Dämpfen (s.o. bei c) eine Krümmung erzielt wird, warum wird außerdem (in II; VII; VIII) das andere Verfahren mit dem Gestell dargestellt? Die Frage, ob hier zwei verschiedene Techniken nebeneinander zu sehen sind oder ob die zweite Methode eine ergänzende Korrektur (Verfeinerung) zu der ersten ist, muß offen bleiben.

[49] Als Fortsetzung zu dem Vorigen anschließend in II, VII, VIII? Allein in I, IV-VI.

[50] *Ḫnd* auch in Pap. Reisner III, pp. 32, 41 belegt.

[51] Montet, Scènes, 314.

[52] Petrie, Deshasheh p. 10: „the inscription was never completed". Er übersetzt (p. 45): „making [firm?] the point(?) of (a staff called) the Southern post".

[53] Erman (Reden, Rufe S. 44) übersetzt den zweiten Teil der Beischrift: „mit dem wird man gesalbt (Var. mit dem ich gesalbt werde)".

[54] Vgl. Montet in: BIFAO 9, 1911, pls. 10, 1 u. 11, 8-11.

1.8.3 *Tätigkeiten/Werkzeuge*

Der folgende Abschnitt befaßt sich mit den einzelnen Bearbeitungen, die an Holzteilen (Brettern) vorgenommen werden, ohne daß sich im einzelnen erkennen läßt, für welches Endprodukt sie verwendet werden sollen[55]. In diesem Zusammenhang sollen jeweils die dazu benutzten Werkzeuge sowie die dargestellte Tätigkeit hinsichtlich ihrer Benennung besprochen werden.

1.8.3.1 Sägen

Zusammenstellung der Szenen:

I. (AR Nr. 4) Ij-mrj;
1 sägt (am Pfahl):

II. (AR Nr. 6) Nfr;
1 sägt (am Pfahl)

III. (AR Nr. 7) Snḏm-ib Intj;
1 sägt (am Pfahl):

IV. (AR Nr. 11) Tj;
1 sägt (am Pfahl):
2 sägt (hält das Brett):

V. (AR Nr. 13) Ḫnm-ḥtp u. Nj-ᶜnḫ-Ḫnm;
1 sägt (am Pfahl): [

VI. (AR Nr. 20) Mrrw-k3;
1 sägt (am Pfahl; fragm.)

VII. (AR Nr. 23) Šdw;
1 sägt (am Pfahl)

VIII. (AR Nr. 27) Ppj-ᶜnḫ;
1 sägt (am Pfahl):

IX. (MR Nr. 2) Ḫtjj;
1 sägt:

X. (MR Nr. 5) Imn-m-ḥ3.t;
1 sägt

XI. (NR Nr. 4) Ipw-m-Rᶜ;
1 sägt ⌈ (am Pfahl)

XII. (NR Nr. 5) Mn-ḫpr-Rᶜ-snb;
1 sägt ⌈ (am Pfahl)
2 ebenso

XIII. (NR Nr. 7) Rḫ-mj-Rᶜ;
1 sägt (am Pfahl; bindet Umwicklung fest)
2 sägt (hält das Brett)

XIV. (NR Nr. 8) Mnṯw-ijwj;
1 sägt (hält Brett)

XV. (NR Nr. 10) Mrj;
1 sägt (hält Brett)

XVI. (NR Nr. 15) Nb-Imn u. Ipwkj;
1 sägt (am Pfahl)

IV, 1

Abb. 43

Abb. 44

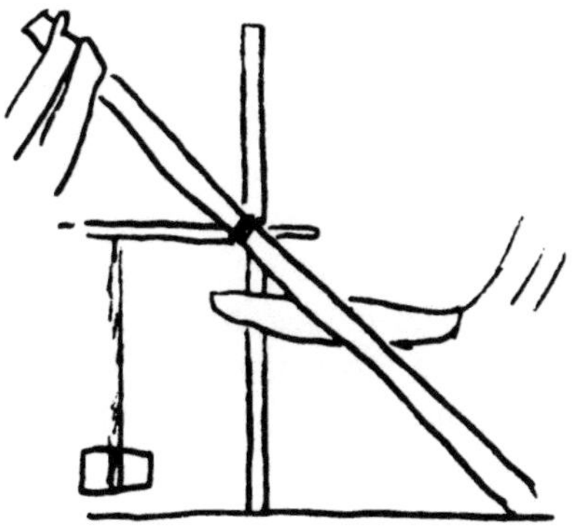

Abb. 45

Abb. 46

[55] Ausgenommen das Anfertigen von Dekor für den Schrein, s. Abschnitt 1.8.2.3.

XVII. (NR Nr. 17) Nfr-ḥtp;
1 sägt (am Pfahl)
XVIII. (NR Nr. 23) Fragment Berlin;
1 sägt (am Pfahl)
XIX. (NR Nr. 26) Fragment Florenz;
1 sägt (hält Brett).

Abb. 47

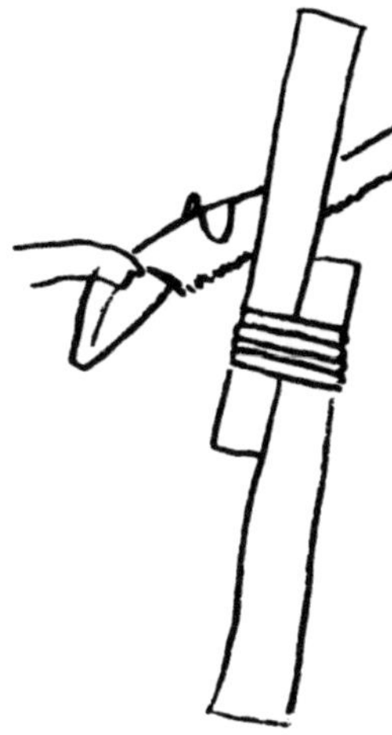

Abb. 48

Innerhalb der Holzbearbeitung ist das Zersägen von Holz in zahlreichen Darstellungen zu sehen. Es gibt zwei verschiedene Techniken des Sägens, die sich nach der Größe der Holzteile richten.

Große Balken, die in Bretter zersägt werden sollen, sind an einem etwas kleineren, senkrecht stehenden Pfosten oder Pfahl angebunden (s. Abb. 43). Die Umschnürung ist jedoch nicht in allen Darstellungen sichtbar gemacht. Manchmal ist ein Stock mit einem angebundenen Stein in die Umschnürung gesteckt, um so ein Lockern der Bindung zu verhindern, die durch die Säge-Bewegung entsteht (IV, 1; VII; VIII; in XIII sieht man, wie der Arbeiter die Schnur festzieht, s. Abb. 47).

Bei dieser Vorrichtung wird die Säge mit beiden Händen von einem Arbeiter geführt; das Sägeblatt wird horizontal zum senkrechten Balken gehalten. Eine Ausnahme findet sich in VIII: Hier steht der Balken nicht parallel zum Pfosten, sondern — wegen seiner ungewöhnlichen Länge — schräg dazu (s. Abb. 45). Während der eine Arbeiter die Säge führt, hält der andere den Balken an seinem oberen Ende fest.

Die Darstellung in XVI ist unrealistisch: Der Balken ist mit seinem unteren Ende am oberen Ende das Pfostens angebunden. Das Holz ist bereits über die Hälfte zersägt und müßte durch den Druck der Säge bereits durch die Bindung nach unten gerutscht sein (s. Abb. 48).

Kurze oder dünne Hölzer werden einhändig zersägt, indem der Arbeiter mit der einen Hand das Holz vor sich hält und mit der anderen die Säge führt (IV, 2; XIII; XIV; XIX, s. Abb. 44).

Neben dem Zersägen von geraden Holzteilen gibt es im NR auch Darstellungen, in denen ein Holz(?) mit einer Krümmung im oberen Drittel zersägt wird (XI; XII). Dies befindet sich nur im Zusammenhang mit der Waffenproduktion (s. Abschnitte 1.9.4) zwischen der Herstellung von Pfeilen, Bogen und Wedelschäften (s. Abb. 46).

Die Tätigkeit des Sägens heißt *wsj* (III) bzw. *ws.t* (I; IV, 1; V; VIII; IX) oder *ws.t m tf* (IVb) „Sägen mit der Säge“ [56]. Bei einer Textstelle () ist *wz(j)w* vermutlich als Berufsbezeichnung („Säger“) aufzufassen [57], obwohl die Bezeichnung für den sägenden Arbeiter sonst *fnḫ* (IVa) lautet [58].

[56] Zur Säge vgl. Jéquier, Frises, 271-273; Simpson, Pap. Reisner II, pp. 26, 37 (Nr. 9 *pḏ.t n.t tfꜣ*).

[57] Gardiner, A Unique Funerary Liturgy (JEA 41, 1955, pl. 5 col. 99f.); er übersetzt (ebd., p. 15): „carpenter sawyer with a saw in his hand“.

[58] Vgl. Abschnitt 1.8.4.2.

Es lassen sich zwar innerhalb der Darstellungen verschiedene Typen von Sägen unterscheiden hinsichtlich ihrer Größe und Griffe, jedoch erscheint nur einmal die Benennung *tf* (IVb) „Säge". Dies ist auch vorwiegend die Bezeichnung in den sog. „Gerätelisten" (s. Zusammenstellung). Eine weitere, nur bei Izj belegte, Säge heißt *ḫrj-ꜥ* .

Zusammenstellung von Werkzeugbezeichnungen aus fünf „Gerätelisten"[59]:

	Izj	Wꜥb-Ḫnm	Mnw-ḫꜥ=f	K3-m-ꜥnḫ	Sethos I.	Mrj-mrj
1a) Säge						*tf3*
b) Säge						
2a) Dechsel						*ꜥn.t*
b) Dechsel						
3) Axt					*mjnb*	*mjnb*
4a) Meißel					*mnḫ*	*mnḫ*
b)						
c)						
d)						

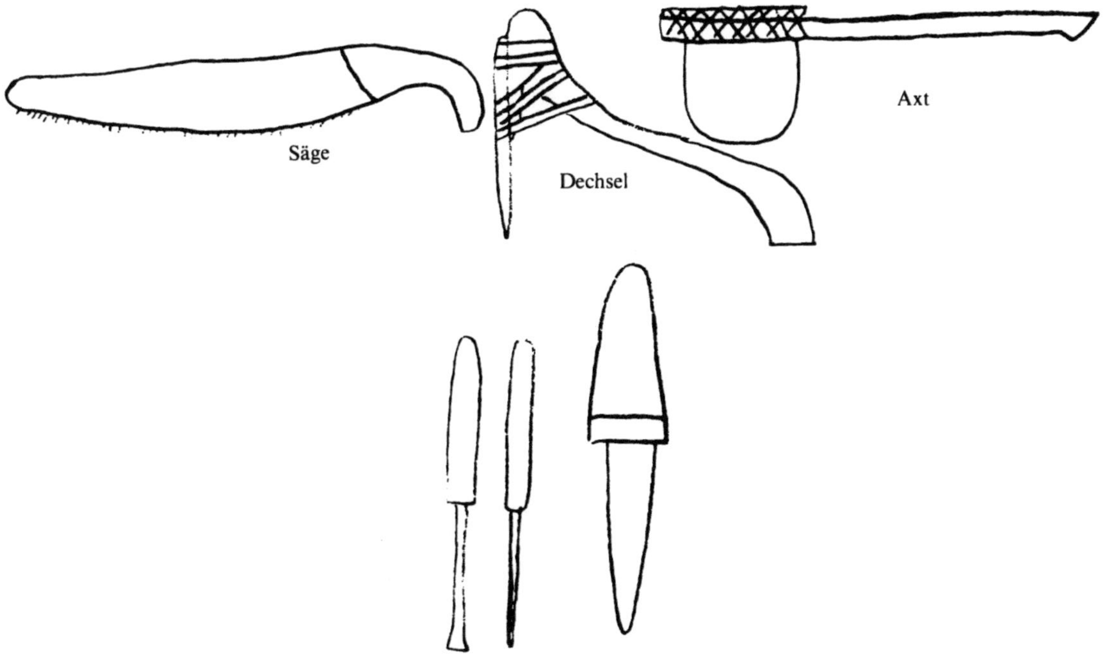

(Werkzeuge nach Simpson, Pap. Reisner II, p. 55)

[59] Liste des Izj: O. Koefoed-Petersen, Recueil des Inscriptions Hieroglyphiques de la Glyptotheque Ny Carlsberg (Bibl. Aeg. 6, Brüssel 1936) pl. 3; vgl. auch Junker, Giza VII, 58. Liste des Wꜥb-Ḫnm: P. Kaplony, Kleine Beiträge, 13f., Taf. 7 (S. 267). Liste des Mnw-ḫꜥ=f: W.St. Smith, the Coffin of Prince Min-khaf in: JEA 19, 1933, pl. 24, p. 153. Liste des K3-m-ꜥnḫ: Junker, Giza IV, Taf. 9, S. 72. Liste Sethos' I.: Nach W. Barta, Die altägypt. Opferliste, S. 46, 130. Liste des Mrj-mrj: Barta, a.a.O., S. 45f., 132.

1.8.3.2 Brett mit dem Dechsel bearbeiten

Zusammenstellung der Szenen :
I. (AR Nr. 4) Ij-mrj;
II. (AR Nr. 8) Kꜣ-m-rmṯ;
III. (AR Nr. 11) Tj;
IV. (AR Nr. 27) Ppj-ꜥnḫ;
V. (MR Nr. 2) Ḫtjj;
VI. (NR Nr. 7) Rḫ-mj-Rꜥ;

Abb. 49

Der Dechsel wird bei den fertigen Gegenständen (s. Abschnitt 1.8.2) wie auch bei einzelnen Holzteilen zum Glätten benutzt (Abb. 49), indem man mit ihm Unebenheiten beseitigt („spänt").

Diese Tätigkeit heißt *nḏr* (I; III). Bei III ist die Holzart angegeben *nḏr ḫt n ssḏm* „glätte das *ssḏm*-Holz". Der Arbeiter wird als *mḏḥ* (I; II) bzw. *imj-rꜣ mḏḥ.w* (IV) bezeichnet, der hier zugleich *smsw wḫr.t* „Ältester der Werft" ist[60].

Die übliche Benennung für den Dechsel lautet *ꜥn.t* und findet sich ebenfalls in den Gerätelisten (s. S. 117, Nr. 2a). Eine seltenere Bezeichnung ist *msḫt(jw)*, die im Zusammenhang mit dem Schärfen der Dechselklinge vorkommt (s.u.) und in der Liste des Mnw-ḫꜥ=f belegt ist (s. S. 117, Nr. 2b).

1.8.3.3 Schärfen der Dechselklinge

Zusammenstellung der Szenen :
I. (AR Nr. 9) Wp-m-nfr.t;
1 schärft Klinge (neben Holzhandwerkern)
II. (AR Nr. 17) Wnjs;
1 schärft Klinge (neben Metallarbeiter)
III. (AR Nr. 20) Mrrw-kꜣ;
fragm. (zwischen Metallarbeitern)
IV. (AR Nr. 27) Ppj-ꜥnḫ;
1 schärft Klinge (neben Holzhandwerkern)

Abb. 50

Vermutlich muß bei dieser Tätigkeit der szenische Zusammenhang berücksichtigt werden: Zweimal (II; III) befindet sich die Darstellung in Verbindung mit Metallarbeitern, zweimal mit Schreinern (I; IV). Dies könnte bedeuten, daß einmal die Herstellung der Klinge durch die Metallarbeiter gemeint ist: Sie schmieden die Klinge und, nachdem sie bereits geschäftet ist, schärfen sie die Klinge abschließend noch einmal mit dem Wetzstein nach. Das andere Mal sind es die Holzhandwerker, welche die durch Benutzung stumpf gewordene Klinge nachschärfen (Abb. 50).

Das Schärfen wird als *dm* (II-IV) bezeichnet und die Wetzsteine *inr.w n(w) dm*[61]. Die Handwerker heißen *fnḫ* (I) oder *mḏḥ* (IV). Die Dechselklinge — wie auch der geschäftete

[60] S. Abschnitt 1.8.4.1.1.
[61] Pap. Lansing 5, 6.

Dechsel — hat die Bezeichnung *ʿn.t* (IV, s. Zusammenstellung S. 117 Nr. 2a) oder *msḫtjw* (II, s. Zusammenstellung S. 117 Nr. 2b[62]).

1.8.3.4 Brett mit der Axt behauen (spalten)

Zusammenstellung der Szenen:

I. (AR Nr. 23) Šdw;
II. (AR Nr. 27) Ppj-ʿnḫ;
III. (NR Nr. 7) Rḫ-mj-Rʿ;

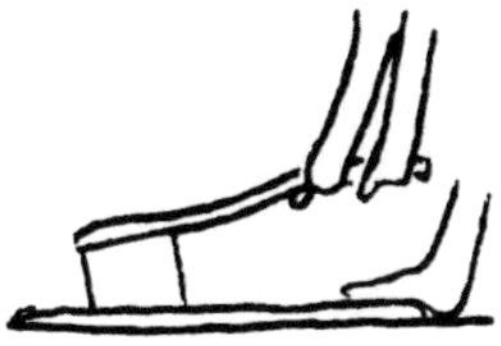

Abb. 51

In drei Darstellungen schlägt ein Arbeiter mit der Axt auf ein vor ihm liegendes Brett, um es zu spalten (Abb. 51) oder um Astansätze (Knorren) abzuschlagen. Die Tätigkeit heißt *nḏr ḫt* (I) bzw. *nḏr ḫt pw* (III) „bearbeite (dies) Holz mit der Axt". Die Darstellung ist auch als Hieroglyphe belegt; sie determiniert die Worte *nḏr*[63] und „Handwerkerschaft"[64]. Das Glätten mit dem Dechsel wird ebenfalls *nḏr* bezeichnet (s. Abschnitt 1.8.3.2). Aufgrund des Werkzeugtyps (der Axt) muß angenommen werden, daß mit ihm gröbere Arbeiten verrichtet werden, wie Behauen oder Spalten, während der Dechsel für feinere Arbeiten (Glätten, Konturen herausarbeiten) benutzt wird.

Die Axt heißt *mjb.t/mjnb* und erscheint auch in den „Gerätelisten" (s. S. 117 Nr. 3)[65].

1.8.3.5 Schlagen mit Hammer und Meißel

Zusammenstellung der Szenen:

I. (AR Nr. 4) Ij-mrj;
II. (AR Nr. 11) Tj;
III. (AR Nr. 27) Ppj-ʿnḫ; (vgl. Tür, Szene V)
IV. (MR Nr. 8) Snbj;
V. (NR Nr. 7) Rḫ-mj-Rʿ;

Abb. 52

Abb. 53

Bei einigen Produkten war bereits die Anwendung von Hammer und Meißel zu beobachten, um Löcher zu schlagen (z.B. bei Betten zur Aufnahme der Bespannung, Abschnitt 1.8.2.1). In I jedoch berührt der Meißel die Seitenfläche eines Blockes (oder Kastens?) in einem spitzen Winkel,

[62] Zu *msḫtjw* s. J.R. Harris, Lexicographical Studies, pp. 53, 58. Zu *ʿn.t* s. Jéquier, Frises, 273-275; Simpson, Pap. Reisner II, pp. 26, 36.

[63] S. Anm. 39 im Abschnitt 1.6.5.

[64] S. Abb. 24 (im Abschnitt 1.5.3).

[65] Barta, a.a.O., 46 vermutet, daß „vielleicht ... *mjnb*, das erst vom MR an vorkommt, nur eine andere Schreibung des alten *mjbt*-Beiles" ist. Zur Bezeichnung bzw. Lesung *mjnbt* s. E. Kühnert-Eggebracht, Die Axt als Waffe und Werkzeug im alten Ägypten, S. 3.

Lit.: Jéquier, Frises, 270f.; Simpson, Pap. Reisner II, pp. 26, 36; Montet, Scènes, 299f.

so daß hier (Abb. 52) sicherlich geglättet wird, indem Späne abgeschlagen werden[66]. In den übrigen Darstellungen aber steht der Meißel senkrecht auf der Holzoberfläche. Bei III wäre es denkbar, daß in das flach abgestufte Holzteil Löcher geschlagen werden zur Aufnahme von Holzstiften, die dann ein entsprechend angepaßtes Holzstück miteinander verbinden sollen[67].

In II wird ein Holzblock mit Meißel und Schlegel bearbeitet (Abb. 53). Zu der dortigen Beischrift  sind mehrere Interpretationen geäußert worden, die sich im wesentlichen mit der Bedeutung von  befassen. Doch bleibt bei fast allen Bemerkungen zu dieser Zeichengruppe der Anfang unberücksichtigt: Erman übersetzt: „ich lasse deine Riegel dick sein“[68]; Montet: „fais tendre tes archets“ (laß deine Bogen spannen)[69]; Jéquier: „fais justes tes trous“ (mach genau deine Löcher)[70]. Nachdem die Bedeutung von  als Bogen des Drillbohrers abzulehnen ist[71], erscheint Jéquier's Auffassung als „(Bohr-)Löcher“ (*wn.t* als „Loch“ von *wn* „öffnen“) die angemessenste Erklärung zu sein. G. Fecht gibt allerdings zu bedenken, daß die Lesung und Bedeutung durchaus in Verbindung mit *sṯꜣ* („Gang“) stehen kann: *sṯꜣ.w.t* könnten die „(Bohr-)Löcher“ sein oder auch Löcher, durch die etwas „gezogen/gesteckt“ (*sṯꜣ*) werden soll[72].

E. Graefe hat mit Recht darauf hingewiesen, daß alle zu dieser Stelle geäußerten Bemerkungen den Anfang  weglassen, den er selbst mit „oh Zimmermann“ übersetzt[73]. Jedoch ist dies nicht möglich, weil *mnḫ* nur das Werkzeug „Meißel“ oder den Umgang mit ihm „meißeln“ (*mnḫ*: I) bezeichnen kann und niemals als Handwerkerbezeichnung erscheint. Daher ist nur die Übersetzung von *i mnḫ* als „oh Meißel“ zulässig, wobei das Possessivpronomen $=k$ von  sich auf den Meißel beziehen muß und nicht auf eine imaginäre Person[74]. Die Beischrift lautet also „Oh Meißel, laß dick (*wmt*) sein deine Löcher“. Der Ausruf ist an den Meißel gerichtet, den gewünschten Effekt, nämlich weite Löcher, zu erzielen.

Außer *mnḫ* als Bezeichnung für „Meißel“ sind noch drei weitere Benennungen in den Gerätelisten belegt: *mḏꜣ.t*, *zꜣr.t*, *gwꜣ* (s. Zusammenstellung S. 117 Nr. 4). Sie kennzeichnen wahrscheinlich verschiedene Ausführungen dieses Werkzeugs hinsichtlich seiner Größe, Schneide und seines Griffes[75].

1.8.4 *Bezeichnungen der Holzhandwerker*

In diesem Abschnitt sollen die verschiedenen Berufsbezeichnungen der Holzhandwerker (*mḏḥ* - *fnḫ* - *zšp* - *ḥmw.tj* - *sꜥnḫ*) besprochen werden. Da in manchen Darstellungen Handwerker mit wechselnder Bezeichnung nebeneinander arbeiten, soll die Frage untersucht werden, ob mit einer bestimmten Berufsbenennung eine spezielle Tätigkeit verbunden ist (z.B.

[66] Ähnlich bei der Statuenherstellung, s. Abschnitt 1.4.3.1c.

[67] Vgl. bei der Herstellung von Türflügeln (Produkt Nr. 7, Abb. 34 in Abschnitt 1.8.2.7).

[68] Erman, Reden, Rufe (APAW 1918, Nr. 15), 43; ebenso Koenigsberger, Die Konstruktion der ägypt. Tür, 41 Anm. 5.

[69] Montet, Scènes, 305.

[70] Jéquier, Frises, 276.

[71] E. Graefe in: MDIK 27, 1971, 149f.

[72] Schriftlich mitgeteilt von G. Fecht.

[73] Graefe, ebd. Auch H. Lallemand (BIFAO 22, 1923, 87f.) sieht in *mnḫ* eine Berufsbezeichnung („ouvrier en bois“). Allerdings bezieht er *i mnḫ* auf den benachbarten Handwerker, der Holz sägt, also „Sägen mit der Säge durch den *mnḫ*“. Dies ist — wie auch die Bedeutung von *mnḫ* — nicht richtig.

[74] Wie Erman (s. Anm. 68) oder Montet (s. Anm. 69) vermuten.

[75] *Lit.*: Jéquier, Frises, 277-279; Simpson, Pap. Reisner II, pp. 26, 36f.; Montet, Scènes, 304; H. Lallemand, Les assemblages dans la technique égyptienne et le sens original du mot *menkh* (BIFAO 22, 1923, 77-98).

arbeiten zusammen: *mḏḥ - ḥmw.tj - zšp*, Liste AR Nr. 24; *zšp - fnḫ*, Liste AR Nr. 11; *fnḫ - mḏḥ*, Liste AR Nr. 7). Jeder Gruppe ist eine Liste vorangestellt, in welcher die in den Darstellungen tätigen und in den Abschnitten 1.8.2 und 1.8.3 aufgeführten Holzhandwerker erfaßt sind. Die Liste nennt: Tätigkeit, zu bearbeitendes Objekt, Berufsbezeichnung sowie Belegstelle, die sich auf die in 1.8.2 und 1.8.3 behandelten Produkte bzw. Tätigkeiten bezieht (z.B.: P. 1, II = zweiter Beleg in der Zusammenstellung des Produktes „Bett").

1.8.4.1 *mḏḥ*

Tätigkeit	Objekt	Handwerker	Belegstelle (Produkt/Tätigkeit)
a. Glätten mit d. Dechsel			
nḏr	Bett		P. 1, II, 2; IV, 2
—	Stuhl		P. 2, III
nḏr	Tragstuhl		P. 2, IV
nḏr	Zepter		P. 6, II; III
nḏr	Türflügel		P. 7, I
srḏ	Türflügel		P. 7, III
nḏr	Türriegel		P. 8, I
nḏr	Brett		T. 2, I; II
—	Brett		T. 2, IV
—	Ḏd-Pfeiler		s. S. 112
b. Arbeiten mit Hammer u. Meißel		als Aufseher:	
mnḫ	Bett		P. 1, VII
—	Bett		P. 1, VIII
c. Polieren			
snʿʿ	Bett		P. 1, IX, 1-2
—	Schrein		P. 3, V
snʿʿ	Sarg		
		Aufseher:	P. 4, VI
ḥwj m sn.t	Kasten		P. 5, aII
ḥwj m sn.t	Kasten		P. 5, bII
—	Türflügel		P. 7, II
d. Werkzeug schärfen			
dm	Dechselklinge		T. 3, IV

Über *mḏḥ* als Rangstufe („Meister") ist bereits in anderem Zusammenhang gesprochen worden[76], während *mḏḥ* ( ) als Abstraktum für „Zimmermannsarbeit" in Verbindung mit dem Bootsbau auf der Werft erwähnt worden ist[77].

[76] Vgl. „Königl. Meister der Metallarbeiter" ( ) in Abschnitt 1.2.4.2; „Meister der Bildhauer und Maler" ( ), in Abschnitt 1.4.4.2; „Königl. Meister der Bauarbeiter" ( ), in Abschnitt 1.6.5.

[77] Vgl. in Abschnitt 1.5.5 (Urk. IV 1630); vgl. auch Urk. IV 503: „Vorschrift der Werkstatt, Unterweisung (Lehre) von der königl. Zimmermannsarbeit ( )" oder Urk. IV 707, 14: „... große Hölzer für die große Zimmermannsarbeit ([ ]) Seiner Majestät".

Die Handwerkerbezeichnung *mḏḥ* (ebenso wie das Rangelement) wird mit dem Zeichen der Axt ( ) geschrieben. Daraus darf aber nicht gefolgert werden, daß der *mḏḥ* ausschließlich mit diesem Werkzeug arbeitet bzw. nur gröbere Arbeiten wie Hacken oder Spalten von Holz ausführt. Nach den Handwerkerszenen ist *mḏḥ* als eine übergeordnete Bezeichnung für „Holzarbeiter (Zimmermann)" zu werten, der sämtliche Verrichtungen hinsichtlich der Be- und Verarbeitung von Holz und Holzprodukten vornehmen kann: Er glättet zwar vorwiegend mit dem Dechsel (*nḏr*, *srḏ*: Mobiliar, Türflügel und -riegel, Särge, Bretter), aber er poliert auch (*snʿʿ*, *ḥwj m sn.t*), arbeitet mit Hammer und Meißel (*mnḫ*) oder schärft die Dechselklinge (*dm*, s. obige Zusammenstellung). Zum Aufgabenbereich des *mḏḥ* gehört auch die Herstellung von Schiffen[78]. Lediglich beim Sägen (*ws.t*) und beim Bohren mit dem Drillbohrer (*ḥtj*) ist der *mḏḥ* nicht belegt, sondern beide Tätigkeiten werden von dem *fnḫ* ausgeführt (s. Abschitt 1.8.4.2).

Als eine Variante zu *mḏḥ* ( ) ist die in der Frühzeit zweimal belegte Schreibung „Axt + Dechsel" (und)[79] aufzufassen, die allerdings von P. Kaplony als *fnḫ* gelesen wird[80]. Der von ihm für diese Schreibung angeführte dritte Beleg (LD II, 49b) ist zu streichen, weil der Dechsel als Determinativ zu *nḏr* gehört (*nḏr mḏḥ* „arbeite mit dem Dechsel, Schreiner", vgl. 1.8.2.1, Beleg II), wie aus einer weiteren Beischrift in dieser Handwerkerszene hervorgeht (*nḏr z mḏḥ* „bearbeite den Riegel mit dem Dechsel, Schreiner", vgl. 1.8.2.8, Beleg I). Für die Lesung *mḏḥ* mit der Schreibung „Axt + Dechsel" sprechen sowohl die Axt, welche in der üblichen *fnḫ*-Schreibung nicht erscheint (s.d., 1.8.4.2), als auch der Dechsel. Dieser gehört zwar auch zu *fnḫ*, ist aber aufgrund der Tätigkeiten des *mḏḥ* in den Handwerkerszenen sein gebräuchlichstes Werkzeug. Der Umgang mit dem Dechsel (*nḏr*, *srḏ*) ist allein auf den *mḏḥ* (bzw. Bildhauer, s. Abschnitt 1.4.3.1d) beschränkt.

Neben der einfachen Berufsangabe (*mḏḥ* oder *imj-rȝ mḏḥ.w*) gibt es bei den dargestellten Handwerkern einige Beifügungen, die sie aus ihrer Anonymität herausheben (s. Belege in der obigen Zusammenstellung): Nennung des Eigennamens, Angabe der Zugehörigkeit durch *ḫnw* und *pr-ḏ.t*[81] und Fungieren als Totenpriester.

In dem sehr zerstörten Text einer „Funerary Liturgy"[82] erscheint *mḏḥ* dreimal in folgendem Zusammenhang: (col. 80) [*mḏ*]*ḥ fnḫnḫ*; (col. 81) *mḏḥ ḫnd*; (col. 99f.) *mḏḥ wz(j)w tjfȝ m ʿ=f*. Das Determinativ des sitzenden Mannes hinter *fnḫ(nḫ)*, *ḫnd*, *wz(j)w* weist auf eine Berufsbezeichnung hin. Daher muß das vorangestellte *mḏḥ* jedesmal als Gattungsbegriff „Holzhandwerk(er)" aufgefaßt werden, dem eine spezielle Berufsangabe folgt, also: „Zimmermann: Tischler, Zimmermann: Stühleschreiner[83], Zimmermann: Säger, die Säge in seiner Hand"[84].

[78] S. Wild, Tj pl. 128: als Beischrift zu mehreren Handwerkern beim Bootsbau, die mit Hammer und Meißel, Säge und Dechsel arbeiten. Vgl. auch Gardiner, AEO I p. 67*. Außerdem für weitere Arbeiten des *mḏḥ* (Hausbau?) s. Helck, Lehre des Dwȝ-Ḫtjj, S. 65ff., 69f.

[79] Zaky Y. Saad, Ceiling Stelae in Second Dyn. Tombs (Supp. ASAE 21) pl. 18 (p. 32) = P. Kaplony, IÄF I, S. 367 (sp. 15), und IÄF III, Taf. 95 Abb. 371.

[80] Ebd. Anm. 1797 auf S. 1057.

[81] Die hier nicht weiter berücksichtigten Zusätze *ḫnw* und *pr-ḏ.t* sind als zuordnende (organisatorische) Einheiten aufzufassen: *ḫnw* kennzeichnet die Handwerker von „außerhalb" (aus der Residenz) und *pr-ḏ.t* die Handwerker als Angehörige des Haushalts; vgl. hierzu Abschnitt 2.2 und 2.3.2 (*mḏḥ pr-nswt*).

[82] Gardiner in: JEA 41, 1955, pl. 5, pp. 14f.

[83] Kaplony, Kleine Beiträge S. 128 (Anm. 73). Vgl. auch *ḫnd* in Abschnitt 1.8.2.11.

[84] Eine Datierung des Textes wird durch die Handwerkerbezeichnungen erschwert: *fnḫ*(*nḫ*) ist im AR u. MR belegt (s. Abschnitt 1.8.4.2); die Schreibung für „Zimmermann" (*mḏḥ*) ist für das AR nicht belegt, sondern erst im MR; zu *wz(j)w* „Säger" läßt sich nur aus der 18. Dyn. anführen (W.C. Hayes, Ostraka and Name Stones

Zusammenfassend läßt sich feststellen, daß *mḏḥ* sowohl im einzelnen „Schreiner, Schiffszimmermann" bedeuten kann als auch im allgemeinen „Holzhandwerker".

1.8.4.1.1

Exkurs: *wḫr.t* und die mit *wḫr.t* verbundenen Personalbezeichnungen

Die Bedeutung von *wḫr.t* kann sich nicht allein auf „Werft" beschränken, wenn man darunter einen Platz versteht, an dem lediglich Schiffe hergestellt werden[85]. *Wḫr.t* muß darüber hinaus auch „Landeplatz" (für ankommende Schiffe), „Umschlagplatz" (für Ladungen) und „Stapelplatz" (für Materialien) umfassen, so daß *wḫr.t* die vielfältige Funktion eines kleinen Binnenhafen hat: Ein Anlegeplatz für Boote, die Güter bringen, und ein Werkplatz für den Bootsbau.

Außer dem einmal in der Frühzeit belegten „Siegler der Werft" (*sḏꜣw.tj wḫr.t*)[86] und dem „Schreiber der Werft" (*zš n tꜣ wḫr.t*) aus dem NR[87] sowie einer Reihe von Handwerkern, die als *ḥmw wr* oder *ḥmw* (*ḥmw.tj*) auf der Werft tätig sind[88], gibt es zwei Personengruppen — *smsw wḫr.t* und *mḏḥ wḫr.t ꜥꜣ.t* (+ *pr-ꜥꜣ*) — die hinsichtlich ihres Aufgabenbereichs betrachtet werden sollen.

Zusammenstellung der Belege:

	smsw wḫr.t
1. Wild, Tj, pl. 19:	begleitet bzw. empfängt Tiertransport
2. Ebd., pl. 129:	beaufsichtigt Bootsbau
3. Duell, Mrrw-kꜣ pl. 150:	zusammen m. Schiffen (...*n.w pr=f ḏ.t*)
4. Gebrawi II pl. 10 (=AR Nr. 25):	beaufsichtigt Bettherstellung
5. Meir V pl. 18 (= AR Nr. 27):	bearbeitet Holz (ist zugleich *imj-rꜣ mḏḥ.w*)
6. Kairo 1419 (= MM E1):	als Opferträger; *ḥm-kꜣ*
7. Meir IV pl. 12:	als Opferträger
	mḏḥ wḫr.t ꜥꜣ.t (+ pr-ꜥꜣ)
8. Davies, Ptah-Hetep, II, pl. 33:	als Opferträger
9. MM D67:	Grabbesitzer
10. Junker, Giza VII, 27:	Grabbesitzer

Zunächst muß differenziert werden zwischen der „staatlichen Werft" (‚große Werft', Beleg 9 und 10; ‚große Werft des Palastes', Beleg 8) und der „privaten Werft" (‚Werft seines *pr-ḏ.tꜥ*, Beleg 3; ‚Werft', Belege 1, 2, 4-7)[89], die zu dem Besitz eines Privatmannes gehören kann. Obwohl jeweils nur einmal die ausführliche Bezeichnung hinsichtlich der Zuordnung belegt ist (Beleg 3 u. 8), dürfen die übrigen Belege aufgrund ihres Sachverhaltes (szenischer Zusammenhang/Darstellung - Grabbesitzer) entsprechend eingeteilt werden.

from the Tomb of Sen-Mut, Ostrakon 86, 8 u. p. 33: *ws(.w)* „sawyers"); die Bezeichnung *nbj* für „Goldschmied" ist ebenfalls erst im MR belegt (vgl. Abschnitt 1.2.4.3 sowie Anm. 53 von Abschnitt 1.2.4.1 u. Anm. 78 von Abschnitt 1.2.4.3).

[85] S. Simpson, Pap. Reisner II, p. 17 mit Belegen und Literaturangaben zu *wḫr.t*.

[86] Kaplony, IÄF I, S. 529 u. IÄF III, Abb. 325.

[87] MDIK 16, 1958, 169, 174.

[88] Vgl. Abschnitt 1.5.5.

[89] Hierzu vgl. Anm. 85.

Dabei ist zu berücksichtigen, daß *smsw* offensichtlich nur in Verbindung mit der Privatwerft erscheint[90]. Der „Älteste der Werft" ist dargestellt als Aufsichtsperson beim Viehtransport, Bootsbau, Bettherstellung und einmal als aktiver Handwerker, der Holz mit dem Dechsel bearbeitet (Beleg 5); letzterer ist außerdem *imj-rꜣ mḏḥ.w*. Diese Verbindung von „Ältester der Werft" und „Vorsteher der Zimmerleute" zusammen mit der Darstellung läßt erkennen, daß das auf der Werft angelieferte Holz nicht nur für den Bootsbau bestimmt sein kann, sondern auch zur Verarbeitung anderer Produkte verteilt wird (z.B. Bett und Türflügel, s.o. Beleg 4 u. 5).

Aufgrund der Aufseherfunktion des *smsw* in Verbindung mit der Werft ist ein Zusammenhang mit dem im NR belegten Titel *ḥmw wr* denkbar (vgl. Abschnitt 1.5.5).

Der *mḏḥ wḫr.t ꜥꜣ.t* (*pr-ꜥꜣ*) ist zwar bei keiner handwerklichen Tätigkeit dargestellt, sondern nur als Opferträger bzw. Grabinhaber belegt. Dennoch muß *mḏḥ* in dieser Verbindung als „Zimmermann" und nicht als Rangelement „Vorsteher, Meister" aufgefaßt werden[91]. Da die Beziehung zwischen Werft und Handwerker naheliegender erscheint als zwischen Werft und Vorsteher (*mḏḥ*), zumal ein entsprechender Rang schon durch *smsw* ausgedrückt wird, sowie der *mḏḥ* als Zimmermann zusammen mit der Werft vorkommt[92], ist die Meinung zu vertreten, daß *mḏḥ* hier kein Rangelement, sondern die Berufsbezeichnung „Zimmermann (Holzhandwerker)" bedeutet.

1.8.4.2 *fnḫ*

Tätigkeit	Objekt	Handwerker	Belegstelle (Produkt/Tätigkeit)
a. Arbeiten m. Hammer u. Meißel: *mnḫ*	Bett		P. 1, IV, 1
b. Polieren: *snꜥꜥ*(?)	Bett		P. 1, IV, 4
c. Bohren m. Drillbohrer: *ḥtj*	Kasten		P. 5, Ia
d. Sägen: *wš.t*	Brett		T. 1, IV, 1
e. Werkzeug schärfen: —	Dechselklinge		T. 3, I

Sowie bei der Bettenherstellung in P. 1, IV: zwei als  bezeichnete Arbeiter bringen ein Fußbrett (*mr.t*).

Die Schreibung für *fnḫ* besteht immer aus den beiden Werkzeugen „Säge" und „Dechsel"[93]. Nach den Darstellungen handhabt der *fnḫ* zwar Hammer und Meißel (*mnḫ*) wie der *mḏḥ*, poliert (*snꜥꜥ*) wie der *mḏḥ* und *zšp* (s. dort), aber Sägen (*wš.t*) und Bohren mit dem Drillbohrer (*ḥtj*) scheinen die für den *fnḫ* typischen Tätigkeiten zu sein; denn sie kommen nur in der Verbindung mit *fnḫ* vor — wenngleich beide jeweils nur einmal belegt sind —, während andere Verrichtungen auch von anders benannten Holzhandwerkern ausgeführt werden können. Demnach kennzeichnet *fnḫ* eine spezielle Handwerkergruppe innerhalb der Holzhandwerker, indem *fnḫ* einen Teil oder eine Untergruppe der *mḏḥ*-Arbeiter darstellt. Während *mḏḥ* aufgrund seiner

90 Zu anderen mit *smsw* gebildeten Titeln s. Helck, Beamtentitel, S. 145 (Nachweis der erwähnten Titel).

91 Vgl. Helck, a.a.O., S. 75 Anm. 61: „Zimmermann der großen Werft" und S. 108: „Vorsteher der großen Werft".

92 (nach Abschrift von W. Helck), auf einem Fragment Pap. Kairo, Wörterbuch-Zettel K.

93 Daher erscheint es fraglich, ob die Lesung *fnḫ* auch für die Zeichenkombination „Axt und Dechsel" zutreffen kann, s. in Abschnitt 1.8.4.1.

vielfältigen Tätigkeit allgemein mit „Zimmermann“ oder „Holzhandwerker“ zu übersetzen ist, läßt sich die Bedeutung von *fnḫ* eingrenzen auf „Möbelschreiner“ oder „Tischler“[94].

Allerdings muß hierzu die oben zitierte Stelle aus der „Funerary Liturgy“ (s. S. 122) herangezogen werden: Dort wird zwar einerseits in diesem Sinne zwischen *mḏḥ* und *fnḫ* differenziert, andererseits aber auch zwischen *fnḫ*, *ḫnd* und *wz(j)w*, die nebeneinander aufgeführt werden. Es wäre denkbar, daß diese drei „Berufsbezeichnungen“ als jeweils nach ihrer Teilarbeit benannte Handwerker zu werten sind, indem man sie auf die in den Handwerkerszenen dargestellten Arbeiter überträgt: Der *fnḫ* bohrt mit dem Drillbohrer, der *ḫnd* bearbeitet Stuhlbeine mit dem Dechsel und der *wz(j)w* sägt.

Die Bezeichnung *fnḫ* ist im AR und im MR belegt[95]. Außerhalb der Handwerkerszenen ist aus der 3. Dyn. der *ḫrp ḥmw.tj.w iz* und *ḫrp fnḫ(.w)* Ḫᶜ-bꜣw-Zkr bekannt[96]. Entweder ist das Nebeneinander beider Titel als eine Aufzählung aufzufassen, wobei differenziert wird zwischen „Leiter der Steinhandwerker“[97] und „Leiter der Schreiner“, oder der „Leiter der Schreiner“ ist eine nähere Erklärung zu dem allgemeinen „Leiter der Handwerker(schaft)“. Außerdem sind noch ein *imj-rꜣ fnḫ(.w)*[98] und ein „Vorsteher der Tischler der *wᶜb.t*-Werkstatt“ belegt[99]. Da letzterer sich wegen seiner Zuordnung zur *wᶜb.t* von anderen Handwerkern, die zum Haushalt gehören, unterscheidet, ist er an exponierter Stelle dargestellt: Er sitzt beim Mahl seinem derzeitigen Auftraggeber, dem Vezir Ptḥ-ḥtp, gegenüber[100].

1.8.4.3 *zšp*

Tätigkeit	Objekt	Handwerker	Belegstelle (Produkte/Tätigkeit)
a. Polieren			
snᶜᶜ	Bett	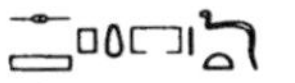	P. 1, VI
snᶜᶜ	Schrein	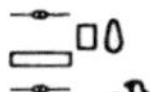	P. 3, III
snᶜᶜ	Sarkophag	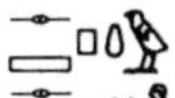	P. 4, V
ḥwj m sn.t	Kasten		P. 5, Ib
—	Türflügel		P. 7, II

Die Bezeichnung *zšp* ist ausschließlich mit der Tätigkeit des Polierens (*snᶜᶜ*, *ḥwj m sn.t*) verbunden; allerdings kann das Polieren auch von einem *mḏḥ* oder *ḥmw.tj* (s. dort) ausgeführt werden. *Zšp* ist nur innerhalb der Handwerkerszenen des AR belegt.

Da *zšp* nirgendwo — wie die übrigen Handwerkerbezeichnungen — mit einer Rangstufe („Aufseher“ oder „Vorsteher der Polierer“) verbunden ist, hat *zšp* eigentlich keinen Anspruch darauf, als „Berufsbezeichnung“ zu gelten. *Zšp* kennzeichnet eher eine ganz spezielle Handlung innerhalb der „manufakturmäßigen Arbeitsteilung“ im Holzhandwerk, die vermutlich von jedermann ausgeführt werden kann. Daher sind die „Polierer“ keine eigenständige Untergruppe,

94 Er ist nicht beim Schiffsbau belegt, obwohl dort auch gesägt wird, s. Anm. 78.
95 Vgl. Anm. 84. Beleg aus dem MR s. Simpson, Pap. Reisner II, p. 37.
96 MM A2 = Kairo 1385; zur Schreibung von *fnḫ* hier drei Möglichkeiten: 
97 S. in Abschnitt 1.5.3.1.
98 Kairo 1495  (sic).
99 Paget, Pirie, The Tomb of Ptah-hetep, pl. 35; s. Abschnitt 2.3.4.
100 Vermutlich gehört er ohnehin mit „zur Familie“, da er ein *sn-ḏ.t* ist; d.h. er ist kein leiblicher Bruder, sondern nach Goedicke (Private Rechtsurkunden, 205) kann er an Stelle eines Bruders als Vormund der unmündigen Kinder fungieren.

wie etwa der *fnḫ* zum *mḏḥ*, sondern es sind zum Haushalt (*pr-n-ḏ.t*) gehörende Arbeitskräfte, die für diese Tätigkeit herangezogen werden.

1.8.4.4 *ḥmw.tj*

Wie bereits im Abschnitt über *ḥmw.tj* (s. Abschnitt 1.5.3.1) dargelegt wurde, beinhaltet *ḥmw.tj* oder *ḥmw.t nb.t* in seiner allgemeinen Bedeutung bzw. als Kollektivbezeichnung auch den Holzarbeiter[101].

Der Beleg (P. 1, XI), in dem ein *ḥmw.tj* ein Bett poliert (*snʿʿ*), ist singulär[102]. Es wäre denkbar, daß die in diesem Handwerkszweig unübliche Bezeichnung *ḥmw.tj* einen Hinweis auf das von ihm benutzte Werkzeug, den Polierstein, geben soll; d.h. der Umgang mit dem Werkzeug aus Stein ist ausschlaggebend für diese Benennung, das seinerseits den Arbeiter zum „Steinhandwerker" macht[103]. Jedoch läßt sich gegen diese Auffassung einwenden, daß die Bezeichnung für „Polierer" in der Regel *zšp* lautet (s. dort). Allerdings erscheint die Bezeichnung *zšp* nicht in dieser Darstellung, sondern stattdessen *mḏḥ.w*, die polieren (*ḥwj m sn.t*) und eben dieser *ḥmw.tj* (*snʿʿ*).

Ein möglicher Unterschied zwischen *ḥwj m sn.t* und *snʿʿ* läßt sich anhand der Darstellungen nicht ermitteln. Im Grab des Tj (AR Nr. 11) werden beide Tätigkeitsbezeichnungen von *zšp*-Arbeitern ausgeführt, so daß die obige Differenzierung auf diese Darstellung im Grab des Ibj (AR Nr. 24) beschränkt ist.

1.8.4.5 *sʿnḫ*

Im NR bezeichnet *sʿnḫ* neben *qs.tj* den Bildhauer (s. Abschnitt 1.4.4.4). In zwei Darstellungen bearbeitet er mit dem Dechsel einen Kasten (P. 5, Vb) und ein Bein in Tierform, das für einen Stuhl oder ein anderes Möbel bestimmt ist (P. 2, VII).

Die folgende Aufstellung soll abschließend noch einmal einen Überblick über die verschiedenen Bezeichnungen der Arbeiter im Holzhandwerk geben in Verbindung mit ihren Tätigkeiten (die Ziffern beziehen sich auf die Anzahl der Belege):

	mḏḥ	*fnḫ*	*zšp*	*ḥmw.tj*	*sʿnḫ*
Sägen (*ws.t*)		1×			
Meißeln (*mnḫ*)	1×	1×			
Glätten m. Dechsel (*srḏ*)	1×				
Glätten m. Dechsel (*nḏr*)	10×				(2×)
Bohren (*htj*)		1×			
Polieren (*snʿʿ*)	2×		3×	1×	
Polieren (*ḥwj m sn.t*)	2×		1×		
Schärfen (*dm*)	1×	1×			

[101] Vgl. z.B. Die Determinierung zu *ḥmw.t nb.t* des *K3-m-ʿnḫ*" (Abb. 24, in Abschnitt 1.5.3).
[102] Wenn man von Ḥʿ-b3w-Zkr absieht, der *ḫrp ḥmw.t(j.w) iz* und *ḫrp fnḫ(w)* ist, wobei *ḥmw.t* hier eine Interpretationsfrage ist, s.o. S. 125.
[103] Vgl. auch Statuenherstellung, Abschnitt 1.4.3.2d. Gewöhnlich sind die Werkzeuge im Holzhandwerk aus Metall und Holz(schäftung).

Trotz überwiegender Bedeutung zugunsten des *mḏḥ*, der nicht nur am häufigsten belegt ist, sondern auch fast sämtliche Tätigkeiten verrichten kann, darf man für das AR aufgrund der übrigen Handwerkerbezeichnungen (*fnḫ*, *z̲šp*, *ḥmw.tj*) wie der Darstellungen eine im Holzhandwerk praktizierte Arbeitsteilung annehmen. Diese „manufakturmäßige Arbeitsteilung" ist dadurch gekennzeichnet, daß die Arbeiter eines Handwerkszweiges auf bestimmte Verrichtungen (Teilarbeiten) im Herstellungsprozeß eines Produktes spezialisiert sind. Das Zerlegen eines Produktionsverfahrens in Teiloperationen ist anhand der Darstellungen auch bei den anderen Handwerksbereichen nachweisbar, jedoch finden sie hier zusätzlich ihren Ausdruck durch die verschiedenen Bezeichnungen der Handwerker [104].

[104] Vgl. hierzu die differenzierten Bezeichnungen für Lederarbeiter im AR, Abschnitt 1.1.3.

1.9 Kapitel IX: Wagen- und Waffenproduktion

1.9.1 *Zusammenstellung der Szenen:*

I. (NR Nr. 3) Intf; nur Fragmente erhalten (s. Abschnitt 1.1.1, Beleg IX)
1 trimmt Deichsel
Radfragmente

II. (NR Nr. 4) Ipw-m-R^{c}; (s. Abschnitt 1.1.1, Beleg X)
1 bindet Deichsel mit Wagenboden zusammen
2 bearbeitet Joch m. Dechsel
3 glättet Bogen m. Dechsel
4 sägt
5 prüft Pfeil
Fertige Teile: Bogentasche, Köcher, Schild, Zügel, Sattelkissen; Deichsel, Rahmen des Wagenkorbs, Bogen.

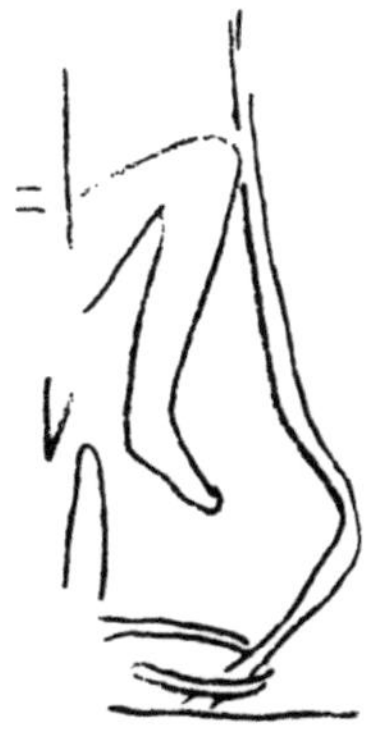

Abb. 54

III. (NR Nr. 5) Mn-ḫpr-R^{c}-snb; (s. Abschnitt 1.1.1, Beleg XI)
Register a:
1 verbindet Deichsel m. Wagenboden, aufgebockter Wagen
2 umwickelt Rad
3 zerstört
4 glättet Rad m. Dechsel
5 glättet Deichsel (fragm.)
Fertige Teile: Joch, Deichsel, Bogentasche, Zügel, Sattelkissen, Gelenkschutz
Register b:
1 sägt
2 fertigt Bogen an
3 glättet Bogen m. Dechsel
4 sägt
5 prüft Bogenspannung
6 prüft Pfeil
7 krümmt Bogen
Fertige Teile: Pfeile, Bogen, Wedelschäfte, Peitsche

IV. (NR Nr. 10) Mrj; (s. Abschnitt 1.1.1, Beleg XIII)
Register a:
1 verschnürt Deichsel m. Wagenkorb
Fertige Teile: Bogentasche, Köcher, Sattelkissen; Bogen, Joch, Rad
Register b:
1 sägt
2 krümmt Bogen
3-4 bearbeiten Deichsel m. Dechsel

Abb. 55

V. (NR Nr. 11) Ḥpw; (s. Abschnitt 1.1.1, Beleg XIV)
Register a:

1 umwickelt Rad
2 bearbeitet Köcher
Register b:
1 verschnürt aufgebockten Wagen
Fertige Teile: Bogentasche, Schilde, Gelenkschutz, Köcher, Sattelkissen

VI. (NR Nr. 12) Imn-ḥtp-zȝ-z; (s. Abschnitt 1.1.1, Beleg XV)
1 verschnürt aufgebockten Wagen
(mit Zaumzeug u. Bogentasche)
2 umwickelt Rad
3 bearbeitet Bogentasche m. Ahle

VII. (NR Nr. 21) Kȝ-irj; (Fragm. 2-5)
F. 2: gebündelte Pfeile, Wagen
2: Männer bringen Helme, Sichelschwerter, Wagenteile
4: Helme werden gewogen
5: 1 bearbeitet Deichsel
2 prüft Pfeil
3 hält Pfeil über Flamme(?)

VIII. (NR Nr. 22) Jpwjȝ;
1-3 an einem Rad
1 (größer als 2 u. 3) sitzt und hält Dechsel
2 u. 3 arbeiten an den Speichen
4 unklar, beugt sich nieder
5 krümmt Deichsel(?)

IX. (NR Nr. 23) Fragment Berlin; (s. Abschnitt 1.1.1, Beleg XVI)
1-2 bringen Wagenkorb u. Deichsel

X. (NR Nr. 26) Fragment Florenz; (s. Abschnitt 1.1.1, Beleg XVII)
1 bearbeitet Bogentasche, Beischrift unleserlich
Fertige Teile: Wagen

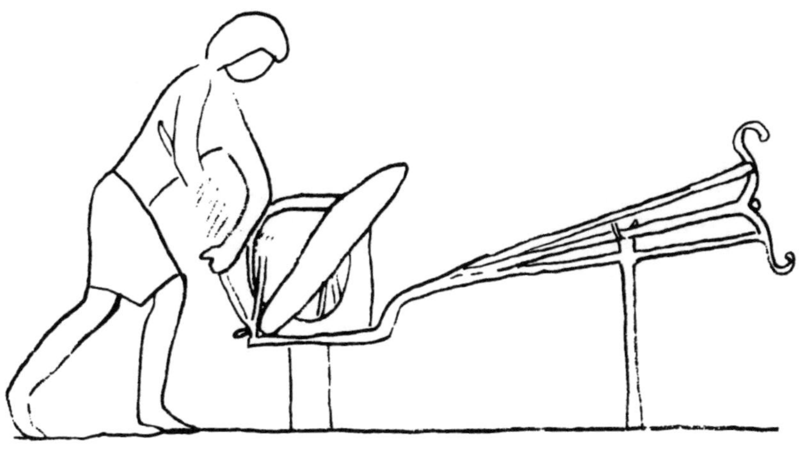
Abb. 56

Abb. 57

1.9.2 *Vorbemerkung*

In den Darstellungen des NR gehören die Herstellung von Wagen und Waffen sowie die Lederverarbeitung (s. Kap. I) aufs engste zusammen. Während bei den übrigen Handwerkstätigkeiten die Produkte vorwiegend aus einem einzigen Werkstoff bestehen[1], hat sich hier ein Berufszweig entwickelt, in dem zwei verschiedene Werkstoffe für ein gemeinsames Produkt notwendig sind: Eine Kooperation zwischen Holz- und Lederarbeitern, die in einer Arbeitsverbindung Hand in Hand einander zuarbeiten. Der Werkstoff Leder ist unerläßlich für den Wagenbau (Verschnürung der Einzelteile, Umwicklung der Räder, Bespannung des Bodens vom Wagenkorb, Zügel usw.) und die Bewaffnung (Schild, Schutzhüllen für Bogen und Pfeile).

1.9.3 *Wagenbau*[2]

Mehrfach ist dargestellt, wie die einzelnen Wagenteile aus Holz kurz vor ihrer Vollendung stehen, indem sie von einem Arbeiter mit dem Dechsel geglättet werden: Joch (II; IV), Rad (III; IV)[3] und Deichsel (III; IV), oder ein Arbeiter trimmt die Deichsel, wobei er sie mit seinem Körpergewicht durchdrückt (I; VII, s. Abb. 54)[4]; das Wagenrad wird mit Lederstreifen umwickelt (III; IV; VI). Zwischen den Arbeitern liegen fertige Wagenteile: Deichsel (II; III; IX), Rahmen für den Wagenkorb (II), Boden des Wagenkorbes (II), Joch (III; IV).

Inmitten der Anfertigung dieser verschiedenen Einzelteile aus Holz werden Riemen aus Leder geschnitten, die beim Wagenbau eine vielfältige Verwendung finden[5]: Neben dem Umwickeln der Räder, um die Radsegmente und Speichen zu verbinden, werden die einzelnen Wagenteile durch sie miteinander verschnürt. Das Verschnüren von Deichsel und Wagenkorb ist mehrmals dargestellt (II-VI, s. Abb. 56). Bei diesem Vorgang ist der schon zusammengesetzte Wagenkorb (ohne Räder) aufgebockt und die Deichsel mit dem Joch für das Zweigespann liegt auf dem Deichselständer auf. Fertige Wagen mit allem Zubehör sind in VII und X zu sehen[6].

Der Wagen erscheint in den Handwerksbetrieben des NR als ein neuer Gegenstand, der vorher nicht in Ägypten produziert worden ist. Seine Herstellung geschieht zwar im engsten Zusammenhang mit der Anfertigung von Waffen, jedoch darf daraus nicht geschlossen werden, daß es sich in jedem Fall um einen Streitwagen handeln muß, der ausschließlich für kriegerische Zwecke verwendet wird. Er kann ebenso für die königliche Leibwache bestimmt sein oder als „Prunkwagen" für den König, mit dem er zum Tempel fährt oder sich auf die Jagd begibt[7].

[1] Ausnahme: Holz, das mit Gold verkleidet wird, s. Abschnitt 1.2.2g.

[2] *Lit.*: L. Klebs, Reliefs NR, S. 163ff. – H. Schäfer, Armenisches Holz in altägypt. Wagnereien. – H. v. Deines, Die Nachrichten über das Pferd und den Wagen in den altägypt. Texten (MIO 1, 1953, 1-15). – Wreszinski, Atlas I 17. – H. Hodges, Technology, 115ff. – A History of Technology, Vol. I, 724ff. – W. Decker, Die physische Leistung Pharaos (Diss. 1971), 124ff.

[3] Innerhalb der Handwerkerszenen hat das Rad zuerst vier Speichen (I-VI, Zeit: Hatschepsut bis Thutmosis IV) und danach sechs Speichen (VII-VIII; Beleg X zeigt vier Speichen, vermutlich eine Kopie aus der ersten Hälfte der 18. Dyn.).

[4] Vgl. unten Abschnitt 1.9.4 „Trimmen des Bogens".

[5] Sowie Leder über einem Gestell gereckt, vgl. Abschnitt 1.1.2d. Sandalen werden in diesem Zusammenhang nur in V und X angefertigt.

[6] Vgl. dazu auch die Darstellung im Grab des Qn-Imn, wo unter den Neujahrsgeschenken Waffen und Wagen mit allem Zubehör ausführlich dargestellt sind (Davies, Ken-Amun, Vol. I, pl. 22.

[7] S. Decker, Die physische Leistung Pharaos, 124ff.

1.9.4 *Waffen*

Die Herstellung von Waffen[8] (Bogen, kurze Lanzen oder Pfeile) ist — wenn auch selten — bereits im AR und MR dargestellt. Im AR bearbeiten mehrere Handwerker Bogen und Lanzenschäfte mit dem Dechsel (*nḏrj*)[9]. Im MR werden ebenfalls Schäfte geglättet, was hier in einem szenischen Zusammenhang mit dem „Stöckebiegen" steht[10]. Letztere Tätigkeit, die schon im AR belegt ist, muß vermutlich in die Waffenherstellung einbezogen werden: Die Stöcke werden entweder gekrümmt, um daraus Bogen oder Rahmen für Schilde anzufertigen, oder begradigt, um sie als Pfeil- oder Lanzenschäfte zu verwenden. Im NR wird der Bogen getrimmt, indem ein Arbeiter ihn durchbiegt (III; IV, s. Abb. 55)[11]. Das im AR und MR belegte Verfahren, Stöcke mittels eines besonderen Gestells zu biegen, ist im NR nicht mehr dargestellt, wenngleich die Methode des Anfeuchtens (in Pap. Anast. IV 16, 11 werden Wagenteile angefeuchtet) und des Dämpfens (in VII hält ein Arbeiter den Pfeilschaft über eine Flamme, daneben steht ein Napf — mit Flüssigkeit? —, s. Abb. 57) auch weiterhin nachweisbar ist[12].

Weitere Verrichtungen sind wiedergegeben: Der Bogen wird geschält oder geglättet (II; III); seine Spannkraft wird geprüft (ebd.); Pfeile werden hergestellt (II; III; VII), Schäfte für Wedel (unter den fertigen Gegenständen bei III), und außerdem wird das Holz mit einer Krümmung am oberen Ende der Länge nach zersägt (II; III)[13]. In einer Darstellung (VII) werden Helme gebracht und gewogen, die also offensichtlich aus Metall gefertigt sind.

Zum Waffenzubehör aus Leder gehören Köcher (V) und Bogentaschen, die mit der Ahle bearbeitet werden (VI; X) oder fertig neben den Handwerkern liegen (II-V; Köcher: II, IV-V, VII; Schilde: II, V; Gelenkschutz: III, V).

1.9.5 *Historischer Hintergrund*

Während bei den übrigen Handwerkstätigkeiten der Hinweis ausreichend war, daß sie im AR/MR im Rahmen der „Hauswirtschaft" und im NR innerhalb der „Tempelwirtschaft" stattfinden (s. Einleitung, S. 2f.), ist es bei der Wagen- und Waffenherstellung im NR notwendig, sie in zwei Abschnitte zu unterteilen; denn die Szenen haben einen unterschiedlichen Hintergrund in bezug auf Zeit, Herkunft (Lage der Gräber) und Amtsbereich der Grabinhaber.

Der eine Abschnitt umfaßt die Darstellungen I-VI und gehört in die Zeit von Hatschepsut bis Thutmosis IV. Hier werden Wagen und Waffen in den Werkstätten des Amuntempels von Karnak hergestellt. Vier der Grabinhaber sind dem Tempel (und den dazugehörigen Werkstätten) durch ein Priesteramt verbunden: Erster Prophet (III; IV), zweiter Prophet (II; VI)[14].

Der zweite Abschnitt umfaßt die Darstellungen (VII-IX), welche aus Saqqara stammen und in die Zeit vom Ende der 18. Dyn./Anfang der 19. Dyn. sowie später gehören. Die Werkstätten sind offensichtlich keinem Tempel angegliedert, denn die Grabinhaber (von VII

[8] Zu Waffen s. L. Klebs, Reliefs MR, S. 118f.; Reliefs NR, S. 113f.; Atlas I 80.
[9] Grab des Ḫw-ns in Zawiyet el-Mayetin (LD II, 108; Grab Nr. 2).
[10] Vgl. Abschnitt 1.8.2.11 (Beleg VI u. VIII).
[11] Vgl. oben 1.9.3 (Trimmen der Deichsel).
[12] Vgl. Abschnitt 1.8.2.11b/c.
[13] Vgl. Abschnitt 1.8.3.1.
[14] Inhaber von V ist Vezir von Theben.

u. VIII) führen keine Priestertitel, sondern lediglich Handwerkerbezeichnungen. Der Grabbesitzer von VII bezeichnet sich als „Vorsteher der Handwerker(schaft) des Herrn der beiden Länder, Oberster (der) Wagenbauer (der Handwerker des Wagens), Vorsteher der Handwerkerschaft in der Waffenschmiede, Vorsteher der Handwerker der Waffen K3-irj" (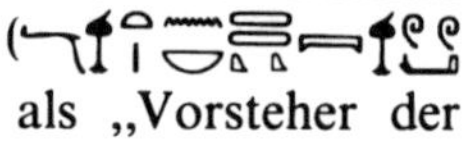 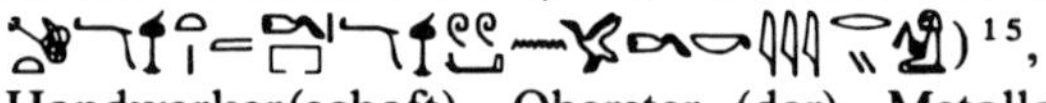)[15], und der Besitzer von VIII als „Vorsteher der Handwerker(schaft), Oberster (der) Metallarbeiter (Goldschmiede?) des Herrn der beiden Länder Jpwj3" (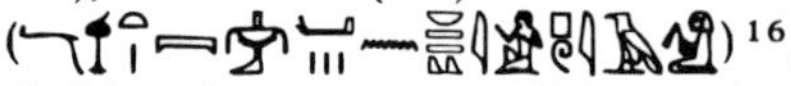)[16].

Es handelt sich hier also um „staatliche" oder „weltliche" Produktionsstätten, wie es aus der Beifügung *nb t3.wj* hervorgeht, die dem Staat (König) unterstellt sind und die Ausrüstung für das Heer erstellen. Wahrscheinlich ist auch die „Waffenschmiede des Pharao" [17] hier einzubeziehen, sofern sie nicht eine Sonderwerkstatt des Palastes darstellt, die speziell für die königliche Leibwache produziert.

Nach A. Badawy ist im NR das militärische Zentrum in Memphis angesiedelt und verwaltungsmäßig dem „Schatzhaus" angegliedert[18]. Hat man also im zweiten Abschnitt (VII-IX) staatliche Werkstätten zu sehen, die für den Bedarf des Heeres arbeiten, so muß der Beginn des Wagen- und Waffenhandwerks (als eine Produktionseinheit) auf die Tempelwerkstätten zurückgeführt werden. Dabei stellt sich die Frage nach dem „Verbraucher" bzw. für wen der Tempel Wagen und Waffen herstellt. Bei allen anderen Produkten, die in den Tempelwerkstätten angefertigt werden (Gefäße, Schreine, Mobiliar, Kultgerät, Statuen) ist ersichtlich, daß sie dem Gott, König, Kult oder den Priestern (bzw. Tempelangehörigen) zugute kommen. Für wen aber sind Wagen und Waffen bestimmt? Produzieren Tempelwerkstätten nicht nur für den sakralen Bereich und eigenen Bedarf?

Als eine Begründung, warum der Wagenbau zunächst in den Tempelwerkstätten stattfindet, läßt sich anführen, daß hierzu besondere Holzarten notwendig sind, die durch Handel oder Abgaben aus dem Ausland (als königl. Schenkung) in den Tempel gelangten. Ebenso wurden dem Tempel Ausländer als Hörige zugewiesen, unter denen sich auch die Arbeiter befunden haben können, welche sich mit der Technik des Wagenbaus auskannten. Damit wäre hier am Tempel die Voraussetzung für die Herstellung von Wagen (Material und kundige Arbeitskräfte) gegeben.

Abnehmer oder „Verbraucher" der im Tempel hergestellten Wagen und Waffen ist weniger das Heer als vielmehr der König bzw. königliche Haushalt (Begleitung, Leibwache). Ein Hinweis dafür ist aus Pap. Anast. IV 13, 8ff. zu entnehmen. Dort wird eine Reihe von Dingen aufgezählt, die bei der Ankunft des Königs bereitstehen sollen, u.a. auch Wagen und Waffen (ebd. 16, 7ff.). Zwar ist aus diesem Text selbst nicht zu entnehmen, daß diese Dinge in einer Tempelwerkstatt hergestellt werden sollen, aber es spricht auch nichts gegen die Vermutung, daß Tempel die Auflage hatten, dem Besuch eines Königs, der entweder auf der Durchreise ist oder den Tempel selbst besucht, in dieser Form Rechnung zu tragen.

[15] ZÄS 64, 1929, 14; BIFAO 54, 1954, 9.

[16] Ebd.; ebd.

[17] Pap. Bologna 1094, 1, 3f.; der ein vorsteht.

[18] A. Badawy, Memphis S. 104f.; S. Sauneron, La manufacture d'armes de Memphis (BIFAO 54, 1954, 7-12).

Teil 2: Die Handwerker als Berufsgruppe Ihre Eingliederung und Zuordnung innerhalb der gesellschaftlichen Zusammensetzung

2.1 VORBEMERKUNG

Bevor anhand des im Teil 1 dargelegten Materials die Frage nach der Handwerkerschaft als Berufsgruppe, ihre Struktur und ihr Dienstverhältnis untersucht werden sollen, sind einige Vorbemerkungen notwendig.

Die Berufsgruppe „Handwerker" soll zunächst als eine Einheit definiert werden, die sich allein durch ihre handwerkliche Tätigkeit von anderen (z.B. Beamtenschaft, Landarbeiter) abhebt. Dabei ist allerdings einzuräumen, daß es durchaus Positionen mit einer Doppelfunktion (Handwerker + Beamter) geben kann, bzw. „der Beamte" den Höhepunkt oder Abschluß einer Laufbahn bildet, die als „Handwerker" begonnen hat. Dies geht z.B. aus der Inschrift des Nḫbw hervor, der die Abfolge der einzelnen Stufen seiner Laufbahn vom einfachen Maurer bis zum königlichen Architekten („Königl. Meister der Bauarbeiter") aufzählt[1]. Aber in den meisten Fällen ist die Entwicklung innerhalb einer beruflichen Laufbahn weniger überschaubar, weil lediglich eine Rangstufe eines Amtes oder Berufes — die derzeitige des Titelträgers — genannt wird. Auch wird z.B. ein „Vorsteher der *wꜥb.t*-Werkstatt" in dieser Position eher ein Beamter als ein Handwerker sein (wenn nicht beides zusammen), der den eigentlichen Handwerkern vorsteht und mit Rohstoffzuteilung, Abrechnungen, Organisation usw. zu tun hat[2].

Da es also oftmals eine Ermessensfrage ist, die zusätzlich durch die Gepflogenheit erschwert wird, daß der König einem Beamten einen Titel ehrenhalber verleiht (z.B. „Vorsteher des Königsschmucks", „Vorsteher der beiden *wꜥb.t*-Werkstätten"), ohne daß er tatsächlich diese Funktion ausübt[3], ist die Untersuchung hier eingegrenzt auf die nachweisbar Werktätigen, — also auf die Handwerker, welche aufgrund der Darstellungen eindeutig zu einer Berufsgruppe zusammengefaßt werden können und deren Gemeinsamkeit zunächst allein darin besteht, daß sie aus einem Werkstoff (Leder, Metall, Stein, Ton, Holz) ein Produkt herstellen.

Als eine weitere Vorbemerkung ist auch die Feststellung zu erwähnen, daß in allen hier besprochenen Handwerkszweigen nur Männer arbeiten und weder Frauen noch Kinder anzutreffen sind. Dies mag zum Teil darauf beruhen, daß die geringeren körperlichen Kräfte von Frauen und Kindern bei manchen Tätigkeiten nicht ausreichend sind. Jedoch kann dies nicht der alleinige Grund sein; denn auch bei weniger anstrengenden Arbeiten, wie z.B. dem Herstellen von Halskragen, haben statt normal gewachsener Männer die körperlich schwächeren Zwerge den Vorzug vor Frauen[4]. Daher müssen hier traditionelle, in die Frühzeit zurückreichende Gründe vermutet werden, auf welchen diese Einteilung basiert. Zwar sind Frauen

[1] Vgl. Abschnitt 1.6.5.

[2] Vgl. Bemerkungen zur *wꜥb.t* in Abschnitt 2.3.4; eine vergleichbare Situation findet sich bei den im NR belegten Tempelwerkstätten, denen der Hohepriester des Amuntempels vorsteht, ohne selbst Handwerker zu sein.

[3] Vergleichbar mit der Handhabung des Titels „Vorsteher der beiden Schatzhäuser", s. Helck, Beamtentitel S. 58, 61, 65.

[4] Ebenso fehlen auch Frauen innerhalb der Beamtenschaft, etwa als „Schreiber", obgleich die „Berufsgottheit" weiblich ist.

(Dienerinnen) bei der Herstellung von Nahrungsmitteln (Brot- und Bierzubereitung) oder Kleidung (sie spinnen und weben Flachs) dargestellt, aber Backen, Braten, Bierbrauen, Wäschewaschen usw. können ebenso von Männern ausgeführt werden. Somit entfällt für ägyptische Verhältnisse eine konsequente Scheidung von „Frauenarbeit" und „Männerarbeit". Es läßt sich aber feststellen, daß das Handwerk eindeutig Männerarbeit ist, und Männer darüberhinaus in sämtlichen Arbeitsbereichen anzutreffen sind, während Frauen anteilmäßig eine untergeordnete Rolle spielen.

Zwar bilden die Handwerker aufgrund ihrer Tätigkeit eine einheitliche Gruppe, indem sie Werkstoffe zu Produkten verarbeiten; gemeinsam ist auch allen, daß sie selbst nicht über eigene Rohstoffe verfügen (s. Abschnitt 3), sondern diese von ihren Auftraggebern erhalten. Aber hierin liegt bereits der Ansatzpunkt für eine Differenzierung innerhalb der Handwerkerschaft, für die ihre Zugehörigkeit, d.h. für wen bzw. für welche Institution sie arbeiten, ausschlaggebend ist.

Der Auftraggeber kann einerseits ein Privatmann sein, andererseits der „Staat", der hier als umfassende Bezeichnung für König, Kult, Tempel steht. Aus diesem Grund ist es angebracht, zunächst eine Trennung hinsichtlich des Wirkungskreises (privat - staatlich) der Handwerker vorzunehmen, die auch schon durch die Gegebenheiten des vorliegenden Materials bedingt ist: Es sind einmal die „Handwerker im Dienst von Privatpersonen", die durch Darstellungen aus dem AR und MR belegt sind, und zum anderen die „Handwerker im Dienst des Staates (König, Kult, Tempel)", die inschriftlich (AR) und durch Darstellungen (NR) belegt sind.

Diese unterschiedliche Zugehörigkeit kann durch Beischriften ausgedrückt werden, indem an die Handwerkerbezeichnung ein entsprechendes *pr-ḏ.t* oder *pr-ʿꜣ*, *nswt*, *wʿb.t* (s.u.) angefügt wird. Daneben sind aber zahlreiche Handwerker belegt, die nur ihre Berufsbezeichnung ohne weitere Angabe führen, wodurch eine exakte Zuordnung erschwert oder unmöglich ist. Denn es erscheint unzulässig, von vornherein in ihnen eine eigenständige, unabhängige Gruppe zu sehen, die weder einem Privatmann noch dem Staat verpflichtet ist[5]. Vielmehr ist es wahrscheinlich, daß diese „herrenlosen" Handwerker sowohl dem einen wie dem anderen Dienstverhältnis zugeordnet werden können. Jedoch läßt sich dies — wenn auch selten — nur aus dem szenischen Zusammenhang oder Kontext ablesen.

Bei den im Privatdienst dargestellten Handwerkern (s.u. Abschnitt 2.2) darf man vermuten, daß die überwiegende Zahl zum Haushalt gehört, also auch jene ohne den Zusatz *pr-ḏ.t* zu ihrer Berufsbezeichnung, und nur eine Minderheit von „auswärts" hinzukommt, die als Lohnarbeiter oder „Leihgabe" des Königs für den Privatmann arbeitet.

Auf der anderen Seite ist es jedoch ebenso eindeutig, daß nicht nur Handwerker mit dem Zusatz *pr-ʿꜣ*, *nswt* usw. zu ihrer Berufsbezeichnung im Dienst des Königs (Staates) stehen (s.u. Abschnitt 2.3), sondern auch jene ohne zuordnende Beifügung. Dies ist aus der Inschrift des Nḫbw zu ersehen[6], der auch am Beginn seiner Karriere im königlichen Dienst gestanden haben muß, obwohl es in seiner anfänglichen Berufsbezeichnung (Rangstufe I-III) nicht zum Ausdruck kommt. Aber aus dem Kontext geht hervor (Urk. I 216, 1 ff.), daß Seine Majestät Nḫbw als einfachen Maurer (*qd n ʿšꜣ.t*) (vor)fand und ihn zum Aufseher und Vorsteher der Bauarbeiter (*sḥḏ qd.w* und *imj-rꜣ qd.w*) beförderte (*nḏ*). Weiterhin ist aus diesem Beispiel zu entnehmen, daß die Beifügung oder Erweiterung *nswt* eine Steigerung der einfachen Berufsbezeichnung (ohne *nswt*) ist und zusammen mit dem Rangelement *mḏḥ* eine höhere Rangstufe

[5] Obwohl es offensichtlich solche Handwerker geben muß, s. in Abschnitt 2.2.2 sowie 2.2.3 (Gruppe 3).

[6] S. Anm. 1.

— oberhalb des *imj-r3*-Ranges — kennzeichnet; denn erst ab Rangstufe IV führt Nḫbw die Bezeichnung *mḏḥ nswt qd.w* („Königl. Meister der Bauarbeiter").

Vermutlich gehören hierher — zu den Handwerkern ohne Zusatz, aber dennoch im „Staatsdienst" — auch jene „Saisonarbeiter", die für staatliche Aufgaben (Steinbrucharbeiten, Tempelbau o.ä.) organisiert werden; etwa die ländliche Bevölkerung, die turnusmäßig ausgehoben wird und nach Absolvierung ihrer Dienste wieder zu ihrer anderen Beschäftigung zurückkehrt[7].

2.2 HANDWERKER IM DIENST VON PRIVATPERSONEN

Schon aus den Darstellungen in den Privatgräbern aus dem AR geht hervor, daß die Handwerker, die für einen Privatmann arbeiten, keine einheitliche gesellschaftliche Gruppe bilden, sondern verschiedenen Bereichen (Schichtungen) innerhalb der Gesellschaftsstruktur angehören. Denn es lassen sich drei Abstufungen nachweisen, denen die im Privatdienst tätigen Handwerker zugeordnet werden können:

Gruppe 1: Handwerker, die zum Haushalt eines Privatmannes gehören (Handwerkerbezeichnung + *pr-(n-)ḏ.t*).

Gruppe 2: Handwerker im „Staatsdienst"; „Staat" steht hier im Gegensatz zu einem Privatmann als Einzelperson und umfaßt König, Palast, Tempel, Kult (vgl. Abschnitt 2.3). Die staatlichen Handwerker sind hier in zwei Untergruppen eingeteilt, Gruppe a (Handwerkerbezeichnung + *pr-ꜥ3*, + *nswt*, + *wꜥb.t*) und Gruppe b (Handwerkerbezeichnung + *ẖnw* „Residenz").

Gruppe 3: Handwerker, die als Lohnarbeiter im Haushalt eines Privatmannes befristet tätig sind. Sie sind durch keine besondere Beifügung zu ihrer Berufsbezeichnung gekennzeichnet.

Trotz unterschiedlicher Herkunft arbeiten alle drei Gruppen zusammen als berufliche Einheit für einen gemeinsamen Auftraggeber in seinem Haus. Ihr Arbeitsplatz mit der Bezeichnung *iz* „Werkstatt' muß eine besondere Lokalität sein, wo offensichtlich sämtliche Handwerkszweige in räumlicher Verbundenheit zusammengefaßt sind. Ob diese „Handwerksstuben" mit zur Wohnanlage gehören oder einen eigenen Komplex bilden, ist nicht feststellbar. Aufgrund der erhaltenen Modelle unter den Grabbeigaben sind es eigene Räume, die ebenso wie Vorratsräume und Speicher unabhängig im Bezirk der Wohnanlage liegen könnten, jedoch nicht zum Wohnhaus gehören[8]. Bei den Darstellungen, in welchen der Grabinhaber (Auftraggeber) den für ihn tätigen Handwerkern bei der Arbeit zuschaut, erscheint vereinzelt in den Beischriften zu den Gesamtszenen *iz*, z.B.: *m33 k3.t m iz n ḥmw.t nb.t* (s. Liste AR Nr. 13) „Inspizieren der Arbeit in der Werkstatt der gesamten Handwerkerschaft"; *m33 k3.t nb.t m iz ḥmw.tj.w* (s. Liste AR Nr. 24) „Inspizieren aller Arbeiten in der Werkstatt der Handwerker". *Iz* ist also die allgemeine Bezeichnung für „Werkstatt' und umfaßt sämtliche hier stattfindenden Tätigkeiten sowie jegliche Art von Handwerk (s. Abschnitt 1.5.3.1).

Da *iz* nicht mit einer näheren Bestimmung versehen wird (z.B. Werkstatt der Metallarbeiter oder Werkstatt der Schreiner), sind auch bei dem Titel *imj-r3 iz* „Vorsteher der Werkstatt" keine Rückschlüsse auf einen bestimmten Handwerkszweig möglich. Bei der Handwerkerdarstellung im Grab des ꜥnḫ-m-ꜥ-Ḥr (Liste AR Nr. 18) sind zwar zwei als *imj-r3 iz* bezeichnete

[7] Vgl. Simpson, Pap. Reisner III, pl. 10.

[8] Vgl. J. H. Breasted jun., Egyptian Servant Statues (Bollingen Series 13, 1948), 49ff. Die verschiedenen Modelle sind entweder nach Handwerkszweigen getrennt, oder aber es sind mehrere (Schreiner, Metallarbeiter, Gefäßhersteller) in einem Modell zusammengefaßt. Diese Form der Zusammenarbeit entspricht den Darstellungen an den Grabwänden.

Personen im Lederhandwerk beschäftigt[9], von denen der eine Leder reckt, der andere Sandalen zuschneidet, während ein „Vorsteher der Metallarbeiter" mit der Metallverarbeitung und zwei „Vorsteher der Steinhandwerker" mit der Gefäßherstellung zu tun haben. Trotz dieser Darstellung des *imj-r3 iz* als aktiver Lederarbeiter ist anzunehmen, daß er nicht allein der Lederwerkstatt, sondern der Gesamtwerkstatt mit allen gezeigten Handwerkszweigen vorsteht, indem er auch den jeweiligen „Abteilungsleitern" (und) überzuordnen ist. Eine *iz*-Werkstatt setzt sich also aus verschiedenen Abteilungen zusammen (Metall-, Stein-, Lederhandwerker usw.); jede Abteilung hat ihren eigenen Vorsteher (*imj-r3*), und die Gesamtleitung liegt in den Händen des *imj-r3 iz*. Ansonsten ist *iz* bzw. *iz.wj* im staatlichen Bereich belegt, d.h. als Magazin, das dem Schatzhaus angegliedert ist, wo die „Aufbewahrung und Bearbeitung von Lebensmitteln, Stoffen, Hölzern, Steinen usw. vorgenommen wurde"[10].

2.2.1 *Gruppe 1: Handwerker als Haushaltsangehörige*

Innerhalb der Darstellungen aus dem AR ist eine Reihe von Handwerkern belegt, deren Berufsbezeichnung mit der Beifügung *pr-(n-)ḏ.t* versehen ist. Hinsichtlich der Bedeutung des Terminus *pr-(n-)ḏ.t* gibt es mehrere Umschreibungen, die aber oft nur einen Aspekt des komplexen Begriffes zum Ausdruck bringen: „Stiftungsgut"[11], „Gut, Besitz"[12], „(Land)-besitz"[13], „Privatbesitz"[14], „Vermögen für kultische Zwecke"[15], „,Eigentum', d.h. Vermögen, das nur durch den ,Eigentümer' bestimmt oder veränderbar ist"[16]. Zudem wird *ḏ.t* manchmal mit „ewig" in Verbindung gebracht[17], und die von Sethe zuerst herausgestellte Ableitung „ *ḏ.t* ,Stiftung' von *wḏ* ,befehlen'"[18] wird nur von Lüddeckens[19] und Grdseloff[20] aufgegriffen. Letzterer führt den Terminus weiter aus und weist auf die bei Mṯn (Urk. I 4, 3/4) belegte („archaische") Schreibung für hin.

Aufgrund der Ableitung *ḏ.t* von *wḏ* ist *pr-(n-)ḏ.t* als „zugewiesener Besitz(stand)" zu übersetzen. Derjenige, welcher das *pr-ḏ.t* zuteilt, ist der König; der Empfänger kann ein Königssohn (z.B. in LD II, 15 oder 17), Beamter (z.B. Tj, Liste AR Nr. 11) oder Gaufürst (z.B. Ibj, Liste AR Nr. 24) sein. Dieser Besitzstand umfaßt sämtliche Dinge, die zu einem Haushalt im Sinne der Eigenwirtschaft gehören: Land, Vieh, Naturalien, Rohstoffe, Haus und Personal; vgl. hierzu eine kurze Zusammenstellung von Objekten und Personen mit der Beifügung *pr-(n-)ḏ.t*:

[9] Es muß sich hierbei um ein und dieselbe Person bei zwei verschiedenen Arbeitsgängen handeln; ebenso in der benachbarten Szene, wo zwei *imj-r3 ḥmw.tj.w* jeweils ein Steingefäß bohren und polieren. Diese Form der Darstellung muß als Ausnahme angesehen werden. Die wiederholte Darstellung eines Handwerkers — sofern er nicht namentlich genannt ist — ist weitgehend auszuschließen.

[10] Helck, Beamtentitel S. 59; *iz* hier speziell in Verbindung mit Salben, sowie S. 65 „Vezire legen sich diesen Titel zu ( ), um damit ihre Oberaufsicht über diese Abteilungen zu dokumentieren".

[11] Junker, Giza III, 59.

[12] Lüddeckens in: MDIK 11, 1943, 8 (Anm. 3).

[13] Edel, Altägypt. Grammatik §68.

[14] Edel, ZÄS 83, 1958, 14f.

[15] Goedicke, ZÄS 83, 1958, 25.

[16] Goedicke, Private Rechtsurkunden, 35.

[17] Ebd.

[18] ZÄS 62, 1926, 61 Anm. 1.

[19] MDIK 11, 1943, 8 Anm. 3: „Prof. Sethe sieht in eine Nominalbildung zu *wḏ* ,überweisen' und in eine Bezeichnung für ,Erbgut'".

[20] ASAE 42, 1943, 45f.

Dörfer (Wild, Tj pl. 164), Werft (Petrie, Medum pl. 11), Schatz (*ḫtm*, a.a.O., pl. 13), Vogelteiche des Geflügelhofes (Wild, Tj pl. 19), Vögel in den Käfigen (ebd.); Leiter der Truppe (a.a.O., pl. 54), Schlachter (a.a.O., pl. 50), Sänger (a.a.O., pl. 56), Handwerker (s.u. S. 138), Vorsteher der Schreiber (Gebrawi II, pl. 19 = Liste AR Nr. 26), Hausvorsteher (Beni Hasan I pl. 29 = Liste MR Nr. 6), Verwaltungsbehörde (*ḏꜣḏꜣ.t*, Wild, Tj pl. 150).

Dieser Besitz einschließlich des zugewiesenen Personals ist bestimmt für die Versorgung zu Lebzeiten eines Beamten (Prinzen oder Gaufürsten) und gebunden an seine Person und sein Amt (Amtsvermögen). Er kann zwar (mit königlicher Genehmigung) einen Teil davon für seinen Totenkult nutzen (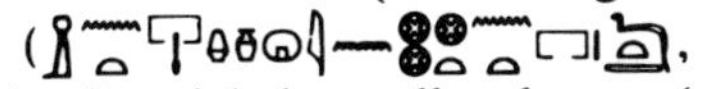, Wild, Tj pl. 105) oder das Grabinventar innerhalb seines Haushalts für sich herstellen lassen (vgl. Handwerkerszenen im AR und MR, s.u. Handwerker des *pr-ḏ.t*), aber die Hauptmasse fällt mit seiner Amtsaufgabe (Tod) an den „Zuteiler", den König, zurück.

Denn der Besitzer eines *pr-ḏ.t* „verläßt" mit dem Tod „das *pr-n-ḏt* (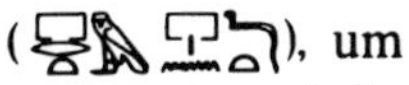), um sich nach dem schönen Westen zu begeben"[21]. Andererseits darf angenommen werden, daß unter Umständen ein „zugewiesener Besitz" mit königlicher Zustimmung für längere Zeit im Besitz einer Familie bleiben kann, z.B. wenn ein Sohn oder anderes Familienmitglied das gleiche Amt ausübt. Dies könnte für die Architektenfamilie des Nḫbw zutreffen, die über vier Generationen belegt ist[22]. Nḫbw, der ein im Amt Nachfolgender (*imj-ḫt*, s. Abschnitt 1.5.4) seines älteren Bruders ist, berichtet, daß er seinem Bruder für 20 Jahre die Dinge des ihm (Bruder) zugewiesenen Besitzes (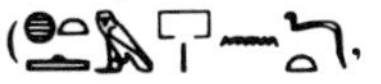, Urk. I 217) verwaltet habe. Später, wenn Nḫbw die Position seines Bruders erreicht hat, könnte dessen *pr-n-ḏ.t* in seine Hände übergegangen sein.

Obwohl es sich um eine Art Amtsvermögen handelt, das mit der Amtsaufgabe an den König zurückfällt, kann der Inhaber Dinge, die in seinem Haushalt hergestellt werden oder zu dessen Bestand gehören, „privat" nutzen und sogar veräußern, indem er angeworbene (zusätzlich zu dem *pr-ḏ.t* gehörige) Arbeitskräfte damit bezahlt[23].

Wie oben schon angedeutet, kann der Besitzer eines *pr-ḏ.t* auch über eigene Handwerker verfügen, die zu seinem *pr-ḏ.t* gehören, d.h. diese Handwerker leben als ständige Mitglieder in seinem Haushalt. Sie bearbeiten Rohstoffe aus dem Fundus des *pr-ḏ.t*, sind in ihrer Tätigkeit weisungsgebunden an den Besitzer des *pr-ḏ.t* und produzieren Ware im Sinne der Hauswirtschaft. Dies bedeutet, daß sie nur in dem Umfang Produkte herstellen, wie sie vom Gesamthaushalt (dem Verbraucher) benötigt werden. Der Bedarf des täglichen Lebens sowie die Grabausrüstung werden eigenwirtschaftlich befriedigt[24].

Bemerkenswert ist, daß die Handwerker mit dem Zusatz *pr-ḏ.t* als Einzelperson oder Gruppe inmitten anderer Handwerker ohne diese Beifügung gekennzeichnet sind. Die so benannten Handwerker unterscheiden sich in der Ausübung ihrer Tätigkeit nicht von den anderen um sie herum.

Die Frage, ob hiermit eine Hervorhebung und Unterscheidung hinsichtlich der Zugehörigkeit zum Ausdruck gebracht werden soll, läßt sich nicht eindeutig beantworten: Entweder ist

21 Grdseloff, Das ägypt. Reinigungszelt, S. 5 (aus dem Grab des ʿnḫ-m-ʿ-Ḥr).

22 Vgl. Anm. 1.

23 Vgl. Inschrift des Ibj, Abschnitt 2.2.2 und Inschrift des Mttj, Abschnitt 2.2.3.

24 Ausgenommen die Statuenherstellung. Statuen gehören aber auch nicht zum täglichen Bedarf, sondern sind ausschließlich für die Grabausrüstung bestimmt. Ihre Hersteller, die Bildhauer, mußten von außerhalb geholt werden. Daher ist auch kein Bildhauer als Angehöriger des *pr-ḏ.t* belegt (s. Zusammenstellung S. 138). Außerdem ist in keinem Grabmodell (s. Anm. 8) Statuenherstellung zu sehen.

pr-ḏ.t nur willkürlich eingefügt, also sporadisch ausgeschrieben, oder es soll hier tatsächlich differenziert werden zwischen hauseigenen Handwerkern und anderen, die nicht fest zum Haushalt (*pr-ḏ.t*) gehören, so wie es in zwei Beischriften aus Gebrawi zu entnehmen ist[25]. Dort werden einmal Arbeiter der Gruppe 1 und 2b, das andere Mal Arbeiter aller drei Gruppen (1, 2b, 3) angesprochen. Allerdings überwiegen in den dazugehörigen Szenen die Handwerkerbezeichnungen ohne Zusatz, so daß eine exakte Zuordnung erschwert wird.

Innerhalb der Darstellungen sind folgende Handwerker mit dem Zusatz *pr-(n-)ḏ.t* zu ihrer Berufsbezeichnung bei der Arbeit belegt:

stj nbw in stj n pr-ḏ.t,	zwei knüpfen Halskragen[26]
zšp.w n.w pr-n-ḏ.t,	zwei polieren Kasten[27]
zšp n pr-ḏ.t,	zwei polieren Bett[28]
mḏḥ n pr-ḏ.t,	einer bearbeitet Ḏd-Pfeiler mit Dechsel[29]
mḏḥ n pr-ḏ.t,	zwei polieren Kasten[30]
mḏḥ.w n.w pr-ḏ.t,	viele beim Bootsbau[31]
ḥmw.t n.t pr-n-ḏ.t,	viele beim Bootsbau[32]
imj-rꜣ zš(.w) n pr-ḏ.t,	notiert fertige Metallgefäße, nachdem sie gewogen worden sind[33]
ẖr.tj.w nṯr n.w ẖnw pr-ḏ.t,	„Steinarbeiter der Residenz und des *pr-ḏ.t*" bearbeiten hier gemeinsam ein großes Werkstück (Säule?)[34].

Die meisten Handwerker dieser Aufstellung sind im Holzhandwerk tätig, das ohnehin den breitesten Raum einnimmt innerhalb der Werkstoffverteilung und der angefertigten Gegenstände (s. Kap. VIII). Außerdem sind Stein- und Metallhandwerk (hier in Form von Schmuck) jeweils einmal vertreten. Wie zu erwarten, läßt sich ein Bildhauer als Angehöriger eines *pr-ḏ.t* nicht nachweisen; denn er kommt stets von außerhalb, um speziell für die Grabausrüstung zu arbeiten (s. Gruppe 2).

2.2.2 *Gruppe 2: „Staatliche" Handwerker im Dienst eines Privatmannes*

Diese Gruppe, die im Abschnitt 2.3 noch ausführlich besprochen wird, ist wiederum in sich differenziert. Das Verbindende ist nur ein Zusatz, der auf den Staat (König) hindeutet und seinen Ausdruck entweder in einer speziellen Form (Handwerkerbezeichnung + *pr-ꜥꜣ*, + *wꜥb.t* usw. = Gruppe 2a) oder durch einen allgemeinen Hinweis (Handwerkerbezeichnung + *ẖnw* = Gruppe 2b) findet.

Angehörige der Gruppe 2a erscheinen nur selten als aktive Handwerker innerhalb der Darstellungen (Bildhauer: *imj-rꜣ qs.tj.w pr-ꜥꜣ Ḏꜥꜥm*[35]; Maler: *zš wꜥb.t rsj(.t) Msj*[36] und

[25] Gebrawi I pl. 13 (= Liste AR Nr. 24); Gebrawi II pl. 10 (= Liste AR Nr. 25), s. in Abschnitt 2.2.2.
[26] AR Nr. 13, s. Beleg IX in Abschnitt 1.2.1.
[27] AR Nr. 11, s. Beleg I in Abschnitt 1.8.2.5.
[28] AR Nr. 11, s. Beleg VI in Abschnitt 1.8.2.1.
[29] AR Nr. 13, s. in Abschnitt 1.8.2.10.
[30] AR Nr. 24, s. Beleg II in Abschnitt 1.8.2.5.
[31] Wild, Tj pl. 128 (AR Nr. 11).
[32] Gebrawi II pl. 10 (AR Nr. 25).
[33] AR Nr. 26, s. Beleg XIX in Abschnitt 1.2.1.
[34] Gebrawi I pl. 16 (AR Nr. 24); zu *ẖnw* s. in Abschnitt 2.2.2.
[35] AR Nr. 20, s. Beleg XI in Abschnitt 1.4.1.
[36] AR Nr. 18, s. Beleg X in Abschnitt 1.4.1.

zš pr-mḏ3.t nṯr pr-ʿ3 Irj)[37] und viel häufiger als Opferträger, Totenpriester, Begleiter auf der Jagd oder beim Mahl[38]; außerdem ist jeweils ein „Vorsteher der Tischler der *wʿb.t*-Werkstatt" und ein „Knüpfer von Halskragen des Königsschmucks" anzutreffen[39]. Die Belege lassen erkennen, daß Bildhauer und Maler zahlenmäßig stark überwiegen; gerade diese Berufsgruppe ist als Haushaltsangehörige nicht nachzuweisen (s.o. Gruppe 1, S. 138). Dies ist verständlich, weil sie aufgrund ihrer beruflichen Tätigkeit, die speziell auf ein Produkt der Grabausrüstung (Statue) ausgerichtet ist, als ständige Mitglieder in einem privaten Haushalt nicht notwendig waren. Dieser Berufszweig (Bildhauer und Maler) gehört ausschließlich in den Staatsdienst und kann nur für den König (und Tempel) arbeiten bzw. allein mit dessen Zustimmung für einen Privatmann tätig sein.

Daher nehmen sie aufgrund ihrer Zugehörigkeit zum Staat einerseits und ihrer besonderen Arbeitsverrichtung (Statuenherstellung) andererseits nicht nur eine Sonderstellung unter allen Handwerkern ein, die für einen Privatmann tätig sind, sondern auch innerhalb der gesamten Handwerkerschaft. Hinzu kommt noch die enge persönliche Beziehung zwischen Bildhauer und Auftraggeber. Ihr besonderes Dienstverhältnis wird ausgedrückt durch die Darstellungsweise (z.B. als Opferträger) und durch die Bezeichnung *mḥnk*[40]. Sie alle können nur mit Genehmigung des Königs als „Gast-Arbeiter" befristet im Haushalt eines Privatmannes arbeiten.

Die Belege von Handwerkern der Gruppe 2b (Handwerkerbezeichnung + *ẖnw*) stammen aus zwei Gräbern aus Gebrawi (Provinz)[41]. Die „Residenz"-Handwerker kommen nie allein vor, sondern immer zusammen mit Arbeitern des *pr-ḏ.t* (Gruppe 1) oder Lohnarbeitern (Gruppe 3). Zweimal sind sie bei der Arbeit dargestellt: *mḏḥ.w n.w ẖnw*, die unabhängig neben *mḏḥ n pr-ḏ.t* (s.o. Gruppe 1) einen Kasten polieren[42]; *ḫr.tj.w nṯr n.w ẖnw pr-d.t* „Steinhandwerker der Residenz und des Haushalts" bearbeiten in einer Arbeitsgemeinschaft ein langes, querliegendes Werkstück (Pfeiler?) mit Steinhämmern und Hammer und Meißel[43].

Außerdem lautet die Beischrift in Gebrawi II pl. 10 zu der Gesamtdarstellung der Handwerkerszene: *m33 k3.t [nb.t n.t ḥmw.t] n.t ẖnw pr-ḏ.t* „Besehen (aller) Arbeiten (der Handwerkerschaft) der Residenz und des Haushalts". Das Nebeneinander von *ẖnw* und *pr-ḏ.t* in direktem Anschluß an *ḫr.tj.w nṯr* bzw. *ḥmw.t* ist als Aufzählung aufzufassen, die zugleich eine Differenzierung kennzeichnet: „(Stein)Handwerker der Residenz und des Privatbesitzes".

Es muß allerdings in diesen Belegen noch offen bleiben, ob mit den „Handwerkern der Residenz" eine pauschale Bezeichnung für Handwerker gemeint ist, die eigentlich im Dienst des Königs stehen und mit dessen Zustimmung in die Provinz geschickt werden (also eine Umschreibung für „Handwerker des Palastes" o.ä., wie in Gruppe 2a), oder aus der Residenz angeworbene Handwerker im Sinne von „Lohnarbeitern" (s. Gruppe 3), die der Grabinhaber aus Mangel an genügend eigenem Handwerkspersonal zu sich geholt hat.

Der Paralleltext aus Gebrawi I pl. 13 läßt sich in der Weise interpretieren, daß mit den „Handwerkern der Residenz" offensichtlich Arbeiter gemeint sind, die mit königlicher Genehmigung für den Gaufürsten arbeiten (also wie oben Gruppe 2a). Denn in diesem Text erscheint eine weitere Differenzierung zu *ẖnw* (Residenz) durch die Nennung von *rw.tj* „auswärts",

[37] AR Nr. 27, s. Beleg XV in Abschnitt 1.4.1.
[38] S. dazu in Abschnitt 1.4.4.4.
[39] S. in Abschnitt 1.8.4.2; 1.3.1.2.
[40] S. Abschnitt 1.4.4.4.
[41] Liste AR Nr. 24 u. 25.
[42] Gebrawi I pl. 14, s. Beleg II in Abschnitt 1.8.2.5.
[43] Gebrawi I pl. 16.

worunter auswärtige Arbeitskräfte zu verstehen sind, die möglicherweise ebenfalls aus der Residenz (*ẖnw*) stammen, aber hier als Lohnarbeiter angeworben sind.

H̱nw und *rw.tj* dürfen hier nicht in der Bedeutung von „innen" und „außen" oder „hiesig" und „auswärtig" aufgefaßt werden[44], sondern bekunden ein Dienstverhältnis bzw. müssen als Hinweis auf die Zugehörigkeit von Handwerkern interpretiert werden, wie durch den Kontext bestätigt wird. Es heißt dort: 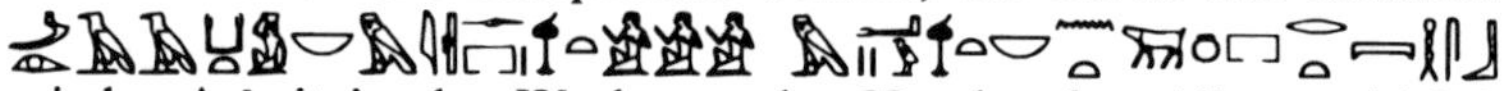 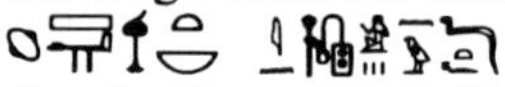 „Besehen jeder Arbeit in der Werkstatt der Handwerker (die geschieht) durch die gesamte Handwerkerschaft der Residenz und der ‚von auswärts/Auswärtigen'. Die Bezahlung (in) *šʿ.tj* eines jeden Handwerker durch die Schreiber seines *ḏ.t*".

Diese Inschrift vermittelt zwei wichtige Informationen: Sie gibt einmal Auskunft darüber, daß „jeder Handwerker" bezahlt wird. Also nicht nur die angeworbenen Lohnarbeiter (*rw.tj*), sondern auch die staatlichen Handwerker (*ẖnw*) erhalten Lohn und vermutlich auch die eigenen, zum Haushalt gehörenden; denn die in der Darstellung mit der Erweiterung *pr-ḏ.t* gekennzeichneten Handwerker sind bei der Inspektion des Grabinhabers einbezogen[45]. Demnach erhalten alle drei ungeachtet ihrer Zuordnung bzw. ihres Dienstverhältnisses eine Entlohnung. Für die zum Haushalt gehörenden Handwerker (*iz ḥmw.tj.w*) würde es in diesem Fall bedeuten, daß sie über ihre Versorgung (Nahrung, Kleidung) hinaus, die sie als „Hausgesinde" ohnehin in Anspruch nehmen, einen Extralohn erhalten.

Zum anderen ist aus dieser Inschrift zu ersehen, daß die Bezahlung „von den Schreibern seines *ḏ.t*", also von den dem Ibj „zugeteilten" Schreibern vorgenommen wird, und die Mittel der Bezahlung daher ebenfalls aus dem Haushalt (*pr-ḏ.t*) des Ibj stammen[46].

Obwohl die letzten Bemerkungen bereits die Gruppe 3 (Lohnarbeiter) berühren, soll dem noch ein weiterer Hinweis zugefügt werden: Entlohnung in Form von Naturalien ist zweimal innerhalb von Werkstätten dargestellt. Dabei ist allerdings nicht genau abzugrenzen zwischen einer „Frühstückspause", d.h. die dem Hauspersonal ohnehin zustehende Versorgung, und Entlohnung. Denn es ist selbstverständlich, daß alle Handwerker, die für einen Privatmann arbeiten, auch von ihm ernährt werden[47]; sowohl diejenigen, welche ständig in seinem Haushalt leben, als auch die vom König geschickten oder die Lohnarbeiter. In Gebrawi I pl. 14 rupft ein Mann neben den Bildhauern eine Gans („Dieser Vogel ist sehr fett"); ebenda bringt ein Mann bei den Metallarbeitern Nahrungsmittel herbei und in Meir V pl. 19 steht über angehäuften Lebensmitteln im Atelier von Bildhauern und Malern  „Nahrungsmittel für Maler und Bildhauer".

2.2.3 *Gruppe 3: Lohnarbeiter*

Ein Privatmann, der nur über wenig Personal verfügt oder aus sonstigen Gründen keine geeigneten Handwerker ständig in seinem Haushalt (*pr-ḏ.t*) hat, kann Handwerker (zusätzlich) für einen zeitlich begrenzten Auftrag zu sich in Dienst nehmen. Diese werden von ihm entlohnt und nach Beendigung ihrer Arbeit wieder entlassen.

[44] Wie Davies, Gebrawi I p. 18, oder Wb II 409, sondern eher wie Fischer in Oudheidkundige Mededelingen 41, 1960, 12: „might refer to craftsmen supplied by the king as distinguished from craftsmen independently employed by the tomb owner".

[45] Gebrawi I, pls. 14, 16.

[46] S. Gruppe 3, Inschrift des Mṯṯj, s. Ende von Abschnitt 2.2.3.

[47] Ebenso wie die „staatlichen" Handwerker vom König ernährt werden.

Innerhalb der Darstellungen ist diese Gruppe nicht zu ermitteln. Bei den Angehörigen der Gruppe 2 (s.o.) darf man annehmen, daß sie stets als königliche Handwerker herausgestellt werden — wenn auch seltener bei ihrer handwerklichen Tätigkeit als in anderem Zusammenhang (z.B. Opferträger) —, weil ihre Anwesenheit immer mit königlicher Gunst und Auszeichnung verbunden ist, derer ein Grabinhaber sich gern rühmt. Eine eindeutige Abgrenzung zwischen eigenen Handwerkern des *pr-ḏ.t* (s.o. Gruppe 1) und auswärtigen Lohnarbeitern (Gruppe 3) ist aber nicht möglich. Dies liegt darin begründet, daß die Zusatzbezeichnung *pr-ḏ.t* bei den dargestellten Handwerkern nur sporadisch ausgeschrieben ist und jene überwiegende Zahl von Handwerkern ohne zuordnende Beifügung nicht von vornherein als Lohnarbeiter (Gruppe 3) angesehen werden darf[48].

In Verbindung mit einer Darstellung sind Lohnarbeiter nur aus der Beischrift in Gebrawi I pl. 13 zu erschließen (s.o. S. 139f.) und ansonsten in einer Reihe von Texten (s. Zusammenstellung), in denen von „Entlohnung (*isw*) der Handwerker" die Rede ist, die aber oft nur als allgemeine Phrase aufzufassen sind und keine konkreten Hinweise über Aufgaben und Tätigkeiten enthalten. Es läßt sich hierbei im einzelnen nicht einmal entscheiden, ob die Redewendung sich auf die Handwerker des eigenen Haushalts (*pr-ḏ.t*) bezieht, auf Lohnarbeiter von außerhalb oder auf beide Gruppen.

Belege[49]	Objekt	Handwerkerbezeichnung	Entlohnung
Urk. I 50, 1-8	(Grab)	 alle Leute	Naturalien
Urk. I 70, 5	(Grab)		zufriedengestellt/Dank
Urk. I 226, 12	(Grab)	—	Naturalien
Urk. I 271	*iz*		Dank
Junker, Giza IX, 73	*iz*		*isw*
S. Hassan, Exc. Giza, I, pl. 61	*iz*		Naturalien, *ḏbꜣ*
Ders., Exc. Giza, III, Abb. 15	*kꜣ.t*		*isw*
Abubakr, Exc. at Giza p. 73, fig. 47	*iz*		zufriedengestellt/Dank
ZÄS 83, 1958, 14f.	(Grab)	(Handwerker)	Naturalien
Fakhry, Sept Tombeaux p. 21 fig. 12	(Grab)		zufriedengestellt
Urk. I 23	(Grab)		zufriedengestellt
Goedicke, Private Rechtsurk., 182	—		*isw*
Urk. I 225, 8f.	Statuen		*isw*
ASAE 42, 1943, 31f.	*sbꜣ* (Tür)	—	*isw* (eines Gewandes)

In den meisten Beispielen handelt es sich um Handwerker, die das Grab hergerichtet haben. Es läßt sich aber aus den allgemein gehaltenen Formulierungen nicht erkennen, welche Arbeiten ausgeführt worden sind, ob sie das Grab erbaut, ausgeschmückt oder Inventar für die Grabausstattung angefertigt haben. Allein in zwei Inschriften wird gesagt, daß einmal eine Tür, das andere Mal Statuen hergestellt werden. Zudem werden alle — mit Ausnahme des *qs.tj* — allgemein *ḥmw.tj.w* oder *ḥmw.t* „Handwerker" oder „Handwerkerschaft", einmal auch 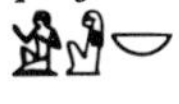 bezeichnet.

[48] S. o. Vorbemerkung in Abschnitt 2.1.

[49] Zu dieser Textgruppe im einzelnen s.: Junker, Giza IX, S. 73ff.; Wilson in JNES 6, 1947, 244f.; Helck in MDIK 14, 1956, 66.

Die Entlohnung in Form von Naturalien — vereinzelt auch Kleider und Kupfer — entnimmt der Auftraggeber seinem Haushalt bzw. Amtsvermögen (*pr-ḏ.t*, s. Abschnitt 2.2.1), wenngleich dies auch nur in der Inschrift des Mṯṯj ausgesprochen wird. Mṯṯj gibt den Handwerkern „mir zur Verfügung stehendes Kupfer aus meinem Privatbesitz" (*n pr-ḏ.t*), „(...) Kleider und ihren Lebensunterhalt aus dem Brot meines Privatbesitzes" (*n pr-ḏ.t*) [50].

Die Frage nach der Herkunft bzw. Zugehörigkeit dieser Lohnarbeiter, die in keinem festen Dienstverhältnis ständig zu einem Privatmann (wie Gruppe 1) oder zum lebenden König (Gruppe 2 bzw. Abschnitt 2.3) stehen, läßt sich nur mit der von W. Helck gegebenen Erklärung beantworten: Es sind „Angehörige der königlichen Pyramidenstädte, die sich zum Teil aus den Handwerkern zusammensetzten, die beim Bau der Pyramide beschäftigt gewesen waren und dann als Stundenpriester dienten, wobei sie von allen staatlichen Anforderungen befreit waren" [51]. Denn diese Personengruppe war dem Zugriff, den Auflagen, des gegenwärtigen lebenden Königs entzogen und stand allein im Dienst eines verstorbenen Königs.

Zudem wäre es auch möglich, daß es sich vereinzelt um Handwerker handeln könnte, die zugleich das Amt eines Totenpriesters innehaben. Die Einkünfte aus diesem Amt ernährten sie ausreichend und machten sie wirtschaftlich unabhängig. Sie haben zusätzlich die Möglichkeit, handwerkliche Aufträge von privater Seite anzunehmen, so daß sich zum Teil aus diesem Zirkel auch „freie" Lohnarbeiter rekrutieren konnten.

2.3 HANDWERKER IM DIENST DES STAATES (KÖNIGS)

Dem Abschnitt 2.2 über die Handwerker im Dienst von Privatpersonen sollen Handwerker im Dienst des Königs (Staates) gegenübergestellt werden. Sämtliche Belege hierfür stammen aus Inschriften des AR; denn abgesehen von den in Privatgräbern dargestellten königlichen Handwerkern, die mit Zustimmung des Königs für einen Privatmann arbeiten (s.o. Abschnitt 2.2.2), ist bislang nur eine einzige Darstellung von Handwerkern an einem königlichen Baudenkmal belegt: am Aufweg zur Pyramide des Onnos [1]. Die hier gezeigten Metallarbeiter tragen allerdings allein ihre Berufsbezeichnung (◻, s. 1.2.1 Beleg XI) ohne eine Beifügung, die sie als Handwerker im Dienste des Königs ausweist. Das Gleiche gilt auch zum großen Teil für die im NR dargestellten Tempelwerkstätten des Amuntempels von Karnak, deren einzelne Handwerker ohnehin sehr selten innerhalb der Darstellungen benannt werden (s.u. 2.3.5).

Bei der folgenden Betrachtung werden jedoch Handwerkerbezeichnungen ohne Zusatz nicht miteinbezogen; sondern es sind ausschließlich jene erfaßt, die aufgrund einer Beifügung zu ihrer Berufsbezeichnung dem königlich-staatlichen Bereich zuzuordnen sind. Dabei ergibt sich, daß die Handwerker im Staatsdienst ebenfalls keine einheitliche Gruppe bilden, sondern wegen ihrer unterschiedlichen Beifügungen zu differenzieren sind. Es handelt sich dabei um die Titel-Erweiterungen *pr-ꜥꜣ*, *pr-nswt*, *nswt*, *wꜥb.t* sowie um den Hinweis auf die Zugehörigkeit zu einem Tempel. Es soll versucht werden, Bedeutungsunterschiede und Abgrenzungen der einzelnen Titelelemente zueinander aufzuzeigen: Enthalten sie Aussagen über die Art des Dienstverhältnisses (etwa über die persönliche Nähe zum König) oder über die Zweckgebundenheit von Tätigkeiten und Produkten? Lassen sich bestimmte Werkstätten oder Arbeitsplätze für die eine oder andere Gruppierung nachweisen?

50 Edel, ZÄS 83, 1958, 14f.; vgl. auch Inschrift in Gebrawi I pl. 13, s. in Abschnitt 2.2.2.
51 Helck, MDIK 14, 1956, 65; ders., Geschichte des Alten Ägyptens, 86, 87.
1 S. Liste AR Nr. 17; s. Beleg XI in Abschnitt 1.2.1.

Im Abschnitt 2.2 war zu ersehen, daß alle im Privatdienst tätigen Handwerker im Haushalt bzw. in einem besonderen Werkstattraum (*iz*, S. 135f.) arbeiten. Dies gilt in einem gewissen Umfang auch für die Handwerker im Staatsdienst; denn die Handwerker eines Tempels arbeiten im Tempelbezirk (*iz n kꜣ.t n.w ḥ.t nṯr Imn*, Urk. IV 932, s.u. Gruppe 5) und die Handwerker der *wꜥb.t* gehören zu einer besonderen Anlage (s. Gruppe 4). Aber darüber hinaus sind die Handwerker nicht generell an einen festen (räumlichen) Arbeitsplatz gebunden, sondern mobil, d.h. sie können, je nachdem wie ihr königlicher Auftrag lautet, entsendet werden, z.B. auf Expeditionen in die Steinbrüche, in den Haushalt eines Privatmannes, oder wo immer eine Aufgabe ansteht. Der Arbeitsplatz kann also wechseln, und nur die Beifügung zu der Handwerkerbezeichnung kann Auskunft über ihr Dienstverhältnis zum König oder Staat geben.

2.3.1 *Gruppe 1: Handwerkerbezeichnung + pr-ꜥꜣ*

Aus der Zusammenstellung (s.u.) ist zu entnehmen, daß eine größere Zahl von Handwerkern dem *pr-ꜥꜣ* („Palast") zugeordnet ist. Es sind Bildhauer, Maler, Metallarbeiter, (Stein)Handwerker (*ḥmw.tj*) und spezielle (Schmuck)Steinarbeiter (*ms-nšd*)[2]. Sie führen ihre Berufsbezeichnung entweder in der Grundstufe oder als *imj-rꜣ* bzw. *ḫrp*.

Der Zusatz *pr-ꜥꜣ* weist diese Handwerker von vornherein in den königlichen Dienst. *Pr-ꜥꜣ* ist nicht als eine räumliche Anlage (Gebäude) des Palastes oder als Palast selbst zu verstehen, sondern als Verwaltungseinheit oder verwaltungstechnischer Begriff für „Hof-Staat", zu dem ebenfalls das königliche Palastgebäude gehört. Die mit dem Terminus *pr-ꜥꜣ* verbundene organisatorische Zentralisierung ist in der Residenz (*ḫnw*)[3] zu vermuten.

Zusammenstellung: Berufsbezeichnung + *pr-ꜥꜣ*

Beruf	bei der Arbeit	als Opferträger
Bildhauer:		
Liste AR Nr. 20; S. 53	 Ḏꜥꜥm	
Kairo 1418; S. 67, 4b		 Irj
ebd.; S. 67, 2d		 Ir-n-ꜣḫ.tj
Junker, Künstler, Abb. 17; S. 67, 4c		 Špss-Ptḥ
Maler: *zš pr-mḏꜣ.t nṯr(j) pr-ꜥꜣ*		
Liste AR Nr. 27; S. 53	Irj	
ebd. (Meir V pls. 33f.)		Irj
Meir IV pl. 17; S. 69		Kꜣ-m-ṯnnt
Junker, Künstler, Abb. 13		Msj
ebd., Abb. 1; S. 70	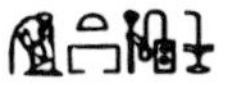 Msj	
Junker, Künstler, Abb. 18		Sḫm-Rꜥ
Kairo 1418		Mn-iḫj
ebd.		Intj

[2] Vgl. hierzu die nach den Belegstellen angegebenen Seitenzahlen, die sich auf die in den einzelnen Kapiteln behandelten Berufsbezeichnungen beziehen.

[3] Zu *ḫnw* s. Abschnitt 2.2.2.

Beruf	Inschriften	als Opferträger
(Stein)Handwerker: *ḥmw.tj*		
Wadi Hammamat-Inschriften		
Nr. 34, 84, 101; S. 80		
Kairo 1418; S. 79		 Špss-Ptḥ
ebd.		 S3bw
Wadi Hammamat-Inschriften Nr. 34, 85, 101, 103; S. 80		
	Denkmal/Grabbesitzer	
Metallhandwerker:		
Kairo 62; s. S. 37	 Nj-ʿnḫ-Rʿ	
Kairo 1323; ebd.	 Dmḏ	
MM E14; ebd.	 Nḏm-ib	
Kêmi 15, 1959, 1ff.; ebd.	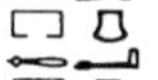 ʿnḫw	
MM D43; ebd.	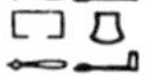 Itwš	
Kairo 1540; ebd.	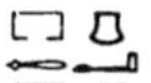 Mrrw-k3	
MM D26; ebd.	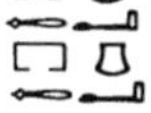 Mtt	
(Schmuck)Steinarbeiter:		
Kairo 1339; S. 49	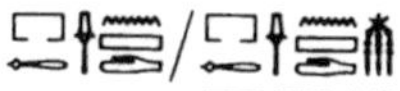 Sʿnḫ-Ptḥ	
Kairo 1731; ebd.	 B3k-n-Ptḥ	

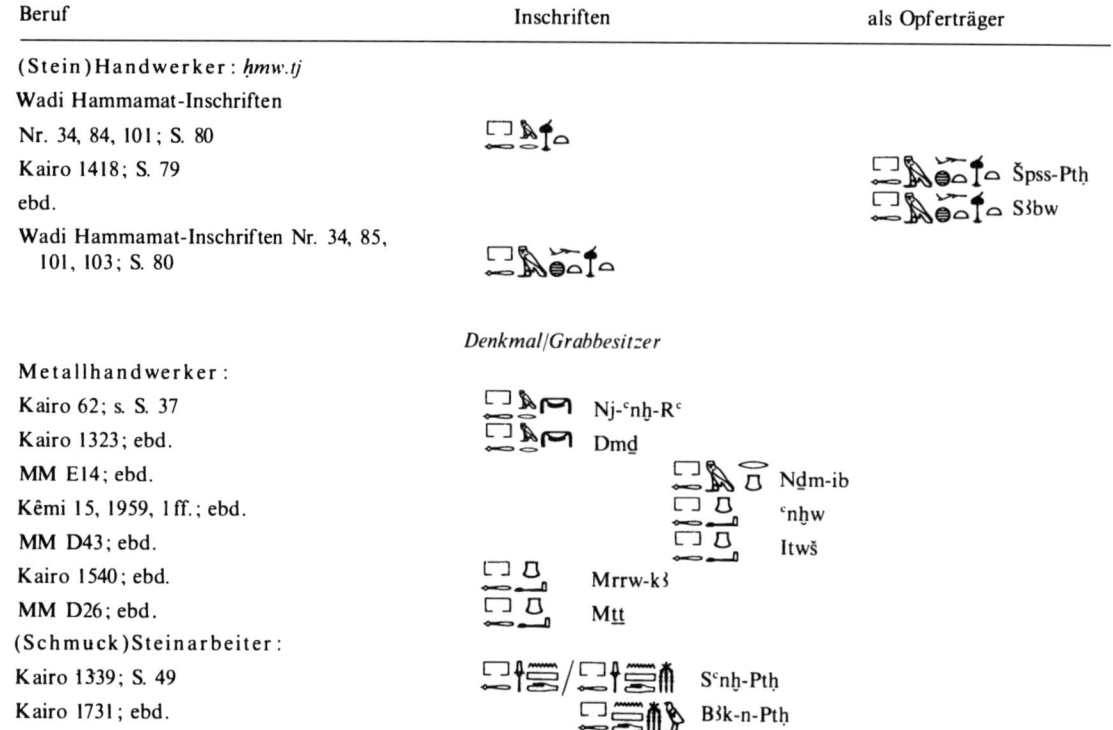

Die *pr-ʿ3*-Handwerker sind bei der Ausübung ihrer Tätigkeit nicht an eine bestimmte Lokalität (Werkstatt) innerhalb einer Anlage (z.B. im Palast oder am Residenzort) gebunden, sondern sie können auch „auswärts" arbeiten, z.B. in den Steinbrüchen von Wadi Hammamat (s. Zusammenstellung) oder mit Zustimmung des Königs für einen Privatmann in seinem Haushalt. Letzteres gilt vorwiegend für Bildhauer und Maler, die nicht zum ständigen Hauspersonal eines Privatmannes gehören [4]. Hauptsächlich aber stellen die dem *pr-ʿ3* zugeordneten Handwerker Dinge her, die für den Hof-Staat bestimmt sind.

Entsprechend anderen königlichen Handwerkern (z.B. Handwerker der *wʿb.t*, s.u. Gruppe 4) erhalten die *pr-ʿ3*-Handwerker ihre Zuwendungen vom König. Sie bilden einen wirtschaftlich gutgestellten Personenkreis, der eigene Denkmäler und Gräber besitzt (s. Zusammenstellung). Die in den Privatgräbern als Opferträger dargestellten *pr-ʿ3*-Handwerker sind entweder die eigenen Söhne des Grabinhabers oder gehören in jene Kategorie, die mit Genehmigung des Königs in seinem Haushalt gearbeitet haben und auf diese Weise von ihm geehrt werden.

Bemerkenswert ist, daß eine Person verschiedenen Organisationen angehören kann: Der Maler Msj ist „Maler an der göttlichen Bibliothek des Palastes" und zugleich „Maler der südlichen *wʿb.t*" (s.u. Gruppe 4). Oder der „Vorsteher der Handwerker ʿnḫ-ir-Ptḥ" ist „Vorsteher der *wʿb.t*" und „Vorsteher der (Bau)Arbeiten des Königs (und) des Palastes" [5].

[4] Vgl. Abschnitt 2.2.2.
[5] Curto, Gli scavi italiani a el-Ghiza, Abb. 31.

2.3.2 *Gruppe 2: Handwerkerbezeichnung + pr-nswt*

Die Erweiterung mit *pr-nswt* ist innerhalb der Handwerkerschaft auffallenderweise nur für Zimmerleute bzw. Schreiner belegt[6]:  Inb[7],  Wꜣš-kꜣ[8] und (Ḫwj-) Nj-Ptḥ[9], dessen Titel  aufzulösen ist als *imj-rꜣ mdḥ(.w) iz pr-nswt*, also „Vorsteher der Schreiner (in) der Werkstatt des *pr-nswt*“.

Wegen der Seltenheit und der Beschränkung auf das Holzhandwerk erscheint es zunächst fraglich, in *pr-nswt* einen eigenständigen Begriff als zuordnendes Titelelement zu einer Berufsbezeichnung zu sehen. Von Kaplony wird *pr-nswt* als „Residenzort oder der dem König nachfolgende Haushalt (*pr*)“ gedeutet, wobei „wohl *pr-nswt* vom frühen AR an ersetzt wird“ durch *pr-ʿꜣ*[10]. Es wäre aber auch möglich, *pr-nswt* als „königlichen Besitz(stand)“ zu interpretieren, analog zu *pr-ḏ.t* „zugeteilter Besitz (eines Privatmannes)“ (s.o. Abschnitt 2.2.1). Dies würde bedeuten, daß *pr-nswt* das Privatvermögen („Schatulle“) des lebenden Königs bezeichnet, das seinerseits abzugrenzen ist von dem Staatshaushalt oder Staatsvermögen (*pr-ʿꜣ*). Die Aufseher bzw. der Vorsteher der Zimmerleute gehören demnach zum privaten Besitztum des Königs.

Diese Auffassung von *pr-nswt* würde auch nicht den wenigen weiteren Belegen widersprechen: Der Königssohn Mrj-ib inspiziert „Schatz“ (*ḫtm*) und „Totenopfer (*pr.t ḫrw*), das aus dem *pr-nswt* gebracht wird“ (LD II, 22a u. b). Hier handelt es sich offensichtlich um Objekte aus dem Privatbesitz seines Vaters bzw. der königl. Familie, aus dessen Fundus dem Sohn Mrj-ib Anteile für die Totenversorgung zufließen. Diese Gaben aus dem königlichen Privatbesitz sind von dem Amtsvermögen *pr-ḏ.t* zu trennen, das für die Versorgung von Königssöhnen und Beamten zu Lebzeiten bestimmt ist. — Der Titel „Vorsteher des königlichen Besitzes“ (*imj-rꜣ pr-nswt*) ist in zwei Gräbern aus Sheikh Said belegt[11]. In den Abusir Papyri werden Lieferungen aus dem *pr-nswt* unter der Eintragung „Residenz“ (*ḫnw*) aufgeführt, so daß die privaten königlichen Abgaben verwaltungsmäßig zur Residenz gehören[12].

2.3.3 *Gruppe 3: Handwerkerbezeichnung + nswt*

Unter den Handwerksberufen ist lediglich der „königliche Sandalenmacher Wtꜣ“ (*ṯbw nswt*, Urk. I 22, 9) belegt[13]. „Königliche Handwerker“ sind — abgesehen von dem „Halskragenknüpfer des Königsschmucks Ḫnw“[14] — in den Darstellungen der Privatgräber nicht anzutreffen[15]. Dies liegt darin begründet, daß sie ausschließlich für die Person des lebenden Königs tätig sind und nicht — im Gegensatz zu den Handwerkern des *pr-ʿꜣ* (s. Gruppe 1) oder der *wʿb.t* (s. Gruppe 4) — an einen Privatmann „entliehen“ werden können.

[6] Zu *mdḥ* s. Abschnitt 1.8.4.1.
[7] Junker, Giza IX, S. 93 Abb. 39; Junker liest (S. 94, 97) den Titel ohne *sḥḏ*.
[8] A.a.O., S. 96 Abb. 40.
[9] Junker, Giza VIII, S. 174 Abb. 91, S. 175.
[10] Kaplony, IÄF, 364. Goedicke (in: Die Stellung des Königs im AR, S. 29 Anm. 63) vertritt die Auffassung: „Grundsätzlich bezeichnet *pr-ʿꜣ* im Alten Reich den königlichen Grabbau mit seiner Verwaltung, in dem das *pr-njswt* als irdische Verwaltung gegenübersteht“.
[11] LD II, 112e und 113b.
[12] Kriéger-Posener et de Cenival, Abu Sir Papyri pl. 50.
[13] S. in Abschnitt 1.1.3.
[14] LD II, 60; s. Abschnitt 1.3.1.2 und 1.3.3.
[15] Mit Ausnahme von Amarna III pl. 17/18, wo der „Vorsteher der Bildhauer (*sʿnḫ*) der Großen Kgl. Gemahlin Teje Jwtj“ die Statue einer Prinzessin bemalt, also nicht für einen Privatmann arbeitet.

Die Erweiterung *nswt* charakterisiert den engen persönlichen Umgang zwischen Handwerker und König, so wie es auch aus der Inschrift des Lederhandwerkers Wtꜣ hervorgeht, der von sich sagt, daß er alles „ ausführte, wenn er (der König) im *ḏꜣdw*-Hof weilte" (Urk. I 22, 13f.). Trotz der fehlerhaften Schreibung ist eine Emendation von *s.t-ib n.t nswt* „nach Wunsch des Königs" auszuschließen, weil zuvor diese Floskel mit „Herr" () bzw. „Gott" () verbunden ist[16]. Wahrscheinlicher ist, daß *s.t n.t nswt* hier entweder „Büro des Königs" oder „Sitz, Aufenthaltsort des Königs" bedeutet[17], zumal *ḏꜣdw* in seiner räumlichen Anlage Handwerksstuben und Aufenthaltsort des Königs vereinigt[18].

Junker's Bemerkungen hierzu sind nicht zutreffend, wie auch seine Wertung zu der Person des Wtꜣ zu einseitig gesehen ist[19]. Sicherlich ist für die Position eines „Königlichen Schuhmachers" fachliches Können Voraussetzung, aber Junker übersieht die Bedeutung des Titelelementes *nswt*, wenn er sagt: „Er (der König) beorderte Wtꜣ, wenn besonders feine Stücke anzufertigen waren, zu sich in den Palast, wo er unter den Augen seines Herrn arbeiten sollte. Das ist zu gleicher Zeit ein wichtiges Zeugnis für das Interesse, das der Herrscher an der Herstellung auch der kleineren Arbeiten des Kunsthandwerks bekundete"[20]. Des Königs Interesse an Wtꜣ sowie Wtꜣ's Anwesenheit im Palast sind durch das Titelelement *nswt* begründet, das Wtꜣ als königlichen „Leib"-Schuster ausweist.

Daher führen auch andere Bedienstete, die mit „dem Leib des Königs" zu tun haben, zu ihrer Berufsbezeichnung den Zusatz *nswt*. Allerdings ist *nswt* nicht immer auf die Person des Handwerkers bezogen (königl. Schuster), sondern kann auch verbunden sein mit dem Gegenstand seiner Tätigkeit, z.B.: *stj nbw ḫkr.t nswt* „Halskragenhersteller des Königsschmucks", *imj-rꜣ sšr nswt* „Vorsteher der königlichen Kleider" oder *ḫrp irw-šn nswt* „Leiter der königlichen Friseure", wobei *nswt* hier wiederum auf die Person bezogen ist. Jedoch ist bei den Friseuren auch die Form *sḥḏ irw-šn pr-ꜥꜣ* belegt[21], also eine Erweiterung mit *pr-ꜥꜣ* anstelle von *nswt*. Nach obiger Auffassung (s. Abschnitt 2.3.1) ist hiermit der Aufseher der „Hof-Friseure" gemeint im Unterschied zum „Leib-Friseur des Königs".

An dem letzten Beispiel wird deutlich, daß die zuordnenden Elemente wie *pr-ꜥꜣ* und *nswt* ihrerseits schon Rangabstufungen beinhalten; denn ein *nswt*-Handwerker steht dem König persönlich näher durch den direkten Umgang mit ihm als ein *pr-ꜥꜣ*-Handwerker. Neben den üblichen Rangstufen *sḥḏ*, *imj-rꜣ* bzw. *ḫrp* innerhalb einer Laufbahn bringen auch die Beifügungen einen Rangunterschied zum Ausdruck, indem sie ein bestimmtes Dienstverhältnis und den damit verbundenen Status kennzeichnen. Ein *nswt*-Handwerker ist aufgrund des persönlichen, direkten Kontaktes mit dem König ranghöher einzustufen als ein *pr-ꜥꜣ*-Handwerker, der im Rahmen der staatlichen Organisation arbeitet.

Die Erweiterung mit *nswt* findet sich auch in der Verbindung mit *mḏḥ* „Meister", wobei *mḏḥ nswt* (königl. Meister) die höchste Rangstufe — oberhalb des *imj-rꜣ*-Ranges — in der Laufbahn von königlichen Architekten[22] und Metallhandwerkern[23] darstellt. *Mḏḥ nswt* kennzeichnet ebenso wie das einfache *nswt* eine Direktbeziehung zwischen König und unterdessen

[16] Urk. I 22, 10 u. 13; zu der Differenzierung „Herr-Gott" s. Goedicke, a.a.O., 44f.
[17] Junker, Weta und das Lederkunsthandwerk, 28.
[18] Zu *ḏꜣdw* s. Abschnitt 2.3.4.1.
[19] Junker, a.a.O., 27ff.
[20] A.a.O., 32.
[21] Helck, Beamtentitel, 65.
[22] Vgl. 1.6.5.
[23] S. in Abschnitt 1.2.4.3.

zu Beamten avancierten Handwerkern, indem sie persönlichen Umgang mit dem König haben, von ihm direkt ihre Weisung erhalten und nicht über andere Instanzen[24].

Ebenso kommt in der Bezeichnung *mḥnk nswt* „Beschenkter des Königs", die sich auf einen dem König nahestehenden Kreis von Bediensteten (Friseur, Barbier, Schmuckhersteller) beschränkt, die enge persönliche Beziehung zum Ausdruck[25].

2.3.4 *Gruppe 4: Handwerkerbezeichnung + wꜥb.t*

Die besprochenen Termini (Gruppe 1-3) sind nicht mit einer bestimmten Werkstatt zu verbinden, sondern sie kennzeichnen jeweils ein „Dienstverhältnis": Zuordnung zu einer Verwaltungseinheit (*pr-ꜥȝ, pr-nswt*) oder bezogen auf die Person des Königs (*nswt*). Die Beifügung *wꜥb.t* hingegen gibt nicht nur Auskunft über eine bestimmte Werkstatt, sondern auch über den Verwendungszweck der hier hergestellten Produkte.

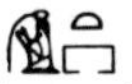 bzw. 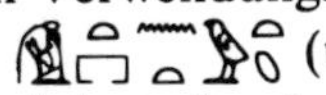 (*wꜥb.t n.t wt*) bedeutet „Balsamierungsstätte, Werkstätte des Balsamierens". Nachdem der Leichnam in einer Prozession das Haus verlassen hat, zur Westseite gefahren und zum „Reinigungszelt" (*ibw*) gezogen ist, wird er in der Balsamierungsstätte eingeliefert[26]. Da eine Reihe von Handwerkerbezeichnungen mit *wꜥb.t* verbunden sind (s.u. S. 149f.), muß neben der *wꜥb.t* als Balsamierungsstätte auch eine *wꜥb.t* als Werkstatt existieren, in der Handwerker tätig sind. Allerdings läßt sich das Verhältnis von Werkstatt und Balsamierungsstätte zueinander nicht klar abgrenzen: Umfaßt *wꜥb.t* beide Komplexe als eine organisatorische und räumliche Einheit, deren gemeinsames Ziel die Ausstattung des Grabes ist (Balsamierung des Leichnams — Anfertigung der Grabausrüstung), oder handelt es sich um getrennte Anlagen? Aufgrund der gemeinsamen Bezeichnung *wꜥb.t* darf vermutet werden, daß die *wꜥb.t*-Handwerker speziell für das Begräbnis bzw. die Grabausrüstung arbeiten, und daß diese Werkstatt ebenfalls auf dem Westufer in der Nähe des Balsamierungshauses und des Grabes liegt[27].

Neben den eigentlichen Handwerkern der *wꜥb.t* (s.u.) führt eine Reihe von Personen die Bezeichnungen „Vorsteher der *wꜥb.t*" und „Vorsteher der beiden *wꜥb.t*-Stätten" (s. Zusammenstellung S. 148). Es wäre zunächst denkbar, den Dual auf die beiden angesprochenen Aufgabenbereiche der *wꜥb.t* zu beziehen, d.h. *wꜥb.tj* umfaßt Balsamierungsstätte und Werkstatt als zwei getrennte Bereiche, denen eine einzige Aufsichtsperson vorsteht. Diese Deutung läßt sich stützen durch die Bezeichnung des Maler Msj, der sich als „Maler der südlichen *wꜥb.t*" bezeichnet[28]. Demnach müßte der „südlichen *wꜥb.t*" eine — allerdings nicht belegte — nördliche *wꜥb.t* entgegenzusetzen sein, so daß die südliche *wꜥb.t* „Werkstatt" und die nördliche *wꜥb.t* „Balsamierungsstätte" bedeuten könnte. Vielleicht soll aber mit *wꜥb.t rsj.t* auch nur eine bestimmte lokalisierte Werkstatt gemeint sein, die südlich von etwas liegt.

[24] Vgl. hierzu die Bauvorhaben in den Inschriften der Kgl. Architekten Snḏm-ib (Urk. I 59ff.) und Nḫbw (Urk. I 215ff.).

[25] Zur Bedeutung von *mḥnk* bei Privatpersonen s. in Abschnitt 1.3.1.2; (eine königl. Gepflogenheit, die von Privatpersonen übernommen wird). Vgl. auch Junker, Die gesellschaftl. Stellung der ägypt. Künstler, S. 11 ff.

[26] Literatur hierzu: B. Grdseloff, Das ägypt. Reinigungszelt, Kairo 1941. – E. Lüddeckens, Untersuchung über religiösen Gehalt, Sprache und Form der ägypt. Totenklagen (in: MDIK 11, 1943, 1ff.). – J.A. Wilson, Funeral services of the Egyptian Old Kingdom (in: JNES 3, 1944, 201-218).

[27] Vgl. hierzu Junker, a.a.O., 23ff.

[28] S. Abschnitt 2.3.4; vgl. auch ꜥnḫw, der sich bezeichnet (Kêmi 15, 1959, pl. 2). Zu *wꜥb.tj* „zwei *wꜥb.t*-Werkstätten" vgl. auch Kaplony, Kleine Beiträge, S. 176 (Anm. 242).

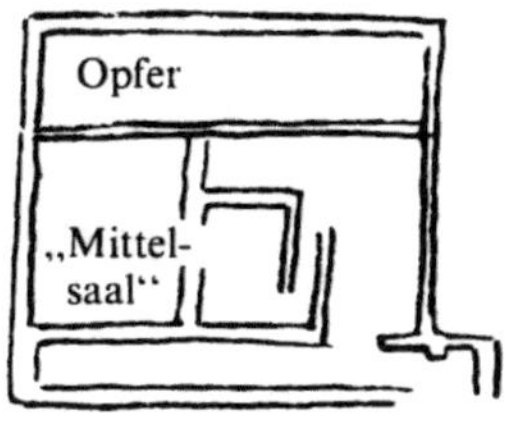

Abb. 58

Hierzu läßt sich die Darstellung aus dem Grab des Qꜣr (Abb. 58) heranziehen, die eine Anlage mit mehreren Räumen zeigt, von denen der eine als „Mittelsaal der *wꜥb.t*" ( ) bezeichnet ist, und von dem Grdseloff vermutet, daß in ihm die Balsamierung stattgefunden hat[29]. Der oben anschließende (= nördliche?) Raum zeigt Opfer, während der unten angrenzende (= südliche?) Trakt mit dem Haupteingang keinen Hinweis auf seinen Verwendungszweck enthält, möglicherweise aber als Werkstatt für die Handwerker der *wꜥb.t* (*rsj.t*) gedeutet werden kann. Aufgrund dieser Interpretation befinden sich Balsamierungsstätte und Werkstatt in einem Gebäudekomplex.

Andernfalls ist es durchaus möglich, daß es sich bei der Dualbildung von *imj-rꜣ wꜥb.tj* um eine Art Ehrentitel handelt, so daß hier eine Analogie zu dem Titel *imj-rꜣ pr.wj ḥḏ* vorliegen könnte. Helck hat deutlich gemacht, daß nur die wirklich amtierenden Schatzhausvorsteher *imj-rꜣ pr-ḥḏ* bezeichnet werden, die Dualbildung aber auch von anderen Beamten geführt werden kann, die in irgendeiner Form (z.B. Truppenversorgung) mit dem Schatzhaus zu tun haben[30]. Bemerkenswert ist auch, daß einige der *imj-rꜣ wꜥb.tj*-Personen noch zwei weitere Titel im Dual führen: den eben erwähnten *imj-rꜣ pr.wj ḥḏ* und *imj-rꜣ pr.wj nbw*. Diese Titel könnten ihre Berechtigung darauf gründen, daß die für die *wꜥb.t* bestimmten Rohstoffe aus dem *pr-ḥḏ* und *pr-nbw* abgeführt werden.

Zusammenstellung von *imj-rꜣ wꜥb.tj* und *imj-rꜣ wꜥb.t*:

	imj-rꜣ wꜥb.t	*imj-rꜣ wꜥb.tj*	*imj-rꜣ pr.wj ḥḏ*	*imj-rꜣ pr.wj nbw*	*imj-rꜣ iz.wj ẖkr.t nswt*	Verschiedenes
S. Hassan, Exc. Giza III, 119: Nj-sꜥnḫ-ꜣḫ.tj		×	×	×	×	
S. Hassan, Exc. Giza III, 130: ꜥnḫ-ḥꜣ=f (Qꜣr)		×	×	×	×	
MM E3 p. 390: Ṯtj		×				
MM E11 p. 405ff.: Nfr-sšm-Sšꜣ.t		×			×	Vezir
Junker, Giza VIII, 70: Idw I		×	×		×	
Firth/Gunn, Teti Pyr. Cemet. II, pl. 60: Kꜣ-gm.nj		×			×	Vezir
Kêmi 15, 1959, pls. 2, 57: ꜥnḫw		×		×		
Junker, Giza VIII, 70: Idw I (s.o.)	×	s.o.	s.o.		s.o.	
S. Hassan, Exc. Giza I, 2: Rꜥ-wr	×				×	
MM C9 p. 130: Špss-Ptḥ	×					
MM D43 = Urk. I 191: Itwš	×			×		
Kêmi 15, 1959, pl. 2						

Moussa u. Altenmüller, Nefer p. 15 *sḥḏ wꜥb.t*
Junker, Giza VII, 96: Inj-kꜣ=f *sḥḏ wꜥb.t*

[29] Grdseloff, Reinigungszelt, Abb. 8, S. 14; Edel, Das Akazienhaus (MÄS 24), Abb. 2. Zur Lesung (Mittelsaal der) „*wꜥb.t* der Versorgung" s. Edel in ZÄS 96, 1969, 4ff.

[30] Helck, Beamtentitel, 58ff.

Ein dritter Titel im Dual ist sowohl bei den *imj-rꜣ wꜥb.tj* wie bei den *imj-rꜣ wꜥb.t* belegt. Aus den „Abteilungen des königl. Schmuckes" wurden Salben geliefert[31], wozu auch die für eine Balsamierung notwendigen Essenzen gezählt werden können, so daß hier ebenfalls eine Verbindung zur *wꜥb.t* (Balsamierungsstätte) denkbar wäre.

Während die „beiden *wꜥb.t*-Stätten" immer mit dem Rang eines Vorstehers (*imj-rꜣ*) verbunden sind, erscheint die „(eine) *wꜥb.t*" mit dem Vorsteher- oder Aufseherrang (*sḥḏ*). In einem Fall (s.o. Idw I) ist die Person zugleich *imj-rꜣ wꜥb.tj* und *imj-rꜣ wꜥb.t*[32].

Den Trägern beider Titelformen ist gemeinsam, daß sie keine Handwerker sind, obgleich sie mit Handwerksarbeiten zu tun haben können (vgl. Zusammenstellung S. 148: / / /), sondern Beamte, die entweder die Position eines Vorstehers oder Verwalters innehaben, d.h. mit der Organisation von Rohstoffen, Personal usw. zu tun haben, oder die Bezeichnung ohnehin nur als Ehrentitel („Begleittitel")[33] führen.

Innerhalb der *wꜥb.t*-Werkstatt sind folgende Handwerkszweige belegt:

a) Metallhandwerker: Kꜣ-ḫr-Ptḥ[34], Nfr-ḥr-n-Ptḥ[35]; es ist nicht auszuschließen, daß die zweite Bezeichnung „Vorsteher der Zimmerleute" ebenfalls auf die vorangestellte Zuordnung *wꜥb.t* zu beziehen ist.

b) Tischler: Šstf[36]

c) Maler: Msj, der sich außerdem „Maler/Schreiber an der göttlichen Bibliothek des Palastes, Maler der *wꜥb.t*" nennt[37].

d) „Bildner": Inj-kꜣ=f, der sich auch *qs.tj ḫkr.t nswt* („Schnitzer" des Königsschmucks) bezeichnet, so daß er als *qs.tj wꜥb.t* nicht unbedingt (großplastische) Statuen herstellt, sondern kleine figürliche (Schmuck-)Gegenstände anfertigt[38].

e) Zahlreicher sind die Belege für die Aufseher und Vorsteher der *ḥmw.tj.w wꜥb.t*, wobei es durchweg offen bleiben muß, ob dies eine allgemeine Bezeichnung für „Handwerker der *wꜥb.t*" ist oder speziell „ Steinhandwerker der *wꜥb.t*" bedeutet[39] (vgl. Zusammenstellung S. 150).

Außer den „Handwerkern der *wꜥb.t*", die zusammen mit den beiden „Großen Leitern der Handwerkerschaft" zwei Scheintüren herstellen (Urk. I 38, s. auch S. 151 f.), also Steinhandwerker sind, entstammen die übrigen Belege eigenen Gräbern oder sonstigen Denkmälern der Titelträger, aus denen aber keine näheren Angaben zu entnehmen sind, welchem Tätigkeitsbereich sie angehören.

Bei einigen Beispielen läßt sich nicht eindeutig klären, ob die angefügte Erweiterung (*imj-rꜣ n ḥmw.tj.w*) eine Titelvariante zu *sḥḏ* bzw. *imj-rꜣ ḥmw.tj.w wꜥb.t* darstellt, indem sie als eine Art Nebentitel den Haupttitel erläutert und somit einen einzigen Titel wiedergibt, oder ob es sich um eine Titelgruppe in Kurzform handelt. Auf einem Opferstein (Urk. I 230) steht, daß der Sohn Inj-kꜣ=f diesen für seinen Vater (sic) Ḥtp-ib hat anfertigen lassen. Für eine Lesung bzw. Auflösung beider Zeichengruppen können die Bezeichnungen

[31] A.a.O., 65.
[32] Vgl. auch ꜥnḫw, der *imj-rꜣ wꜥb.tj* und *imj-rꜣ wꜥb.t (rsj.t)* ist (obige Zusammenstellung) u. Anm. 28.
[33] Helck, a.a.O., 65.
[34] Statue Kairo 267.
[35] Abubakr, Giza 1949-50, fig. 99, p. 123.
[36] Paget, Pierie, Tomb of Ptahhotep, pl. 35.
[37] Junker, a.a.O., Abb. 1 und 13; s. Abschnitt 1.4.5.1.
[38] S. Hassan, Exc. at Giza, VI-3, p. 125, Abb. 117/119; vgl. Abschnitt 1.3.3d.
[39] Vgl. 1.5.3.

Zusammenstellung von Handwerkern (*ḥmw.tj.w*) der *wʿb.t*:

ḥmw.tj.w wʿb.t	*sḥḏ ḥmw.tj.w wʿb.t*	+ *imj-r3* ∩ *ḥmw.tj.w*	*imj-r3 ḥmw.tj.w wʿb.t*
Urk. I 38, 15: 			
	Exc. Giza IX p. 73: 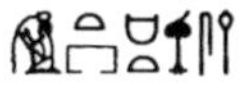		
	Kairo 1526, Ḫmt-nw:  Sohn Nfr: 		
	Exc. Giza II p. 9: W3š-Ptḥ:  Spss-Ptḥ: 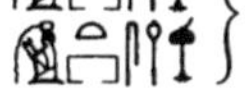 } Söhne		Exc. Giza II p. 5, Vater W3š-Pth:  MM E4 p. 392, Nfr-sšm-Ptḥ: 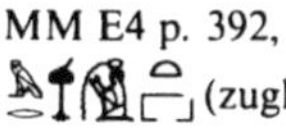 (zugleich: )
	MM H1 (= Kairo 1444), Nsw-Wsr.t: 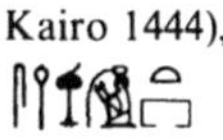		
	Urk. I 230, Vater Ḥtp-ib: 		
	Sohn Inj-k3=f: 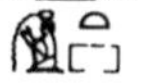	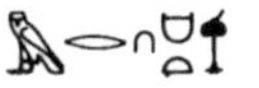	

des Nsw-Wsr.t herangezogen werden, der sich  (Kairo 1444 u. 1688) und außerdem  (Kairo 1444) nennt. Hierdurch wird deutlich, daß es sich um zwei Titel handelt, die nicht nebeneinander stehen müssen, sondern auch voneinander unabhängig geführt werden können. Nsw-Wsr.t ist also „Aufseher der Handwerker der *wʿb.t*" und „Vorsteher der 10 Handwerker", wobei die Zehnergruppe der Handwerker ebenfalls der *wʿb.t* angehören muß. Demnach ist ein Aufseher (*sḥḏ*) der Handwerker der *wʿb.t* zugleich Vorsteher (*imj-r3*) einer Mannschaft von 10 Handwerkern. Aufgrund dieses Beispiels ist anzunehmen, daß Ḥtp-ib die gleiche Position einnimmt und seine Bezeichnung 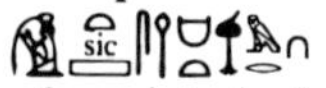 „Aufseher der Handwerker der *wʿb.t*, Vorsteher der 10" nur verkürzt wiedergegeben ist, indem „Handwerker" hinter der Zahlenangabe weggelassen wurde.

Doch wie verhält sich hierzu die Bezeichnung seines Sohnes? Ist sein Titel  noch verkürzter oder lediglich als „Vorsteher der 10 Handwerker der *wʿb.t*" aufzufassen? Er wäre damit — ebenso wie sein Vater oder Nsw-Wsr.t — zugleich auch „Aufseher der Handwerker der *wʿb.t*", ohne dies jedoch ausdrücklich zu nennen. Es ist nicht sehr wahrscheinlich, daß  „Vorsteher der Handwerker der *wʿb.t*" und „Vorsteher der 10 Handwerker (der *wʿb.t*)" bedeuten soll; denn dadurch wäre auch der seltene Fall belegt, daß ein Sohn ranghöher als der Vater ist.

Aufgrund dieser Titel ergibt sich folgendes Bild: Die Handwerkerschaft der *wʿb.t* läßt sich in Zehnergruppen einteilen. Die einzelnen Zehnergruppen werden von Vorstehern (*imj-r3*) beaufsichtigt, die zugleich Aufseher (*sḥḏ*) der Handwerker der *wʿb.t* sind. Diesen wiederum sind die Vorsteher der Handwerker der *wʿb.t* übergeordnet.

Abschließend läßt sich zu dieser Personengruppe noch bemerken, daß sie einer Schicht angehört, die über eigene Gräber und Denkmäler verfügt. Das Amt wird hin und wieder von den Söhnen übernommen und in der Familie weitergeführt (s. obige Zusammenstellung).

Zur Bedeutung der *wᶜb.t*-Werkstatt und der ihr angehörenden Handwerker hinsichtlich ihrer Aufgaben gibt die Inschrift des Arztes Nj-ᶜnḫ-Sḫm.t (Urk. I 38f.) einige Hinweise. Nj-ᶜnḫ-Sḫm.t bittet den König Sahure um eine Scheintür. Es heißt dort:

„Seine Majestät veranlaßte, daß für ihn gebracht werden zwei Scheintüren aus Stein aus Tura, und daß sie niedergelegt werden im Innern des *ḏꜣdw*-Hofes (des Palastes) „Die-Krone-des-Sahure-erscheint". Es wurden die beiden Großen Leiter der Handwerkerschaft und die Handwerker der *wᶜb.t* an sie angesetzt. Es wurde Arbeit (*kꜣ.t*) an ihnen geleistet in Gegenwart des Königs selbst 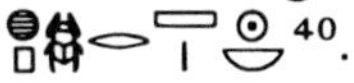[40]. Das, was an ihnen getan wurde, wurde inspiziert tagtäglich im Palast".

Aus dieser Inschrift geht hervor:

a) Die *wᶜb.t*-Handwerker stehen im Dienst des Königs (ebenso wie die Handwerker der Gruppen 1-3).

b) Sie sind nicht an die Örtlichkeit eines bestimmten Arbeitsplatzes (*wᶜb.t*-Werkstatt) gebunden (vgl. Maler Msj, s.u. Punkt d), sondern können in unmittelbarer Nähe des Königs arbeiten, nämlich im *ḏꜣdw*-Hof des Palastes, wo auch der „königl. Schuster" seine Arbeit verrichtet (s. Gruppe 3, Abschnitt 2.3.3).

c) Sie können auf Geheiß des Königs für einen Privatmann arbeiten. An diesem Beispiel wird deutlich, daß der König nicht nur das Material oder die Arbeitskraft seiner Handwerker, sondern beides einem Privatmann zur Verfügung stellt, um ihm seine Gunst zu erweisen.

d) Das Besondere ist in diesem Fall, daß die Herstellung der Scheintüren für einen Privatmann im königlichen Palast unter den Augen des Königs geschieht (vgl. hierzu auch die Inschrift des Ḫwfw-ᶜnḫ)[41], während bei den übrigen Beispielen (Darstellungen aus dem AR) die Handwerker in den Haushalt des Privatmannes entsendet werden (vgl. Msj, „Maler der südlichen *wᶜb.t*" und Šsṯf „Vorsteher der Tischler der *wᶜb.t*", S. 149).

Weiterhin kann festgestellt werden, daß bei den königlichen Handwerkern im Dienst von Privatpersonen (s. Abschnitt 2.2.2) die Handwerker des *pr-ᶜꜣ* und der Residenz (*ḫnw*), also Handwerker, die im Dienst des lebenden Königs (Staates) stehen, zahlenmäßig überwiegen. Die *wᶜb.t*-Handwerker arbeiten aber speziell für die königliche Grabausrüstung, so daß in diesem Fall noch eine zusätzliche Besonderheit und Ehrung vorliegt, indem Sahure die Handwerker seiner Grabausrüstung zur Verfügung stellt.

2.3.4.1 *Exkurs*: Bedeutung und Lokalisierung von *ḏꜣdw*

In der oben besprochenen Inschrift des Nj-ᶜnḫ-Sḫm.t wird *ḏꜣdw* als eine Örtlichkeit genannt, an der das Material für die Scheintüren niedergelegt wird und wo diese von den Handwerkern hergestellt werden. Weiterhin ist zu entnehmen, daß *ḏꜣdw* zum Palast gehört, und sich der König hier öfter aufhält. Zwei weitere Inschriften aus dem AR nennen *ḏꜣdw*

[40] Die Bedeutung von  (*š*) bereitet einige Schwierigkeiten. Junker faßt *š* hier wie auch bei anderen Belegen als „Arbeit" auf und übersetzt: „Die Arbeit (*š*) geschah alle Tage" (Junker, Die gesellschaftl. Stellung der ägypt. Künstler, S. 79ff. und ders., Weta und das Lederkunsthandwerk, S. 29). Aber für die Mehrzahl der Belege von *š* läßt sich auch die Deutung als eine Lokalität annehmen (Urk. I 60, 2; 61, 1; 62, 17; 232, 15). Während es sich in Urk. I 62, 1 tatsächlich um einen See handelt, ist eine genaue Bedeutung in den anderen Belegstellen nicht möglich (ebenfalls See? (Konstruktions-) Büro?); vgl. auch den Titel *imj-rꜣ š* (Helck, Beamtentitel S. 101). Es läßt sich lediglich sagen, daß *š* als eine lokale Angabe in Verbindung mit der Palastanlage (als Gebäude) und der Person des Königs erscheint. — Übersetzt man *ḫpr* an dieser Stelle als „an einem Ort sein" (Wb III 263, 11), so könnte der Text lauten: „(in Gegenwart des Königs selbst), als er beim *š* war".

[41] Junker, Weta, S. 30; ders., Die gesellschaftl. Stellung, S. 25.

in Verbindung mit handwerklicher Tätigkeit: Der Vorsteher der Hofsänger und Flötenspieler Ḫwfw-ꜥnḫ berichtet, daß der König ihm hat eine Scheintür anfertigen lassen beim *pgꜣ n ḏꜣdw*[42]. Auch hier besichtigt der König täglich die Arbeit. Der Lederhandwerker Wtꜣ schließt die Aufzählung seiner Ämter und Tätigkeiten mit der Bemerkung, daß er alles ‚beim Sitz des Königs' ausführte, wenn dieser im *ḏꜣdw*-Hof weilte (Urk. I 22, s. Abschnitt 2.3.3).

Die Verbindung von *ḏꜣdw* und Anwesenheit des Königs läßt sich auch im NR nachweisen, wenngleich nicht im Zusammenhang mit Handwerkertätigkeiten, sondern mit offiziellen Anlässen (wie z.B. Thronsitzungen, Bekanntgabe von Bauvorhaben: Urk. IV 26, 12; 257, 1; 349, 10; 1252, 12). *Ḏꜣdw/ḏꜣḏꜣ* kann aber auch zu der Anlage eines Tempels gehören[43].

Aus der Verschiedenartigkeit der Belege geht hervor, daß Junker's Übersetzung von *ḏꜣdw* als „Residenz oder Palast"[44], „Wohnung des Herrschers"[45], indem er sich gegen Helck's Deutung als „Thronhalle" wendet, nicht aufrechtzuerhalten ist.

Wie bereits aus dem Determinativ für *ḏꜣdw* zu ersehen ist (), muß *ḏꜣdw* eine Halle oder offenen Hof mit Säulenstellung meinen. Allerdings erscheint es zunächst kaum vorstellbar, daß *ḏꜣdw* Werkstatt (im AR) und königliches Repräsentationsforum (im NR) zugleich sein soll. Aber möglicherweise darf *ḏꜣdw/ḏꜣḏꜣ* nicht als ein bestimmter Hof aufgefaßt werden, sondern soll unabhängig von einer festen Raumfolge oder -anordnung lediglich eine besondere architektonische Anlage kennzeichnen; nämlich einen offenen Hof mit Säulenumgang, der keinem einheitlichen Zweck dient.

In diesem Sinne könnte ein Palastgebäude (oder Tempel) mehrere solcher *ḏꜣdw*-Höfe haben: Einen für Audienz und Repräsentation, der sich im vorderen Abschnitt befindet (mit Erscheinungsfenster an der einen Seite), und einen anderen für Magazine, Werkstätten und Handwerker, der im hinteren Teil oder einem Seitentrakt des Palastes liegen könnte. Es muß sich also nicht um einen und denselben Hof handeln.

Die folgenden angeführten Beispiele von Hofanlagen aus Darstellungen des NR sollen dazu dienen, den *ḏꜣdw*-Hof innerhalb von Palast und Tempel zu lokalisieren:
In Amarna I pl. 31 liegen die königlichen Vorratsräume zu beiden Seiten eines Hofes mit Baumbewuchs (Abb. 59). Jeweils sechs Vorratsräume — insgesamt 24 — liegen sich mit ihren Eingängen gegenüber. Der Eingang besteht aus einer Tür mit Portikus davor. Die Magazine enthalten verschiedene Krüge, Metallbarren, Metallgefäße, Truhen sowie Nahrungsmittel. An der hinteren Schmalseite dieser Anlage steht ein kleiner Pavillion mit Erscheinungsfenster.

Drei Eigenschaften des *ḏꜣdw*-Hofes sind in dieser Anlage anzutreffen:

1. Ein offener Hof mit Säulenstellung an beiden Seiten, wobei die Säulen zugleich den Eingang zu den dahinter liegenden Vorratsräumen bilden.
2. Der Pavillion mit dem Erscheinungsfenster weist auf ein „Erscheinen" des Königs in diesem Bereich hin.
3. Zwar handelt es sich hier um Magazine mit teils fertigen Produkten, teils unbearbeiteten Rohstoffen; dennoch dürfen die Werkstätten in der Nähe vermutet werden.

In Amarna III pl. 17 empfängt der „*imj-rꜣ pr* der Großen Königl. Gemahlin Teje Ḥuje" Belohnungen vom König, der mit seiner Familie am Erscheinungsfenster steht. Direkt darunter

[42] Ebd.

[43] Vgl. L. Habachi in: ASAE 52, 1952, 455f. („colonnaded hall"). – Hayes in: JEA 46, 1960, pl. 10, 8, p. 35, n. 1 (p. 36: „landing stage"). – Yoyotte in: Kêmi 14, 1957, 87 („peut-être une enceinte d'un type particulier"), mit einer Zusammenstellung von älteren Übersetzungen für *ḏꜣdw/ḏꜣḏꜣ* p. 86, n. 4.

[44] Junker, Weta S. 29f.

[45] Ebd., 31; ders., Die gesellschaftl. Stellung, 25, 79.

(d.i. davor) und als räumlichen Anschluß zu verstehen, hält der Wagen, mit dem Ḥuje vorgefahren ist. Wiederum darunter (d.i. davor) sind mehrere Werkstatträume dargestellt. Die Handwerker stellen Schmuck, Gefäße, Möbel her; in einem gesonderten Atelier mit Vorraum und Säulen am Eingang sind Bildhauer, Maler und Schreiner bei der Arbeit.

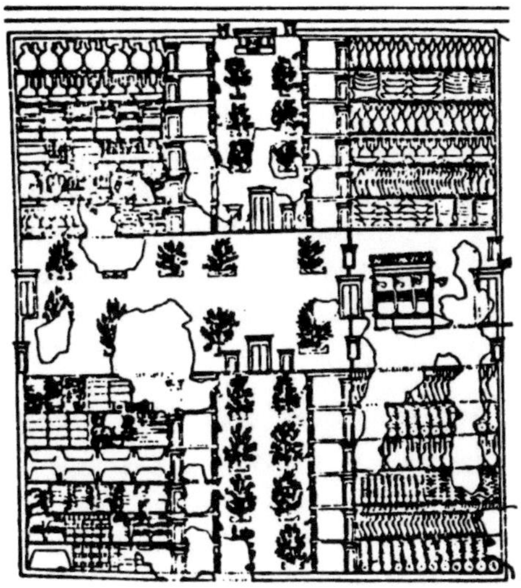

Abb. 59

Entnommen aus: J. Vandier, Manuel d'Archeologie Egyptiennes, T. IV, 1 fig. 389 (p. 700)

Ein weiteres Beispiel aus demselben Grab (Amarna III pl. 16) zeigt in der oberen Hälfte König und Königin am Erscheinungsfenster. Darunter (d.i. davor) liegt ein Hof, in dessen Mitte Schmuck gewogen wird. An den drei umliegenden Hofseiten sind insgesamt 12 Magazinräume (jeweils 6 vom mittleren Hofdurchgang) zu sehen. Vor der Eingangstür eines jeden Raumes steht eine Säule.

Besonders diese beiden Darstellungen weisen wegen der räumlichen Nähe von königlicher Anwesenheit und Handwerksstuben bzw. Magazinen, deren Aussehen sowie Lage zueinander, auf eine mögliche Identifizierung des *ḏ3dw*-Hofes hin.

Eine Darstellung aus dem Grab des Schatzhausschreibers des Amuntempels Nfr-rnp.t (in Theben, Grab 178; s. Atlas I 73-75) zeigt Werkstätten und Magazine des Amuntempels. Sie liegen zu beiden Seiten einer mit Bäumen bepflanzten Straße. Links der Straße befinden sich drei Höfe hintereinander, in denen Ablieferungen gewogen werden und Magazine zu sehen sind. Rechts von ihr sind die Werkstätten: Den Eingang bildet ein Torbau, der aus einer kleinen Halle mit Säulen besteht. Im ersten Hof ist das Bildhaueratelier — ähnlich wie in Amarna III pl. 17 — durch seine besondere Lage hervorgehoben. Möglicherweise ist hierin die bei Ḫwfw-ʿnḫ gemachte Angabe *pg3 n ḏ3dw* (Öffnung des Hofes) zu identifizieren (s. S. 152). Dieser erste Hof wäre dann ausschließlich für Steinmetzarbeiten (Scheintür bei Ḫwfw-ʿnḫ) im Freien und Bemalung im geschlossenen Raum (Statuenbemalung in Amarna III pl. 17, s.o., und hier) bestimmt. — Ein zweites Portal führt zu einem angrenzenden

Komplex mit weiteren Werkstätten. In 5 Registern werden Perlen durchbohrt und Gefäße hergestellt[46].

Aufgrund dieser angeführten Darstellungen läßt sich zur Bedeutung und Lokalisierung von *ḏ3dw* folgendes sagen:

1. *Ḏ3dw* bezeichnet einen offenen Hof mit Säulenstellung entlang der Seiten. Zwischen Säulen und Umfassungsmauer liegen einzelne Kammern. Dieser Hof kann sowohl zu einer Tempelanlage[47] wie zu einer Palastanlage gehören.
2. Die Seitenkammern dienen als Magazinräume oder Handwerksstuben.
3. Die Beispiele aus Amarna zeigen, daß ein *ḏ3dw*-Hof mit Werkstätten in unmittelbarer Nähe des Erscheinungsfensters liegen kann. Sie entsprechen damit den Belegstellen von *ḏ3dw* aus dem AR und NR. *Ḏ3dw* ist eine Lokalität, wo Handwerker arbeiten und zugleich der König „erscheinen" kann, so daß hierin kein Widerspruch zu sehen ist[48]. Allerdings ist nicht auszuschließen, daß es innerhalb einer Palast- oder Tempelanlage noch weitere Höfe in der architektonischen Gestaltung eines *ḏ3dw*-Hofes gegeben haben kann.

2.3.5 *Gruppe 5: Handwerkerbezeichnungen + „Tempelwerkstatt"*

Die bisher aufgezeigten Dienstverhältnisse (Abschnitt 2.2 Gruppe 1-3, Abschnitt 2.3 Gruppe 1-4) beruhen auf Belegquellen, die überwiegend aus dem AR und nur in einem geringen Maße aus dem MR stammen. Sie gelten somit für diesen Zeitraum, während die Situation der Handwerker im NR hinsichtlich ihrer organisatorischen Zugehörigkeit aus Mangel an entsprechenden Belegen weitgehend offen bleiben muß, eben weil die entscheidende Beifügung zu der Berufsbezeichnung nur selten ausgeschrieben wird. Eine — zufällige — Besonderheit im Quellenmaterial liegt allerdings darin, daß die im AR/MR nicht benannten Handwerker von Tempelwerkstätten im NR erscheinen.

Mit der Wiedergabe von Tempelwerkstätten im NR werden auch ihre Handwerker dargestellt. Da allerdings die Beischriften hierzu ohnehin sehr spärlich sind und nur vereinzelt die Berufsbezeichnung — ohne die Beifügung der Zugehörigkeit zum Tempel — eines Handwerkers genannt wird, beschränken sich die Angaben durchweg auf Kollektivbezeichnungen, die entweder mit *ḥ.t-nṯr* (*n.t Imn*) oder *pr-Imn* erweitert sind.

Belegt sind einmal die „Goldarbeiter (-schmiede) des *ḥ.t-nṯr n.t Imn*" (Urk. IV 1149, 17; vgl. Liste NR Nr. 7, Grab des Rḫ-mj-Rᶜ) und im übrigen die „Vorsteher der Handwerkerschaft des Tempels" (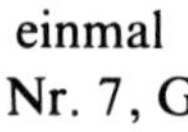 s. Urk. IV 525, 14; vgl. Liste NR Nr. 4, Grab des Ipw-m-Rᶜ. – Urk. IV 933, 12; vgl. Liste NR Nr. 5, Grab des Mn-ḫpr-Rᶜ-snb. – Urk. IV 1213, 10; vgl. Liste NR Nr. 12, Grab des Imn-ḥtp-z3-z) sowie die „Obersten der Handwerkerschaft des Tempels" (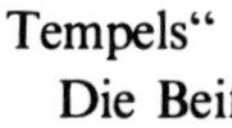 s. Urk. IV 933, 15; Urk. IV 1213, 9).

Die Beifügung *ḥ.t-nṯr Imn* erscheint auch in Verbindung mit dem „Inspizieren der Werkstatt (*is n k3.t* ‚Arbeitsraum') des Amuntempels" (Urk. IV 932, 4; 1212, 17), indem der Grabbesitzer die Tempelwerkstätten besichtigt, analog zu den Darstellungen des AR, in denen der Grabinhaber die Handwerksarbeiten seines Haushalts inspiziert[49].

[46] Wreszinski (Atlas I 73b) meint dazu, daß es möglich wäre, hier einen offenen Hof zu sehen, bei dem die Mitte unbedeckt war und ringsum an einer Mauer überdachte Räume lagen. Diese Vorstellung stimmt mit den Höfen aus Amarna überein.

[47] Vgl. Anm. 43.

[48] Wie Junker meint, s. Anm. 44 ebd.

[49] S. in Abschnitt 1.5.3.1; vgl. auch Urk. IV 1148, 11.

Die Erweiterung *pr Imn* anstatt *ḥ.t-nṯr* (*n.t Imn*) ist vermutlich erst in der Ramessidenzeit belegt und hier ebenfalls mit der Kollektivbezeichnung „Handwerker(schaft)" verbunden (*nꜣ n ḥmw.w pr Imn-Rꜥ-nswt-nṯr.w*, s. Atlas I 73a; vgl. Liste NR Nr. 19, Grab des Nfr-rnp.t), während weitere Belege aus der 18. Dyn. (Urk. IV 1412, 17 Ḏhw.tj-ḥtp; Urk. IV 1576, 9 ; vgl. Liste NR Nr. 11, Grab des Ḥpw) aufgrund ihrer Ergänzung nicht als gesichert angenommen werden können. Das Gleiche gilt für die aus der Ramessidenzeit stammenden Gräber 70, 114, 189, deren Grabinhaber in der Bibliographie von Porter-Moss mit dem Zusatz „in the estate of Amun" versehen sind[50]. Die Richtigkeit dieser Angabe läßt sich nicht nachprüfen, weil die Gräber unveröffentlicht sind. Es könnte anstatt *pr Imn* auch … *n Imn* dort stehen.

Möglicherweise muß bei den Erweiterungen *ḥ.t-nṯr Imn* und *pr Imn* der zeitliche Hintergrund berücksichtigt werden, so daß zwischen ihnen kein Unterschied besteht, sondern nur eine Umbenennung innerhalb der organisatorischen Zugehörigkeit vorliegt. Dies würde bedeuten, daß die Tempelhandwerker verwaltungsmäßig in der 18. Dyn. zum *ḥ.t-nṯr* (*n.t Imn*) gehören und in der Ramessidenzeit zum *pr Imn*.

Während *ḥ.t-nṯr* als kollektives Zuordnungselement für Handwerker des Tempels der 18. Dyn. und *pr Imn* desgleichen für die Ramessidenzeit gedeutet werden darf, kennzeichnet die Berufsbezeichnung mit *Imn* erweitert die Einzelperson; denn diese Form ist stets mit einem Personennamen verbunden, z.B.:

Sn-nꜣ (Theben, Grab 169)

Nḥm-ꜥwꜣj (Urk. IV 1607, 5)

Imn-ḥtp (Urk. IV 1938, 14; vgl. Liste NR Nr. 14)

Pꜣ-ḥrj (Urk. IV 128)

Pꜣ-zꜣ-nswt, genannt Pꜣ-rn-nfr (Urk. IV 1855, 7; vgl. Liste NR Nr. 15: als Handwerker bei der Arbeit)[51].

Es erscheint allerdings bemerkenswert, daß der an letzter Stelle aufgeführte *zš qdw.t* des Amun inmitten von Handwerkern arbeitet, die im Grab des Nb-Imn und Ipwkj dargestellt sind; denn beide Grabinhaber sind offensichtlich königlich-staatliche Handwerker, weil sie den Zusatz (*n*) *nb tꜣ.wj* zu ihrer Berufsbezeichnung führen: Nb-Imn ist „Oberster der Graveure des Herrn der beiden Länder" (Urk. IV 1854, 5) und Ipwkj „Graveur des Herrn der beiden Länder" (Urk. IV 1854, 11)[52].

[50] B. Porter, R. Moss, Topographical Bibliography I, 1^2.

[51] Für weitere Belege s. Helck, Materialien S. 44ff.

[52] Auch die Grabbesitzer Kꜣ-irj (Liste NR Nr. 21) und Jpwjꜣ (Liste NR Nr. 22) sind *imj-rꜣ ḥmw.t n nb tꜣ.wj* bzw. *ḥrj nbj.w n nb tꜣ.wj*; vgl. 1.9.5.

3 Schlußbetrachtung

Wie bereits aus der Einteilung von Handwerkern in Privat- und in Staatsdienst (s. Teil 2) hervorgeht, bilden die Handwerker keine einheitliche, in sich geschlossene Gruppe in der gesellschaftlichen Struktur. Innerhalb dieser Zuordnung sind sie wiederum in zahlreiche Gruppierungen gegliedert, deren organisatorische Zugehörigkeit zu einer Verwaltungseinheit (z.B. Hof-Staat, Tempel) bzw. Dienstverhältnis zu einer bestimmten Person (König oder Privatmann) durch entsprechende Beifügungen zu der Handwerkerbezeichnung zum Ausdruck gebracht wird. Hieraus sind Hinweise auf die soziale Stellung — abgesehen von den Rangstufen innerhalb einer beruflichen Laufbahn — zu entnehmen, indem die „staatlichen" Handwerker höher, insbesondere aber die „königlichen (Leib-)Handwerker" (s. Abschnitt 2.3.3), einzustufen sind als die „privaten" Handwerker (s. Abschnitt 2.2.1). Dies ist z.B. daran zu erkennen, daß die königlich-staatlichen Handwerker, die mit königlicher Genehmigung im Dienst von Privatpersonen stehen (Abschnitt 2.2.2), durch die Art der Darstellungsweise (nicht als aktiver Handwerker, sondern als Opferträger, Begleiter) gegenüber den eigenen, zum Haushalt gehörenden Handwerkern hervorgehoben werden. Diese Form einer Ehrung von seiten des Grabinhabers sagt jedoch nichts über eine Wertung der erbrachten Leistung aus — etwa, daß die Arbeit der eigenen Handwerker geringer eingeschätzt wurde —, sondern nur etwas über die soziale Eingliederung (s.u., S. 160f.).

Ebensowenig läßt sich der Berufsstand der Handwerkerschaft als „Gilde", „Zunft" o.ä. bezeichnen, weil die wichtigste Voraussetzung für einen unabhängigen Handwerkerstand nicht existiert: Keiner der Handwerker — einerlei in welchem Dienstverhältnis er tätig ist — besitzt eigenes Produktionsmaterial (Rohstoffe). Sie können also nicht frei produzieren und ihre Ware zum Verkauf (Tausch) anbieten. Die Handwerker sind in ihrer Tätigkeit (Produktion) immer an einen Auftraggeber (Staat, König, Privatperson) gebunden, der seinerseits über entsprechende Rohstoffe verfügt. Ein Handwerker kann daher nur „tätig" werden, wenn er „Auftrag + Material" von einem Auftraggeber erhält. Die Voraussetzung hierzu ist allein durch ein Dienstverhältnis gegeben. Dieser Umstand bildet zugleich ein Regulativ für die benötigte Anzahl von Arbeitskräften, d.h. es gibt keine überzähligen („stellungslosen") Handwerker, sondern nur so viele, wie gebraucht werden.

Die Unselbständigkeit der Handwerker ist aber nicht nur auf die Abhängigkeit von einem Dienstverhältnis oder Auftraggeber beschränkt, sondern besteht auch weitgehend unter ihnen selbst. Dies wird sowohl durch die Darstellung ihrer Arbeitsweise in den Handwerkerszenen wie durch ihre „Berufsbezeichnungen" deutlich.

Betrachtet man die Handwerkerszenen für sich allein, so erscheint es zunächst fraglich, ob die detaillierte Wiedergabe von der Entstehung bis zur Fertigstellung eines Produktes durch eine größere Anzahl von Arbeitern ein stilistisches Mittel in der Darstellungsweise ist oder den tatsächlichen Gegebenheiten entspricht. Z.B. ist der Handlungsablauf im Lederhandwerk (s. Abschnitt 1.1.2) so dargestellt: Gerben – Schaben – Recken – Riemen zuschneiden – Sohle zuschneiden – Löcher in die Seitenlaschen bohren – Riemen durchziehen; oder im Töpferhandwerk (s. Abschnitt 1.6.3): Ton mit den Füßen walken – Tonklumpen mit den Händen kneten – Gefäß auf der Drehscheibe formen – Gefäß glätten/mit Überzug bestreichen – Aufstellen zum Trocknen – Brennofen mit Gefäßen füllen – gebrannte Gefäße herausnehmen – Wegtragen der Gefäße. Werden alle gezeigten Teiloperationen von wenigen, wiederholt dargestellten

Handwerkern oder von verschiedenen ausgeführt? Für eine Wiederholung der Handwerker bei verschiedener Tätigkeit spricht eine Darstellung aus dem Grab des ᶜnḫ-m-ᶜ-Ḥr (Liste AR Nr. 18). Dort sind jeweils zwei „Vorsteher der Werkstatt" und zwei „Vorsteher der Handwerker" bei verschiedenen Tätigkeiten im Herstellungsprozeß eines Produktes zu sehen (vgl. S. 135f.). Die Anwesenheit zweier Vorsteher eines Handwerkszweiges oder der Gesamtwerkstatt ist jedoch auszuschließen, so daß es sich in diesem Fall um eine wiederholte Darstellung derselben Personen handelt. Jedoch ist dieses Beispiel als Ausnahme zu werten, denn ein weiterer eindeutiger Beleg läßt sich nicht anführen[1]. Deswegen sind die Handwerkerszenen so zu verstehen, daß jeder dargestellte Handwerker als ein Teilarbeiter die ihm zugewiesene Aufgabe innerhalb des Herstellungsprozesses ausführt.

Auch die Berufsbezeichnungen sprechen für eine praktizierte Teilarbeit, wie aus der folgenden Zusammenstellung zu ersehen ist. Die Berufsbezeichnungen, von denen einige eher eine „Tätigkeitsbezeichnung" sind, kennzeichnen oftmals nur die Ausführung einer ganz bestimmten Handlung innerhalb eines Arbeitsprozesses. Es gibt vier verschiedene Bezugspunkte, von denen sich die Handwerkerbezeichnungen ableiten lassen: A) Werkzeug, B) Werkstoff, C) Tätigkeit und D) Endprodukt.

A) Werkzeug. Es überwiegen Bezeichnungen, die auf den Umgang mit einem bestimmten Werkzeug oder Gerät zurückgehen, wobei dieses meistens die Funktion eines Determinativs hat. Dies ist daran zu erkennen, daß Berufsbezeichnung und Werkzeug verschiedene Lesungen haben.

Berufsbezeichnung/Lesung	Schreibung	Werkzeug/Lesung
1. Zimmermann: *mḏḥ*	Axt: 	*mjnb/mjb.t*
	Variante: 	
2. Tischler: *fnḫ*	Säge + Dechsel: 	*tf3* + *ᶜn.t*
3. Polierer: *zšp*, s. auch bei C)	Polierstein: 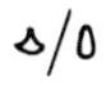	*šq(?)*[2], *sn.t*
4. „Ahlenmann": —	Ahle: 	—
5. (Leder)Zuschneider: *gs*	Messer:	—
6. Maler: *zš*	Palette + Pinsel: 	*gs.tj* (Palette)
7. Metallarbeiter: *bd(.t)j*	Tiegel: 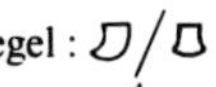	*bd(.t)*
8. (Stein)Handwerker: *ḥmw.tj*	Bohrer: 	*znḥ.t*, *ḥm.t*

B) Werkstoff:

Berufsbezeichnung	Ableitung
1. Bildhauer: *qs.tj*	*qs* „Knochen"
2. Goldarbeiter: *nbj*	*nbw* „Gold"

C) Tätigkeit:

Berufsbezeichnung	Ableitung
1. Töpfer, Maurer: *qd*	*qd* „formen, bilden, bauen"
2. Bildhauer: *sᶜnḫ*	*sᶜnḫ* „beleben"
3. Polierer: *zšp*, s. bei A)	*zšp* „polieren, sšp „leuchten, glänzen"

D) Endprodukt:

Berufsbezeichnung	Ableitung
1. Schuster: *ṯbw*, *ṯb.tj*	*ṯb.t* „Sandale"

[1] Abgesehen von dem Maler Irj im Grab des Gaufürsten Ppj-ᶜnḫ (Liste AR Nr. 27), der beim Bemalen verschiedener Objekte (Statue, Schrein, Gefäß) zu sehen ist (vgl. Junker, Der Maler Irj); vgl. auch Anm. 9 von Abschnitt 2.2.1.

[2] Jéquier, Frises d'objets p. 279.

Außerdem gibt es zusammengesetzte („kombinierte“) Bezeichnungen, die aus zwei dieser vier Bezugspunkte bestehen:

A + B (Werkzeug u. Werkstoff): *bḏ(.t)j nbw* „Metallarbeiter mit dem Werkstoff Gold“.

A + D (Werkzeug u. Endprodukt): *ḥmw.tj ẖkr.t nswt* „Handwerker des Königsschmucks“; vgl. auch die zahlreichen Verbindungen von *ḥmw* plus Produkt im NR[3].

B + D (Werkstoff u. Endprodukt): *qs.tj ẖkr.t nswt* „Schnitzer des Königsschmucks“.

C + D (Tätigkeit u. Endprodukt): *stj nbw* „Knüpfer von Halskragen“.

Obwohl ein Teil der angeführten Berufsbezeichnungen nur für das AR (*zšp*, *bḏ(.t)j*) und AR/MR (*fnḫ*, *gs*) belegt ist, andere wiederum erst im NR erscheinen (*s῾nḫ*, zahlreiche Verbindungen mit *ḥmw*), ergeben die Bezeichnungen zusammen mit den Darstellungen der Handwerkerszenen das Bild einer sehr differenzierten Arbeitsweise, d.h. sie zeigen die Handwerker als Teilarbeiter, die in Kooperation ein gemeinsames Produkt herstellen. Denn einerlei von welchem Bezugspunkt sich die Berufsbezeichnungen ableiten, sie kennzeichnen vorwiegend Tätigkeiten und spezielle Handlungen, wie es aus dem Nebeneinander von *mḏḥ-fnḫ-zšp* (in der Darstellung, s. Abschnitt 1.8.4) oder *-gs-ṯbw* (in Inschriften, s. Abschnitt 1.1.3) hervorgeht.

Die manufakturmäßige Arbeitsteilung, die sich in allen Handwerkszweigen nachweisen läßt (vgl. z.B. S. 156f., Schuster, Töpfer), hat einerseits zur Voraussetzung, daß entsprechend zahlreiche Arbeitskräfte zur Verfügung stehen, und hat andererseits schnelleres, rationelles Arbeiten (Steigerung der Produktion) zur Folge. Neben der Arbeitsteilung, in der jeder einzelne Arbeiter lediglich Teiloperationen ausführt, sind noch zwei weitere Formen der Zusammenarbeit an den Darstellungen abzulesen: Arbeitsgemeinschaft und Arbeitsverbindung. Die Zusammenarbeit mehrerer Arbeiter in einer Arbeitsgemeinschaft ist z.B. notwendig beim Metallschmelzen. Um eine größere Metallmenge zum Schmelzen zu bringen, reicht die (Lungen)Kraft eines Einzelnen nicht aus; dies kann nur in Gemeinschaft mit anderen, die ebenfalls blasen, erzielt werden (s. Abschnitt 1.1.2b). Eine Arbeitsverbindung zweier verschiedener Arbeiten, die einander ergänzen, besteht bei der Statuenherstellung zwischen Bildhauer und Maler, bei welcher der eine auf die Mitarbeit des anderen angewiesen ist (S. 70), wobei die Herstellung der Statue ihrerseits in der Form von Arbeitsteilung geschieht (s. Abschnitt 1.4.3)[4].

Jede dieser Arbeitsweisen zeigt, daß der Handwerker immer in einem Kollektiv eingebunden ist: Er stellt ein Produkt nicht selbständig her, sondern nur in Gemeinschaftsarbeit. Zu der ohnehin bestehenden Abhängigkeit der Handwerker von einem Auftraggeber (s. S. 156) kommt außerdem die Unselbständigkeit des einzelnen Handwerkers als Individuum hinzu, dessen Arbeitskraft nur in Kooperation mit anderen wirksam wird.

Diese Untersuchung hat ergeben, daß aufgrund der Darstellungen wie der Berufsbezeichnungen die selbständige Leistung eines einzigen Handwerkers hinsichtlich der Fertigstellung eines Produktes in allen Phasen des Herstellungsprozeßes nicht nachweisbar ist, sondern nur die Gesamtleistung vieler Handwerker am gemeinsamen Endprodukt. Dieser Sachverhalt ist für die Wertung des Handwerkers als Einzelperson in Hinblick auf seine Leistung von großer Bedeutung.

Ergibt sich doch schon hieraus, daß die von H. Junker ausführlich vertretene Meinung, die Handwerker als „Künstler“ einzustufen[5], nicht akzeptiert werden kann. Denn bei allen hier besprochenen Produkten (s. Teil 1) ist eine schöpferische und ausführende Persönlichkeit

[3] Vgl. Abschnitt 1.5.5.

[4] Das Gleiche gilt auch für Schreiner und Metallarbeiter bei der Vergoldung von Objekten aus Holz, s. Abschnitt 1.2.2g und 1.8.2.6.

[5] H. Junker, Die gesellschaftliche Stellung der ägyptischen Künstler.

— ein „Künstler" — als alleiniger Hersteller nicht zu ermitteln, sondern nur eine Vielzahl von Arbeitskräften, die in gemeinsamer Arbeit Produkte anfertigen. Wer ist aber in diesem Kollektiv der „Künstler"? (Z.B. bei der Statuenherstellung: der den Block mit der Axt oder mit Hammer und Meißel zurechtschlägt? – der die Statue mit dem Dechsel modelliert? – der die Statue poliert? – oder der sie bemalt?).

Da Junker seine Darlegung mit der Schlußfolgerung beendet „Die Kunst hatte es fertiggebracht, die Standesunterschiede stark zurücktreten zu lassen und das erscheint als das Wesentlichere, wenn von der sozialen Stellung der Vertreter eines Berufes die Rede ist", ist eine kritische Auseinandersetzung mit seiner Arbeit notwendig. Junker's Einschätzung der Handwerker als Künstler beruht auf mehreren Fehlern, von denen einige herausgestellt werden sollen:

a) Er hat das Thema zu einseitig behandelt, indem er sich auf die Berufsbezeichnungen beschränkt, ohne die Handwerkerszenen einzubeziehen. Dies führt z.B. zu der unrichtigen Auffassung: „Eine Spezialisierung der Berufe war bei den Handwerkern und Künstlern nicht so streng durchgeführt, daß sie sich nur in einem bestimmten Fach betätigen konnten"[6]. Aber gerade das Gegenteil, nämlich eine ausgeprägte Differenzierung, ist festzustellen; vgl. z.B. die Schmuckarbeiter (Kap. III), deren Aufgabenbereich hinsichtlich Werkstoff (Metall, Stein, weiches Material), Tätigkeit (Knüpfen von Halskragen, Bohren, Schnitzen) und Produkt (Halskragen, Perlen, Königsschmuck) klar abgegrenzt ist und seinen Ausdruck in den entsprechenden Handwerkerbezeichnungen gefunden hat.

b) Junker hat es unterlassen, die Beifügungen zu einer Berufsbezeichnung (*pr-ꜥꜣ*, *nswt* usw.), die für die organisatorische Zugehörigkeit und die damit verbundene soziale Eingliederung ihrer Träger von Bedeutung sind, zu berücksichtigen, oder aber er interpretiert sie falsch. So sagt er zu der Erweiterung *pr-ꜥꜣ*: „doch ist das nur eine Auszeichnung, die dem Künstler verliehen werden konnte, und hat mit dem Beruf selbst nichts zu tun"[7]. Immerhin kennzeichnet *pr-ꜥꜣ* den „Künstler" als Angehörigen des Palastes (s. Abschnitt 2.3.1), und man sollte doch die Frage aufwerfen, wieso ein Angehöriger des *pr-ꜥꜣ* im Dienst eines Privatmannes anzutreffen ist (s. S. 68, Abschnitt 2.2.2).

Zu dem im Grab des Ptḥ-ḥtp beim Mahl dargestellten „Vorsteher der Schreiner der *wꜥb.t*-Werkstatt Šsṯf" vermutet Junker, „daß er die reiche Grabausstattung in seiner Werkstatt herstellen ließ... oder daß Ptḥ-ḥtp ihm die kunstvolle Ausstattung seines Hauses verdankte"[8]. Dies ist in zweifacher Weise unrichtig: Handwerker, die über eine eigene Werkstatt verfügen, sind zu dieser Zeit nicht nachweisbar. Sie können nur innerhalb eines Dienstverhältnisses ihre Tätigkeit ausüben, in dem ihnen Auftrag und Werkstoff zugewiesen werden (s.o., S. 156). Die Spezifität einer *wꜥb.t*-Werkstatt ist es, die Grabausrüstung zu erstellen (s. Abschnitt 2.3.4), nicht aber die Einrichtung eines Privathauses.

Auch bei dem „königl. Schuster Wtꜣ" beachtet Junker das zuordnende Element *nswt* nicht[9]. Anstatt die mit *nswt* verbundene enge, persönliche Beziehung zum König herauszustellen, die zum Ausdruck bringt, daß Wtꜣ der „Leibschuster" des Königs ist und deswegen im *ḏꜣdw*-Hof des Palastes arbeitet (s. 2.3.2 und 2.3.4.1), macht Junker ihn zu einem „Leder-Kunsthandwerker" oder „Leder-Feinarbeiter"[10], dem der König „den Auftrag für eine besondere Arbeit immer nur dann erteilte, wenn er selbst in der Residenz anwesend war"[11].

[6] A.a.O., 41.
[7] A.a.O., 60.
[8] A.a.O., 41.
[9] H. Junker, Weta und das Lederkunsthandwerk im Alten Reich.
[10] A.a.O., 18.
[11] A.a.O., 32.

Ebenso unhaltbar ist die in diesem Zusammenhang gemachte Unterstellung, daß aus den Handwerkerbezeichnungen 𓍍 - ⏢ - 𓍑 allmählich Titel für „Kunsthandwerker" der entsprechenden Handwerkszweige geworden sind [12].

c) Junker hat in seine Ausführungen zahlreiche subjektive Empfindungen hineingetragen, die einer Überprüfung anhand der hier erarbeiteten Grundlage nicht standhalten. Vorwiegend aufgrund des von ihm zusammengetragenen Materials von Darstellungen, die Bildhauer und Maler außerhalb ihrer beruflichen Tätigkeit zeigen (als Opferträger, Totenpriester, Begleiter des Grabherrn), kommt Junker zu dem Ergebnis, daß die hierdurch zum Ausdruck gebrachte Sonderstellung darin begründet sei, „daß die Kunst eine engere persönliche Verbindung zwischen dem Auftraggeber und seinen Künstlern geschaffen hat" [13] und „daß sie (die Künstler) besonders geachtet wurden, eben weil man die Kunst hochschätzte" [14].

Zweifellos ist Junker in dem Punkte zuzustimmen, daß durch die Art der Darstellung von Bildhauern und Malern eine Anerkennung von seiten des Auftraggebers geäußert wird; ebenso wie die von ihm dargelegte Bedeutung von *mḥnk* ein besonderes „vertrautes" Verhältnis zwischen ihnen kennzeichnet [15]. Jedoch ist die daraus von Junker gezogene Schlußfolgerung, daß dies wegen der „Kunst" geschieht, nicht haltbar; denn die Sonderstellung beruht auf zwei anderen Faktoren.

Gerade die hier angesprochene Berufsgruppe von Bildhauern und Malern konnte als Haushaltsangehörige nicht nachgewiesen werden (s.o., S. 138f.); denn sie sind durchweg Handwerker des Palastes (*pr-ˁꜣ*, vgl. Zusammenstellung in Abschnitt 2.3.1). In dieser organisatorischen Zugehörigkeit zum Staat ist aber die eine wesentliche Ursache für die „Ehrung" zu sehen: Der König hat seine Handwerker als Gunsterweis einem Privatmann zur Verfügung gestellt, der seinerseits sie entsprechend honoriert [16].

Der zweite Grund liegt darin, daß die Bildhauer und Maler wegen ihrer bedeutungsvollen Tätigkeit, mit der Statuenherstellung eine wesentliche Voraussetzung für die Weiterexistenz des Verstorbenen zu schaffen (s. Abschnitt 1.4.2; S. 66), in einem besonderen Verhältnis zum Grabherrn (Auftraggeber) stehen. Bemerkenswert ist in diesem Zusammenhang die entsprechende Sonderstellung bei den Ärzten, auf die Junker ausführlich hinweist, wenn auch wiederum mit einer unrichtigen Ausdeutung: „Mit einer Ausnahme, die ihrerseits bestätigt, daß etwas über dem einfachen Handwerker Stehendes, eben die ‚Kunst', die persönliche Verbindung hergestellt hat: Nur die Vertreter des Ärztestandes werden gelegentlich der gleichen Bevorzugungen teilhaft" [17].

Hierdurch wird aber deutlich, daß das Verbindende dieser beiden Berufsgruppen darin liegt, daß sie — jede für sich — mit dem „Leib" des Grabinhabers zu tun haben: Die einen in ihrer Eigenschaft als Mediziner, die anderen, um den Körper als Statue zu bilden. In beiden Fällen beruht die Sonderstellung auf dem engen persönlichen Kontakt. Dieser ist sozusagen „berufsbedingt" und stellt somit die Voraussetzung für ihre Sonderstellung dar. Sicherlich wird auch die Anerkennung für die geleistete Arbeit einzubeziehen sein; jedoch ist dies nicht der entscheidende Anlaß, zumal fachliche Qualifikation bei königlich-staatlichen Handwerkern ohnehin vorauszusetzen ist. Nicht „weil man die Kunst hochschätzte" [18], sondern

[12] A.a.O., 18.
[13] H. Junker, Die gesellschaftl. Stellung der ägypt. Künstler, 95.
[14] A.a.O., 97.
[15] A.a.O., 16f.
[16] Vgl. auch „seinen geliebten *mḥnk*, den Halskragenknüpfer des Königsschmucks Ḥnw", der seinen derzeitigen privaten Dienstherrn beim Vogelfang begleitet (s. Abschnitt 1.3.1.2).
[17] Junker, a.a.O., 95.
[18] Junker, a.a.O., 97.

aufgrund der speziellen beruflichen Tätigkeit, die verbunden ist mit einem engen Kontakt zum Auftraggeber (Grabherrn), zusammen mit ihrer organisatorischen Zugehörigkeit zum Staat (*pr-ˁ3*), nehmen die Bildhauer und Maler eine Sonderstellung sein.

Hieraus geht hervor, daß für die „Wertung" (Prestige) eines Handwerkers seine gesellschaftliche Stellung maßgebend ist, die ihrerseits von seinem Dienst- oder Zugehörigkeitsverhältnis abhängig ist und ihn als Angehörigen des Staates, eines Privathaushaltes oder als Lohnarbeiter, der aber letztlich auf eine der beiden Gruppen zurückzuführen ist, ausweist.

Somit ergibt sich, daß von Junker's Auffassung über Kunst und Künstler bei den altägyptischen Handwerkern Abstand genommen werden muß und zurückzukehren ist zu der von H. Kees vertretenen Einschätzung der Handwerker[19], die Junker eingangs zitiert, um sich dann gegen sie zu wenden: „Im ägyptischen Charakter liegt begründet, daß die Wertung des Künstlers nach handwerklichem Standpunkt erfolgte und selbst Zeiten der Hochkultur eine offen ausgesprochene Anerkennung künstlerischen Schöpfungsgeistes vermissen lassen. Zählt doch der Künstler aller Zeiten zur „Handwerkerschaft", zu der beispielsweise ebensogut die Zimmerleute der Werft gehörten"!

Diese Meinung, die in keiner Weise etwas Abwertendes über die Handwerker aussagen will, entspricht den Ergebnissen dieser Untersuchung. Hinzuzufügen ist nur, daß neben der handwerklichen Leistung die organisatorische Zugehörigkeit von Bedeutung ist für die „Wertung" und Eingliederung des Handwerkers in die Gesellschaft. Damit kommt auch in diesem Bereich der hierarchische Aufbau, wie er für das altägyptische Staatswesen bezeichnend ist, zum Vorschein.

[19] H. Kees, Kulturgeschichte des Alten Orients, I. Ägypten, 165.

4 Liste: Quellennachweise zu den Handwerkerszenen

Diese Liste enthält eine Zusammenstellung der durch Darstellung belegten Handwerkerszenen, welche die Materialgrundlage für diese Untersuchung bilden. Sie ist unterteilt in die drei Zeitabschnitte Altes Reich (AR Nr. 1-27), Mittleres Reich (MR Nr. 1-9, wobei hier allerdings die 11. und 12. Dynastie unter der Bezeichnung MR zusammengefaßt sind) und Neues Reich (NR Nr. 1-27). Die Darstellungen sind nach ihrer zeitlichen Abfolge numeriert. Nach der Ziffer folgt jeweils der Name des Grabinhabers, sein Titel, Ortslage des Grabes — sofern sie nicht aus den weiteren Bemerkungen hervorgeht —, Angaben über Veröffentlichungen mit Abbildungsnachweis sowie weitere Literaturhinweise. — Die Abkürzung „Baer [...]" bezieht sich auf die in Baer, Rank and Title zusammengestellte „List of sources", die weitere Angaben zur Person des Grabinhabers enthält. Die übrigen Abkürzungen sind dem Abkürzungsverzeichnis zu entnehmen.

4.1 *Liste AR* (*Nr. 1-27*)

Ende der 4. Dyn.:

1. *Mrj=s-ʿnḫ* III., Königin, Giza: G. A. Reisner, The Tomb of Meresankh (Boston Museum of Fine Arts Bulletin Vol. 25, 1927, 64ff., figs. 11f.); Reisner, Giza Necropolis I, 350 (Grab G 7530); Smith, HESP, 351f., figs. 232f.; D. Dunham and W. K. Simpson, The Mastaba of Queen Mersyankh III, Boston 1974, figs. 5,8; PM III, 50.
2. *Nb-m-ꜣḫ.t*, Prinz, Sohn von Nr. 1, Giza: LD II, 13 (Grab 86); Exc. Giza IV, 125ff.; Reisner, Giza Necropolis I, 351; PM III, 61; Baer [248].
3. *Ḫw-n-Rʿ*, Prinz, Sohn des Mykerinos, Giza: Szenenausschnitt bei Smith, HESP, pl. 49b; ebd., 166; Reisner, Giza Necropolis I, 351 (Grab MQ 1); ASAE 13, 1913, 251; PM III, 64.

5. Dyn.:

4. *Ij-mrj*, Priester des Cheops, Giza: LD II, 49b (Grab 16); Smith, HESP, 196; PM III, 15; Baer [21].
5. *Ḫwfw-ʿnḫ II*, Priester des Cheops, Sohn od. Enkel von Prinz *Ḫwfw-ʿnḫ* I., Giza: ohne Abb.; Smith, HESP, 198 (Grab G 7150); ZÄS 64, 1929, 97f.; PM III, 42.
6. *Nfr*, Aufseher des Palastes und der *wʿb.t*-Werkstatt, Saqqara: A. M. Moussa u. H. Altenmüller, The Tomb of Nefer, pls. 20f., p. 28.
7. *Snḏm-ib Intj*, Vorsteher aller Arbeiten des Königs, Königl. Architekt, Giza: LD Erg. Bl. 19 (Grab 27); Urk. I 59-67; PM III, 35; Baer [455].
8. *Kꜣ-m-rmṯ*, Priester an der Pyramide des Ne-user-Re; Saqqara: Atlas I 402; Kairo CG 1534; M. Mogensen, Le Mastaba égyptien, 39ff., figs. 38ff.; Smith, HESP, 195; PM III, 153; Baer [526].
9. *Wp-m-nfr.t*, Gauverwalter, Giza: Exc. Giza II, fig. 219, pp. 179ff.; Smith, HESP, 199; Baer [109].
10. *Snḏm-ib Mḥj*, Vorsteher aller Arbeiten des Königs, Königl. Architekt, Sohn von Nr. 7, Giza: LD II, 74a (Grab 26), Urk. I 68; PM III, 33; Baer [456].
11. *Ṯj*, Leiter der Friseure des Palastes, Vorsteher an mehreren Pyramiden und Sonnenheiligtümern, Saqqara: H. Wild, Tombeau de Ti, pls. 66, 71 (Herstellung von Tongefäßen), pls. 173f. (Herstellung der Grabausrüstung); PM III, 116; Baer [564].
12. *Srf-kꜣ*, Priester des Cheops u. Userkaf, Landleiter des 15. oberägypt. Gaues (Hasengau): Davies, Sheikh Said, pl. 4, p. 13 (Grab 24); PM IV, 187; Baer [457].
13. *Ḫnm-ḥtp* und *Nj-ʿnḫ-Ḫnm*, beide sind jeweils Aufseher der Friseure des Palastes, Saqqara: unveröffentlicht; Photos von H. Altenmüller zur Verfügung gestellt.
14. Fragment London, aus Saqqara: J. Capart, Recueil de Monuments Égyptiens, pl. 12.
15. Fragment Kairo, aus Saqqara: G. Maspero, Le Musée égyptien t. 3, pl. 22; Smith, HESP, 194.

16. *Špss-Ptḥ*, Vezir, Abusir: ohne Abb.; Bildhauer mit Beischriften erwähnt in Montet, Scènes, 313, 325 und Junker, Künstler, 9; Smith, HESP, 353; PM III, 79; Baer [167].
17. Fragment vom Aufweg zur Onnospyramide, Saqqara: ASAE 38, 1938, pl. 96.

6. Dyn.:

18. *ʿnḫ-m-ʿ-Ḥr* (*Izzj*), Vezir, Aufseher der Priester der Pyramide des Tetj, Saqqara: J. Capart, Rue de tombeaux, pl. 33; Atlas III 34; Junker, Künstler, Abb. 1; PM III, 132; Baer [94].
19. Fragment aus dem Grab des *Kꜣ-gm.nj*, Vezir, Aufseher der Priester, Vorsteher der Pyramide des Tetj, Saqqara: F. W. v. Bissing, Die Mastaba des Gem-ni-Kai Bd. I, pl. 30,6; PM III, 135; Baer [548].
20. *Mrrw-kꜣ* (*Mrj*), Vezir, Aufseher der Priester der Pyramide des Tetj, Saqqara: The Mastaba of Mereruka, Part I, pl. 30 (Ed. by the Sakkarah Expedition); PM III, 140; Baer [197].
21. *Nj-ʿnḫ-Ppj* (*Ḫnm-ḥtp*), Gutsleiter: A. Varille, La tombe de Ni-ankh-Pepi à Zaouyet el Mayetin, pls. 9, 11 (Fragmente); PM IV, 137; Baer [211].
22. *Intj*, Gutsleiter: Deshasheh, pl. 13, p. 8; Smith, HESP, 219; PM IV, 121; Baer [44].
23. *Šdw* (*Ittj*), Gutsleiter, Sohn von Nr. 22: Deshasheh, pl. 21, pp. 10, 45f.; PM IV, 122; Baer [73].
24. *Ibj*, Gutsleiter, Gaufürst des 8. und 12. oberägypt. Gaues, Priester der Pyramide des Pepi II. und der Pyr. des Neferirkare: Gebrawi I, pls. 13-16 (Grab 8), pp. 18-20; PM IV, 243; Baer [32].
25. *Ḏʿw* (*Šmꜣj*), Gutsleiter, Gaufürst des 8. und 12. oberägypt. Gaues, Aufseher der Priester an der Pyr. des Pepi II., Sohn von Nr. 24: Gebrawi II, pl. 10; PM IV, 244; Baer [592].
26. *Izj*, Gaufürst des 12. oberägypt. Gaues: Gebrawi II, pl. 19 (Grab 72), pp. 24ff.; Smith, HESP, 222; PM IV, 242; Baer [333].
27. *Ppj-ʿnḫ* (*Ḥnj-km*), Gaufürst: Meir V, pls. 15-19 (Grab A2), pp. 25, 27ff.; Smith, HESP, 220f.; PM IV, 247; Baer [134].

4.2 *Liste MR* (*Nr. 1-9*)

11. Dyn.:

1. *Dꜣgj*, Bürgermeister und Vezir, Theben, Grab 103 (PM I^2, 216): Davies, Five Theban Tombs, p. 31 (ohne Abb.).
2. *Ḫtjj*, Gaufürst des 16. oberägypt. Gaues: Beni Hasan II, pls. 13f. (Grab 17); PM IV, 154.
3. *Bꜣq.t*, Gaufürst des 16. oberägypt. Gaues: Beni Hasan II, pls. 4, 7 (Grab 15); PM IV, 151.

12. Dyn.:

4. *Intf-iqr*, Bürgermeister und Vezir, Grab 60 (PM I^2, 121): Davies, The Tomb of Antefoker (ohne Abb.).
5. *Imn-m-ḥꜣ.t*, Gaufürst des 16. oberägypt. Gaues: Beni Hasan I, pl. 11 (Grab 2); PM IV, 141.
6. *Ḫnm-ḥtp*, Vorsteher der östl. Wüste in *Mnʿ.t-Ḫwfw*: Beni Hasan I, pl. 29 (Grab 3); PM IV, 144.
7. *Ḏḥwtj-ḥtp*, Gaufürst des 15. oberägypt. Gaues: El-Bersheh I, pls. 24, 25 (Grab 2); PM IV, 179.
8. *Snbj*, Gaufürst: Meir I, pl. 5 (Grab B1); PM IV, 249.
9. *Wḫ-ḥtp*, Gaufürst: Meir III, pl. 5 (Grab B4), p. 14; PM IV, 251.

4.3 *Liste NR* (*Nr. 1-17*)

18. Dyn.:

1. *Ḥpw-snb*, Erster Prophet des Amun, Theben, Grab 67 (PM I^2, 133): unveröffentlicht; Photo 1448 (Griffith Institute Archives).
2. *Dwꜣ-r-nḥḥ*, Verwalter der Wirtschaftsbetriebe des Amun, Theben, Grab 125 (PM I^2, 237): Atlas I 64, 341f.
3. *Intf*, Leiter des Zentralbüros der Scheunen, Theben, Grab 155 (PM I^2, 263): Säve-Söderbergh, Private Tombs at Thebes I, pl. 10, p. 12.
4. *Ipw-m-Rʿ*, Zweiter Prophet des Amun, Theben, Grab 39 (PM I^2, 71): Davies, The Tomb of Puyemre, I, pls. 23, 24-27, pp. 66-76; Atlas I 151-154.
5. *Mn-ḫpr-Rʿ-snb*, Erster Prophet des Amun, Theben, Grab 86 (PM I^2, 175): Davies, The Tomb of Menkheperrasonb, pls. 10-12, 21, pp. 11f.; Atlas I 17, 41, 69, 78-82; s. auch Nr. 25.
6. *Sn-nfr*, Oberschatzmeister, Theben, Grab 99 (PM I^2, 204): ohne Abb., unveröffentlicht.
7. *Rḫ-mj-Rʿ*, Bürgermeister und Vezir, Theben, Grab 100 (PM I^2, 206): Davies, The Tomb of Rekh-mi-Re, II, pls. 52-55, 58-62, pp. 48-58; Atlas I 310-323.

8. *Mnṯw-ijwj*, Truchseß, Theben, Grab 172 (PM I^2, 279): unveröffentlicht; Schott Photos 5792-4, 8509, 8510, 8513 (von Frau Erika Schott zur Verfügung gestellt).
9. *Qn-Imn*, Oberdomänenverwalter, Theben, Grab 93 (PM I^2, 190); Davies, The Tomb of Ken-Amun, I, pl. 59, p. 51; Atlas I 301, 302.
10. *Mrj*, Erster Prophet des Amun, Theben, Grab 95 (PM I^2, 195); Atlas I 59a, 307.
11. *Ḥpw*, Bürgermeister und Vezir, Theben, Grab 66 (PM I^2, 132): Davies, Private Tombs at Thebes IV, pls. 8f., pp. 9-10; Atlas I 226-229.
12. *Imn-ḥtp-zꜣ-z*, Zweiter Prophet des Amun, Theben, Grab 75 (PM I^2, 146): Davies, The Tombs of Two Officials, pls. 7, 8, 10, pp. 10-11; Atlas I 241-243.
13. *Imn-m-ip.t*, Vorsteher des Schatzhauses, Theben, Grab 276 (PM I^2, 352): unveröffentlicht; ohne Abb.
14. *Imn-ḥtp*, Vorsteher der Handwerksarbeiten des Amun, Kammerdiener, Theben, Grab C. 1 (PM I^2, 456): Loret in Mem. Miss. I, pls. 2, 3.
15. *Nb-Imn*, Oberster der Reliefhersteller des Herrn der beiden Länder und *Ipwkj*, Reliefhersteller des Herrn der beiden Länder, Theben, Grab 181 (PM I^2, 286): Davies, The Tomb of Two Sculptors, pls. 11-14, pp. 57-63; Atlas I 357-360.
16. *Ḥwjꜣ*, Vorsteher des königl. Harims, Amarna: Davies, Amarna III, pls. 17, 18, pp. 13f.
17. *Nfr-ḥtp*, Oberschreiber des Amun, Theben, Grab 49 (PM I^2, 91): Davies, The Tomb of Neferhotep, pls. 47, 49, p. 37 (Werkstatt), pl. 27, pp. 45-47 (Herstellung des Mumiensarges).

19. Dyn.:

18. *Pꜣ-sr*, Bürgermeister und Vezir, Theben, Grab 106 (PM I^2, 219): unveröffentlicht, Ausschnitt in LD III, 132.
19. *Nfr-rnp.t*, Schatzhausschreiber, Theben, Grab 178 (PM I^2, 283): Atlas I 73-75.
20. *Ipwj*, Reliefhersteller, Theben, Grab 217 (PM I^2, 315): Davies, Two Ramesside Tombs, pls. 36, 37, pp. 40-60, 63-72.
21. *Kꜣ-irj*, Vorsteher der Handwerker des Herrn der beiden Länder, Saqqara: Quibell, Exc. at Saqqara IV (1908-10), pl. 75, pp. 143ff.; Fragment Kairo = Atlas I 416.
22. *Jpwjꜣ*, Vorsteher der Handwerker des Herrn der beiden Länder, Saqqara: Quibell and Hayter, Exc. at Saqqara, Teti Pyramid, North Side pl. 13, p. 36.
23. Fragment Berlin 19 782, aus Saqqara: Atlas I 384.

20. Dyn.:

24. *Nb-Imn*, usurpiert von *Imj-sbꜣ*, Oberster Tempelschreiber, Theben, Grab 65 (PM I^2, 129): unveröffentlicht.
25. *Mn-ḫpr-Rꜥ-snb*, usurpiert von *ꜥꜣ-šfj.t-m-Wꜣs.t*, Großer der Majestät, Theben, Grab 112 (PM I^2, 229): Davies, The Tomb of Menkheperrasonb, pl. 30, p. 24; s.o. NR Nr. 5.

Spätzeit:

26. Relief Florenz (Inv. Nr. 2606): Atlas I 36.
27. *Ibj*, Oberdomänenverwalter, Theben, Grab 36: Davies, Gebrawi I, pls. 24, 25; pp. 37ff.; Atlas I 132-40.

5 Zitierte Werke

ABUBAKR, ABD EL MONEM. Excavations at Giza (1949-1950). Kairo 1953.

ANTHES, RUDOLF. Werkverfahren ägypt. Bildhauer. MDIK 10 (1941), 79-121.

BADAWI, AHMAD. Memphis als zweite Landeshauptstadt im Neuen Reich. Kairo 1948.

BAER, KLAUS. Rank and Title in the Old Kingdom. Chicago 1960.

BALCZ, HEINRICH. Die Gefäßdarstellungen des Alten Reiches. MDIK 3 (1932), 50-114.

BARTA, WINFRIED. Die altägypt. Opferliste von der Frühzeit bis zur griech.-röm. Epoche. MÄS 3. Berlin-München 1963.

BARTA, WINFRIED. Das Selbstzeugnis eines altägypt. Künstlers. (Stele Louvre C 14). MÄS 22. Berlin-München 1970.

BISSING, FRIEDRICH WILHEM V. und A. E. P. WEIGALL. Die Mastaba des Gem-ni-kai. Bd. I. Berlin 1905.

BLACKMAN, AYLWARD M. The Rock Tombs of Meir. Vols. I (ASE 22), III (ASE 24), V (ASE 28). London 1914, 1915, 1953.

BORCHARDT, LUDWIG. Statuen u. Statuetten von Königen und Privatleuten im Museum von Kairo. Catalogue général des antiquités égyptiennes du Musée du Caire. 1-1294. 5 Bde. Kairo 1911-1936.

BORCHARDT, LUDWIG. Denkmäler des Alten Reiches im Museum von Kairo. Catalogue général des antiquités du Musée du Caire. 1295-1808. 2 Bde. Kairo, Berlin 1937-1964.

BREASTED, JAMES H. JUNIOR. Egyptian Servant Statues. Bollingen Series 13. Washington 1948.

BRUNNER, HELLMUT. Die Lehre des Cheti, Sohnes des Duauf. ÄgFo 13. Glückstadt 1944.

CAMINOS, RICARDO A. Late-Egyptian Miscellanies. London 1954.

CAPART, Jean. Recueil des Monuments Égyptiens. Brüssel 1905.

Catalogue des ostraca hiératiques non littéraires de Deir el-Médineh. Tome 8: Nos. 624-705. Éd. par J. Černy. Kairo 1970. (Documents fouilles de l'Institut français d'archéologie orientale, T. 14).

ČERNY, JAROSLAV. Ostraca hiératiques. Catalogue général des antiquités égyptiennes du Musée du Caire. 25501-25832. 2 Bde. Kairo 1935.

COUYAT, JULES et PIERRE MONTET. Les Inscriptions Hiéroglyphiques et Hiératiques du Ouadi Hammamat. MIFAO 34. Kairo 1912-1913.

CURTO, SILVIO. Postille circa la metallurgia antico-egizia. MDIK 18 (1962), 59-69, Taf. 3-5.

CURTO, SILVIO. Gli scavi italiani a el-Ghiza. Rom 1963.

DAVIES, NINA DE GARIS. Scenes from some Theban Tombs (Nos. 38, 66, 162, 81). Private Tombs at Thebes, Vol. IV. Oxford 1963.

DAVIES, NORMAN DE GARIS. The Rock Tombs of El Amarna. Part 3. ASE 15. London 1905.

DAVIES, NORMAN DE GARIS. The Rock Tombs of Deir el Gebrawi. 2 Bde. ASE 11 u. 12. London 1902.

DAVIES, NORMAN DE GARIS. The Rock Tombs of Sheikh Said. ASE 10. London 1901.

DAVIES, NORMAN DE GARIS. Five Theban Tombs. ASE 21. London 1913.

DAVIES, NORMAN DE GARIS. The Tomb of Ken-Amun. 2 Bde. PMMA 5. New York 1930.

DAVIES, NORMAN DE GARIS. The Tombs of Menkheperrasonb, Amenmose and another (Nos. 86, 112, 42, 226). The Theban Tombs Series, Bd. 5. London 1933.

DAVIES, NORMAN DE GARIES. The Tomb of Nefer-Hotep at Thebes. Bd. I. PMMA 9. New York 1933.

DAVIES, NORMAN DE GARIS. The Tomb of Puyemre at Thebes. 2 Bde. RPTMS 2 u. 3. New York 1922.

DAVIES, NORMAN DE GARIS. The Tomb of Rekh-mi-Re at Thebes. 2 Bde. PMMA 11. New York 1943.

DAVIES, NORMAN DE GARIS. The Tombs of Two Officials of Thutmosis IV (Nos. 75 and 90). The Theban Tombs Series, Bd. 3. London 1923.

DAVIES, NORMAN DE GARIS. The Tomb of Two Sculptors at Thebes. RPTMS 4. New York 1925.

DAVIES, NORMAN DE GARIS. Two Ramesside Tombs at Thebes. RPTMS 5. New York 1927.

DAVIES, NORMAN DE GARIS and ALAN H. GARDINER. The Tomb of Antefoker. The Theban Tombs Series, Bd. 2. London 1920.

DUNHAM, DOWS. The Biographical Inscriptions of Nekhebu in Boston and Cairo. JEA 24 (1938), 1-8.

EDEL, ELMAR. Inschriften des Mttj. ZÄS 83 (1958), 11-17.

ERMAN, ADOLF. Reden und Lieder auf Grabbildern des alten Reiches. APAW Nr. 15. Berlin 1919.

ERMAN, ADOLF u. HERMANN GRAPOW. Wörterbuch der ägypt. Sprache. 7 Bde. und 5 Belegstellen-Bände. Leipzig u. Berlin 1926-1963.

ERMAN, ADOLF u. H.O. LANGE. Papyrus Lansing. Eine ägypt. Schulhandschrift der 20. Dynastie. Historisk-filologiske Meddelelser X, 3. Kopenhagen 1925.

FIRTH, CECIL M. and B. GUNN. Teti Cemeteries, 2 Bde. Excav. Saqq. Kairo 1926.

FORBES, R. J. Studies in Ancient Technology. Vol. 5^2, Leiden 1966; Vol. 8^2, Leiden 1971; Vol. 9^2, Leiden 1972.

GARDINER, ALAN H. Ancient Egyptian Onomastica, 3 Bde. London 1947.
GARDINER, ALAN H. Late-Egyptian Miscellanies. Bibliotheca Aegyptiaca 7. Brüssel 1937.
GARDINER, ALAN H. A Unique Funerary Liturgy. JEA 41 (1955), 9-17, pls. 2-6.
GARDINER, ALAN H., and J. ČERNY. Hieratic Ostraca. Bd. 1. Oxford 1967.
GARDINER, ALAN H. u. F. VOGELSANG. Hieratische Papyrus des Berliner Museums. Bd. IV. Leipzig 1908.
GLANVILLE, S. R. K. Records of a Royal Dockyard of the Time of Thutmosis III. Pap. Brit. Mus. 10056. ZÄS 66 (1931), 105-121, 1*-8* (Part I); ZÄS 68 (1932), 7-41 (Part II).
GOEDICKE, HANS. Die privaten Rechtsinschriften aus dem Alten Reich. Beihefte zur Wiener Zeitschrift für die Kunde des Morgenlandes. Bd. 5. Wien 1970.
GOEDICKE, HANS. Die Stellung des Königs im Alten Reich. ÄgAbh 2. Wiesbaden 1960.
GOYON, Georges. Les instruments de forage sous l'ancien Empire égyptien. Jaarbericht van het Vooraziatisch-Egyptisch Genootschap „Ex Oriente Lux" No. 21. Leiden 1970.
GOYON, GEORGES. Nouvelles Inscriptions Rupestres du Wadi Hammamat. Paris 1957.
GOYON, GEORGES. Le Tombeau d'Ankhou a Saqqarah. Kêmi 15 (1959), 10-22, pls. 1-5.
GRAEFE, ERHART. Die Versiegelung der Naostür. (Die bisher falsche Erklärung des Schriftzeichens -+-). MDIK 27 (1971), 147-155.
GRDSELOFF, BERNHARD. Das ägypt. Reinigungszelt. Archäologische Untersuchung. Études Égyptiennes. Premier Fascicule. Kairo 1941.
GRIFFITH, FRANCIS LL. (Hg.). Beni Hasan. Bd. IV. ASE 7. London 1900.
HARRIS, JOHN R. Lexicographical Studies in Ancient Egyptian Minerals. Berlin 1961.
HASSAN, SELIM. Excavations at Giza. 10 Bde. Oxford u. Kairo 1929-1960.
HELCK, WOLFGANG. Einige Bemerkungen zum Mundöffnungsritual. MDIK 22 (1967), 27-41.
HELCK, WOLFGANG. Die Lehre des Dwꜣ-Ḫtjj. Textzusammenstellung. 2 Teile. Kleine ägypt. Texte. Wiesbaden 1970.
HELCK, WOLFGANG. Materialien zur Wirtschaftsgeschichte des Neuen Reiches 5 Bde. Mainz 1961-1965.
HELCK, WOLFGANG. Untersuchungen zu den Beamtentiteln des ägyptischen Alten Reiches. ÄgFo 18. Glückstadt 1954.
HELCK, WOLFGANG. Urkunden der 18. Dynastie. Heft 17-22. In: Urkunden des Ägypt. Altertums, begr. v. Georg Steindorff. Abt. IV. Berlin 1955-1958.
HELCK, WOLFGANG. Wirtschaftliche Bemerkungen zum privaten Grabbesitz im Alten Reich. MDIK 14 (1956), 63-75.
A History of Technology. Vol. I. From Early Times to Fall of Ancient Empires. Edited by CHARLES SINGER, E. J. HOLMYARD, and A. R. HALL. Oxford 1967 (3rd Impression).
HODGES, HENRY. Technology in the Ancient World. Pelican Books, 1971.
JÉQUIER, GUSTAVE. Les Frises d'Objets des Sarcophages du Moyen Empire. MIFAO 47. Kairo 1921.
JÉQUIER, GUSTAVE. Le Monument Funéraire de Pepi II. Tome 3. Fouilles à Saqqarah. Service des Antiquités de l'Égypte. Kairo 1940.
JUNKER, HERMANN. Die gesellschaftliche Stellung der ägypt. Künstler im Alten Reich. SÖAW 233, Wien 1959.
JUNKER, HERMANN, Giza. Bericht über die von der Akademie der Wissenschaften auf gemeinsame Kosten mit Dr. Wilhelm Pelizaeus unternommenen Grabungen auf dem Friedhof des Alten Reiches bei den Pyramiden von Giza. 12 Bde. Denkschriften der Akademie der Wissenschaften in Wien 69-75, 1925-1955.
JUNKER, HERMANN. Die Hieroglyphe für „Erz" und „Erzarbeiter". MDIK 14 (1956), 89-103.
JUNKER, HERMANN. Der Maler Irj. Anzeiger der phil.-hist. Kl. der Österreichischen Akad. d. Wiss. Jg. 1956. Wien 1956.
JUNKER, HERMANN. Weta und das Lederkunsthandwerk im Alten Reich. SÖAW 231, 1. Wien 1957.
KAPLONY, PETER. Die Handwerker als Kulturträger Altägyptens. Asiatische Studien (Zeitschrift der Schweizerischen Gesellschaft für Asienkunde) 20 (1966), 101-125.
KAPLONY, PETER. Die Inschriften der ägyptischen Frühzeit. 3 Bde. ÄgAbh 8. Wiesbaden 1963.
KAPLONY, PETER. Kleine Beiträge zu den Inschriften der ägypt. Frühzeit. ÄgAbh 15. Wiesbaden 1966.
KAYSER, HANS. Ägyptisches Kunsthandwerk. Bibliothek für Kunst- u. Antiquitätenfreunde Bd. 26. Braunschweig 1969.
KEES, HERMANN. Eine Familie königl. Maurermeister aus dem Anfang der 6. Dynastie. WZKM 54 (1957), 91-100.
KEES, HERMANN. Kulturgeschichte des Alten Orients, I. Ägypten. In: Handbuch der Altertumswissenschaft, hg. von Walter Otto. III. Abt. 1. Teil, 3. Band, 1. Abschnitt. München 1933.
KLEBS, LUISE. Die Reliefs des alten Reiches. Material zur ägypt. Kulturgeschichte, AHAW 3. 1915.
KLEBS, LUISE. Die Reliefs und Malereien des mittleren Reiches. AHAW 6. 1922.
KLEBS, LUISE. Die Reliefs und Malereien des neuen Reiches. Material zur ägypt. Kulturgeschichte. Teil 1: Szenen aus dem Leben des Volkes. AHAW 9. 1934.
KOEFOED-PETERSEN, OTTO. Recueil des Inscriptions Hiéroglyphiques de la Glyptothèque Ny Carlsberg. BiAeg 6. Brüssel 1936.
KOENIGSBERGER, OTTO. Die Konstruktion der ägypt. Tür. ÄgFo 2. Glückstadt 1936.
LALLEMAND, HENRI. Les assemblages dans la technique égyptienne et le sens originel du mot „menkh". BIFAO 22 (1923), 77-98.
LANGE, H. O. und HEINRICH SCHÄFER. Grab- und Denksteine des mittleren Reiches. Catalogue général des antiquités égyptiennes du Musée du Caire. 20001-20780. 4 Bde. Leipzig u. Berlin 1902-1925.

LORET, VICTOR. Le tombeau de l'am-χent Amen-hotep. In: Mémoires publiés par les membres de la Mission archéologique française au Caire. Bd. 1, I. 1883.

LUCAS, ALFRED. Ancient Egyptian Materials and Industries. 4th edition revised and enlarged by J.R. Harris. London 1962.

MARIETTE, AUGUSTE. Les Mastabas de l'Ancien Empire. Fragment du dernier ouvrage de A. Mariette, publié d'après le manuscrit de l'auteur par G. Maspero. Paris 1889.

MASPERO, GASTON. Le Musée égyptien. Tome 3. Kairo 1915.

The Mastaba of Mereruka. Ed. by the Sakkarah Expedition. Part 1. Oriental Institute Publications 31. Chicago 1938.

MOGENSEN, MARIA. Le Mastaba Égyptien de la Glyptothèque Ny Carlsberg. Kopenhagen 1921.

MONTET, PIERRE. Les Scènes de la Vie Privée dans les Tombeaux Égyptiens de l'Ancien Empire. Publications de la Faculté des Lettres de l'Université de Strasbourg 24. Straßbourg 1925.

MOUSSA, AHMED M. und HARTWIG ALTENMÜLLER. The Tomb of Nefer and Ka-hay. Archäologische Veröffentlichungen des Deutschen Archäolog. Instituts Kairo Bd. 5. Mainz 1971.

MURRAY, MARGARET A. Saqqara Mastabas I. Egyptian Research Account, 10th year 1904. London 1905.

NEWBERRY, PERCY E. Beni Hasan. Bd. 1 und 2. ASE 1-2. London 1893, 1894.

NEWBERRY, PERCY E. El Bersheh. Bd. 1. ASE 3. London 1895.

OTTO, EBERHARD. Das ägypt. Mundöffnungsritual. ÄgAbh 3. Wiesbaden 1960.

PAGET, ROSALIND F.E., and ANNIE A. PIRIE. The Tomb of Ptah-hetep. Egyptian Research Account, 1896. London 1898.

PETRIE, WILLIAM M. FLINDERS. Arts and Crafts of Ancient Egypt. London 1909.

PETRIE, WILLIAM M. FLINDERS, and FRANCIS LL. GRIFFITH. Deshasheh. EEF 15. London 1898.

PORTER, BERTHA and ROSALIND L.B. MOSS. Topographical Bibliography of Ancient Egyptian Hieroglyphic Texts, Reliefs, and Paintings. Bde. I, 1^2 (The Theban Necropolis, Private Tombs), III (Memphis), IV (Lower and Middle Egypt). ^{2}Oxford 1960, 1931, 1934.

QUIBELL, JAMES E. The Monastery of Apa Jeremias. Excavations at Saqqara (1908-9, 1909-10). Service des Antiquités de l'Égypte. Kairo 1912.

QUIBELL, JAMES E., and ANGELO G.K. HAYTER. Teti Pyramid, North Side. Excavations at Saqqara. Service des Antiquités de l'Égypte. Kairo 1927.

REISNER, GEORGE A. A History of the Giza Necropolis. Vol. 1. London 1942.

REISNER, GEORGE A. The Tomb of Meresankh. BMFA 25 (1927), 64-79.

RIETH, ADOLF. Zur Technik des Bohrens im alten Ägypten. MIO 6 (1958), 176-186.

SANDMAN-HOLMBERG, MAJ. The God Ptah. Lund 1946.

SAUNERON, SERGE. La Manufacture d'Armes de Memphis. BIFAO 54 (1954), 7-12.

SÄVE-SÖDERBERGH, TORGNY. Four Eighteenth Dynasty Tombs. (Private Tombs at Thebes, Vol. I). Oxford 1957.

SEIBERT, PETER. Die Charakteristik. Untersuchungen zu einer altägypt. Sprechsitte und ihren Ausprägungen in Folklore u. Literatur. Teil 1. ÄgAbh 17. Wiesbaden 1967.

SETHE, KURT. Miszelle von „Das Zahlwort ‚fünf'". ZÄS 62 (1926), 60-61.

SETHE, KURT. Urkunden des Alten Reiches. Heft 1-4. In: Urkunden des ägypt. Altertums, begr. von Georg Steindorff. Abt. I. Leipzig 1932-1933.

SETHE, KURT. Urkunden der 18. Dynastie. Heft 1-16. Nachdr. der 2. Aufl. Berlin u. Graz 1961.

SIMPSON, WILLIAM K. Papyrus Reisner I-III. Museum of Fine Arts, Boston. New York 1963-1969.

SMITH, WILLIAM ST. The coffin of Prince Min-khaf. JEA 19 (1933), 150-159, pls. 21-24.

SMITH, WILLIAM ST. A History of Egyptian Sculpture and Painting in the Old Kingdom. 2nd Edition. London 1949.

STAEHELIN, ELISABETH. Untersuchungen zur ägypt. Tracht im Alten Reich. MÄS 8. Berlin u. München 1966.

VARILLE, ALEXANDRE. La Tombe de Ni-Ankh-Pepi à Zaouyet Mayetin. MIFAO 70. Kairo 1938.

VERNIER, EMILE. La Bijouterie et la Joaillerie Égyptiennes. MIFAO 2. Kairo 1907.

WILD, HENRI. Le Tombeau de Ti. Teil 2 u. 3. MIFAO 65. Kairo 1953 u. 1966.

WILSON, JOHN A. The Artist of the Egypt. Old Kingdom. JNES 6 (1947), 231-249.

WINLOCK, H.E. Models of Daily Life in Ancient Egypt from the Tomb of Meket-Re at Thebes. Cambridge, USA 1955.

WOLFF, HANS F. Die kultische Rolle des Zwerges im alten Ägypten. Anthropos 33 (1938), 445-514.

WRESZINSKI, WALTER. Atlas zur altägypt. Kulturgeschichte. 3 Bde. Leipzig 1923-1938.